KB079912

마케터의 무기들

브랜딩 시대, 30가지 일의 무기로 싸우는 법

마케터의 무기들

초판 1쇄 발행 2024년 2월 10일
초판 2쇄 발행 2024년 3월 15일

지은이   초인 윤진호
발행처   예미
발행인   황부현
총 괄   진호
편 집   김정연
디자인   김민정

출판등록   2018년 5월 10일(제2018-000084호)

주소   경기도 고양시 일산서구 중앙로 1568 하성프라자 601호
전화   031)917-7279   **팩스** 031)918-3088
전자우편   yemmibooks@naver.com
홈페이지   www.yemmibooks.com

ⓒ윤진호, 2024

ISBN 979-11-92907-31-4 03320

브랜딩 시대, 30가지 일의 무기로 싸우는 법

마케터의 무기들

초인 윤진호 지음

이 책은 10년 전, 마케터 중고신인이었던 저에게 주고 싶은 책입니다.
이 책은 10년 후, 비즈니스를 하고 있을 저에게 주기 위한 책입니다.
그리고 이 글을 읽는 여러분의 미래를 위한 책입니다.

힙하다는 공간에 가고, 주목받는 콘텐츠를 긁어모으고, 인플루언서들의 이야기를 실어 나르기 바쁜 지금의 우리에게 가장 필요한 질문은 뭘까? 아마 '그래서 저들과 다르게 내가 할 수 있는 것은 뭘까?'라는 물음이 아닐까 싶다. 특히 상대를 설득하고 감동시키기까지 해야 하는 마케터들에게는 타인을 이해하는 힘만큼이나 나를 다룰 줄 아는 지혜가 반드시 필요한 이유다. 《마케터의 무기들》은 나라는 사람의 손에 어떤 무기를 쥐여줄 것인가에 대한 책이자, 그렇게 얻은 무기를 어떻게 나다움으로 연결할 것인가에 대한 책이다. 더 이상 만능열쇠 같은 법칙이 통하지 않고, 미다스의 손을 가진 사람이 존재할 수 없는 세상에서 어떤 무기로 나를 증명해야 하는지가 고민인 사람들에게 이 책에 담긴 서른 가지 키워드를 소개하고 싶다.

_김도영 (브랜드 기획자/《브랜드로부터 배웁니다》, 《기획자의 독서》 저자)

tvN, 디즈니, 노티드까지 팬덤이 있는 다양한 브랜드의 마케팅을 담당한 마케터 초인, 윤진호 님이 소개하는 30개의 무기는 꼭 마케터가 아니더라도 성장이 필요한 일을 하는 모든 사람들이 유용하게 사용할 수 있을 것이다. 마케터 초인이 소개하는 무기가 독자들이 일의 세계에서 자신의 캐릭터 능력치를 높이고 더 강력한 스킬을 사용할 수 있는 '각성'의 원동력이 되기를 바란다.

_스투시(이상훈) (마케터/크리에이티브멋 전략기획팀 리더/《마케터의 브랜드 탐색법》 저자)

무한 경쟁시대에서 성공적인 마케터가 되기 위해서는 나만의 강력한 무기를 가져야 한다. 저자는 치열하게 살아온 마케터로서의 풍부한 경험과 논리로 마케터를 꿈꾸는 독자들에게 스스로의 차별화된 역량이 무엇인지를 파악하고 강화하여 나만의 무기로서 어떻게 활용할 것인가에 대한 새로운 시각과 혜안을 제시해 준다.

_윤여선 (KAIST 경영대학장)

저자와 같이 일하며 보낸 5년의 세월 동안 나는 그가 특이한 사람이라고 생각했다. 혼밥을 즐기고, 웹툰을 그리며, 유튜버로 활동하는 등 다양한 부캐로 활동하면서 또 업무에도 진심이었기 때문이다. 그렇게 쌓아온 활동이 저자의 무기가 되어 이젠 그가 어떻게 특별해졌는지 완전히 이해하게 되었다. 14년간 마케터로 지내온 저자의 모든 노하우가 담겨있는 책. 마케터로 성공하고자 하는 모든 이들께 추천합니다.

_이경아 (전 월트디즈니컴퍼니코리아 마케팅 이사)

한 명의 마케터가 일잘러를 거쳐 남들과 다른 하나의 개인 브랜드로 나아가기 위한 고민과 그 안에서의 고군분투를 담은 한 편의 성장 드라마를 책으로 읽는 느낌이다. 그 과정에서 자신만의 생각과 노하우, 그리고 다양한 활용 팁들을 많이 공개한다. 이런 면에서 볼 때 이 책은 마케팅 실용서보다는 마케터를 위한 자기계발서에 훨씬 더 가깝다. 자신만의 성장을 원하는 초보 마케터들이 읽으면 참 좋을 만한 책이다.

_전우성 (브랜딩 디렉터/《그래서 브랜딩이 필요합니다》, 《마음을 움직이는 일》 저자)

목차

우리, 나만의 무기를 가지고
싸웁시다

인사팀에서 커리어를 시작해 어느 날 갑자기 실전 마케팅을 1도 모르는 중고신인 마케터가 되었습니다. 하루아침에 미디어 산업에서 갑자기 푸드 산업으로 넘어갔죠. 그리고 글로벌 탑 컴퍼니를 거쳐 700명이 넘는 회사의 마케팅 총괄 디렉터가 되었습니다. 글쓰기를 시작해 열 명의 독자에서 1만 명이 넘는 독자가 있는 사람으로 성장했어요.

그 안에 감춰진 비밀은?

바로 '나만의 무기'를 가지고 싸워온 것입니다.

무기로 세상에 '나만의 영역'을 만들 수 있었습니다.

그 무기는 뭐였을까요? 무기로 싸운다는 게 뭘까요?

"무기를 가지고 싸우는 자 VS 맨손으로 싸우는 자"

한 무리가 있습니다. 이 무리는 다 함께 강가에서 물고기를 잡기로 합니다. 무기로 싸우는 자 '무기'와 맨손으로 싸우는 자 '맨손'이 있습니다. '맨손'이 바로 뛰어들어 이리저리 물고기를 잡으러 다니기 시작합니다. 여러 '맨손'들이 동시에 함께하죠. '물고기'라는 성과를 잡기 위해, 물고기를 잡아 무리에서 '인정'받기 위해서죠. 또 다른 자 '무기'는 뭘 하고 있을까요? 물고기를 잡기 위해 '맨손'이와 함께하면서, 또 자신만의 시간에는 다른 걸 합니다. 그물망을 만들고, 뾰족한 무언가를 만들기 시작합니다. 누군가는 '맨손'이가 일을 잘한다고 합니다. 누군가는 낯선 무언가를 찾고 만드는 '무기'가 못마땅합니다. 그리고 이렇게들 이야기하죠. 남는 시간에도 계속 강가에 있어야지, 왜 다른 곳에 가 있냐고. '맨손'이가 그렇게 무리에서 먼저 인정을 받기 시작하죠.

여기서 '맨손'의 세계를 한발 더 들여다보면 어떨까요? 다른 '맨손'이 등장해서 처음의 '맨손'이보다 물고기를 더 많이 잡기 시작합니다. 그리고 더 좋은 위치를 선점하여 기존의 자리를 빼앗습니다. 그렇게 '맨손' VS '맨손'이 싸우게 되죠. '맨손'끼리 분열이 일어나기도 하고, 물고기가 잡히는 좋은 곳을 차지하기 위한 치열한 다툼이 펼쳐지기도 합니다. 물고기를 잡아서, 인정받기 위해 어느새 '맨손'이들끼리 싸우게 됩니다. 그러다 어느 날 '무기'가 등장합니다. '무기'가 강물에 들어옵니다. 그런데 그는 무언가를 들고 있죠. 그걸 던지자 한 마리 잡기 어렵던 물고기가 서너 마리가 잡힙니다. '맨손'이들은 놀랍니다. 그러나 인정을 하지 않습니다. 자신이 먼저 뛰어들어 열심히 하나씩 잡던 것을 단숨에 잡는 걸 보니 받아들이고 싶지 않았겠죠. 이전에 잡히던 물고기와는 숫자의 자릿수가 달라집니다. 판을 완전히 바꾸게 된 거죠. 그제야 '맨손'이들은 '무기'를 보고 조금씩 따르기 시작합니다. 결과는 어떨까요? '무기'의 압도적 승리죠. 이것이 바로 현실에서 벌어지고 있는 일과 조직의 실제 모습입니다.

여기서 핵심은 뭘까요? 세상의 많은 사람들은 참 열심히 합니다. 서로 치열하게 경쟁을 하고, 때로는 다툽니다. 그렇게 맨손으로 싸워갑니다. '맨손'은 고기가 잘 잡히는 곳을 차지하기 위해 싸웁니다. 어느새 그 자리는 다른 '맨손'으로 바뀌어 있습니다. 판은 그대로인데, '맨손'이들만 바뀌는 모양새죠. 그런데 여기서 자기만의 무기를 가지고 싸우면 어떻게 될까요? '맨손'이들과 싸우지 않아도 됩니다. 판을 넓히기 위해 싸우게 되죠. '무기'는 판을 바꾸는 싸움을 하고, '맨손'이들은 '맨손'이들끼리의 싸움을 하게 되는 거죠. 맨손으로 싸우는 자는 무기로 싸우는 자를 이길 수 없습니다. 어떤가요? 아예 싸움의 개념이 다르죠?

여기서 여러분은 '무기'가 될 것인가요? 아니면 '맨손'이 될 것인가요?

나만의 무기를 만들어 판을 흔드는 싸움을 하실 건가요?

맨손으로 무기 없이 다른 '맨손'들과 같은 판에서 싸우실 건가요?

변화를 만드는 과정이 귀찮고 힘겹고, 주어진 것만 하는 것이 좋다면 '맨손'으로 남아서도 괜찮습니다. 그렇게 되면 새로운 세계를 만날 수 없고, 성장할 수 없습니다. 앞으로도 끊임없이 치열하게 다른 '맨손'들과 경쟁을 펼쳐야 합니다. 언젠가 지금의 자리가 사라질 수도 있습니다. 새로운 세계(새로운 영역)를 만나 더 성장(더 많은 물고기)하고 싶다면, 과감하게 무기를 찾으셔야 합니다. 무기를 찾아서 휘두를 수 있다면 '맨손'이들을 압도하는 성과로 큰 변화를 만들어가실 수 있습니다.

여기서 무기를 가지고 싸우는 자는 '맨손'이들과 싸우는 게 아니라, 더 큰 세상으로 키우기 위한 싸움을 하기 때문에, 시작부터 결과물까지 다르게 만듭니다. 이 책에 담은 무기들은 접하기 어렵거나 쌓기 힘든 희귀한 무기가 아닙니다. 진짜 필요한 무기는 일상에서, 일을 하면서 바로 여러분의 주위에 숨어있습니다. 제가 직접 경험하고 쌓고 휘둘러 온 일상의 '무기들' 30가지를 낱낱이 꺼내봅니다. 그럼 다시 처음의 질문으로 돌아가 보겠습니다.

무기를 가지고 싸우실래요?

아니면 맨손으로 싸우실래요?

"브랜드의 시대, 모두가 마케터가 되어야 한다"

바야흐로 브랜드 시대입니다. 기획자부터 마케터, 비즈니스를 하는 모든 사람, 그 누구나 마케터가 되어야 합니다. 모든 것들이 브랜드가 되고 있습니다. 하나뿐인 고유의 브랜드를 만들어야 합니다.

무기가 없는 브랜더는 '똑같은' 상품과 서비스, 콘텐츠를 만들어냅니다. 무기를 장착한 브랜더는 '차별화된' 상품과 서비스, 콘텐츠를 만들어냅니다.

'마케팅'의 본질을 알고 역량과 인사이트를 갖춘 '마케터'가 되어 일의 무기로 비즈니스에서 이기는 법을 담아봅니다.

이 책은 마케터만을 위한 이야기가 아닙니다.

일을 만들고, 성과를 키우는 모든 사람들의 이야기입니다.

무기로 싸워 얻고자 하는 것은 결국 '성장'입니다. 이 책을 끝까지 함께하시면 크리에이터, 프로젝트 기획자부터 영업 담당자, 개인사업자까지 모든 이들의 성장에 도움이 되는 강력한 무기를 얻게 될 것입니다. 중간에 덮으시면 무기도 사라집니다. 십수 년간 쌓아온 저의 무기를 모두 여러분 것을 만드시고, 더 나아가 여러분만의 세상을 만들어가시길 바랍니다.

자, 그럼 무기를 가지고 싸울 준비가 되었습니까?

1부

무기를 발견하다 :
나의 무기는 어디에 있을까?

01

커리어
마케터의 변신에 대하여

저의 14년 커리어를 되돌아보면 끊임없는 변신의 시간이었습니다. '요즘 다들 이직 많이 하잖아? 한 번씩 하는 일도 바꾸고 그러잖아?' 싶을 수 있죠. 그런데 저는 참 많은 변화들을 겪어왔습니다. 제 이야기 한번 들어보실래요?

대학생 때 광고 동아리를 하면서 마케터를 꿈꿨습니다. 특히 TV와 영화, 애니메이션을 좋아했기 때문에 미디어 분야에서 일하고 싶었죠. 그렇게 커리어의 첫 시작은 CJ ENM 영화 부문의 전신인 CJ엔터테인먼트였습니다. 다만 한 가지 다른 것이 있다면, 마케팅이 아니라 인사팀이었죠. 3년 차 때 이례적으로 인사팀 출신 마케터가 되면서 첫 번째 변신을 합니다. 다른 사람이 보기에는 멀쩡하게 일 잘하고 있던 인사팀 직원이 갑자기 마케터가 되겠다고 한 거였어요. 누군가에겐 '갑자기'였겠지만 저에게는 오래 준비하고 꿈꾸던 변신이었습니다.

그다음으로는 외국계 회사의 마케터로 변신을 했죠. 첫 회사인 CJ를 떠나 월트디즈니컴퍼니 코리아에 가게 되었습니다. 지금이야 디즈니 코리아가 많이 알려져 있지만 당시에는 사람들에게 "한국에도 디즈니가 있어?"라고 수백 번 질문을 들을 정도로 디즈니의 존재감은 작았습니다. 이곳에 합류한 이후 디즈니는 〈겨울왕국 2〉와 〈어벤져스〉 시리즈 등으로 큰 성공을 거두며 계속 존재감이 커지고 있었습니다. 마케터로서 괜찮은 커리어였습니다. 이대로 가면 안정적으로 계속 '디즈니'라는 타이틀과 함께 오래갈 수 있을 상황이었죠.

변화에 찬성하는 단 한 사람

그런데 저는 디즈니의 타이틀을 벗고, 10년 넘게 몸을 담아온 미디어 업계를 떠나기로 결심합니다. 그리고 가게 된 곳은 먹고 마시는 라이프스타일을 만드는 F&B(Food & Beverage) 산업이었습니다. 특히 이 변신에 동의하는 사람은 주위에 한 명도 없었습니다. 모두가 말렸습니다. 열 명에게 물어보면 아홉 명이 반대를 하는 상황이었습니다. 찬성하는 단 한 명이 있었는데, 그게 누구였을까요? 바로 저였습니다. 왜 미디어 업계에서 쌓아온 탄탄한 커리어를 버리고 완전히 다른 세계로 가느냐고 질문을 많이 받았죠. 새로 가게 된 곳은 아는 사람 한 명 없는 낯선 세계였습니다. 그곳은 GFFG였습니다. 노티드와 다운타우

너로 알려진 푸드 & 라이프스타일 기업에 합류하게 된 겁니다. 그곳에 가서 F&B 브랜드로 계속 새로운 경험을 만들어내며 사람들의 라이프 스타일에 브랜드의 존재감을 키울 수 있었죠. 700명이 넘는 그곳 회사에서 저는 마케팅 총괄 디렉터가 되었습니다.

돌아보니 참 많은 커리어의 변신이 있었네요. 미디어 회사의 인사팀 사원으로 시작해, 십수 년이 지나 맛있는 디저트와 수제버거를 만드는 푸드 브랜드를 총괄하는 본부장이 되어 있을 거라고는 저를 포함해 그 누구도 예상하지 못했을 것입니다. 그러나 기다리고 있는 것은 꽃길이 아니라 험난한 가시밭길이었습니다. 그 여정은 혹독했죠. 미디어 산업과 구조, 생태계, 문화가 달랐고 사람들이 생각하는 방식부터 일하는 방식, 모든 것이 달랐습니다. 새로운 세계에서의 하루하루는 모든 것을 배우고 탈바꿈하는 시간이었습니다. 지금 와서 보면 그 어떤 시간보다 값진 시간이었습니다. 새로운 세계에서 이전에 몰랐던 많은 것들을 알게 되었죠. 마지막 변신은 그 어느 때보다 강렬했습니다. 강렬했던 변신만큼이나 그곳에서도 '노티드월드'라고 하는 강렬한 결과물을 만들어낼 수 있었습니다.

성장을 위해 다음 세계로

지난 14년의 커리어 여정은 변신의 연속이었습니다. 뒤돌아보니 어느새 대기업과 외국계 기업, 스타트업을 모두 경험한 커리어를 쌓게 되었고, 인사팀 출신 마케팅 디렉터라는 독특한 타이틀을 가질 수 있었습니다. 한편으로 CJ에서 배운 콘텐츠 브랜드, 디즈니에서 알게 된 캐릭터 브랜드와 IP, GFFG에서 부딪치며 경험한 푸드 브랜드에 대해 모두 이야기할 수 있는 유일한 사람이 되어 있었습니다. 여러 세계를 경험한 커리어의 스토리를 가질 수 있었고, 그 안에서 알게 된 메시지들은 하나하나가 생동감이 넘쳤죠. 그리고 그 이야기를 글에 담기 시작합니다. 세상은 '초인'의 이야기에 귀를 열고 들어주기 시작했습니다. 마치 소인국, 거인국 다양한 세계를 경험했던 걸리버 여행기와도 같았던 여정이었습니다.

왜 이렇게 많은 변신을 마주했던 걸까요? 시간이 지나서 보니 '커리어와 일의 변신'은 '성장'과도 같았습니다. 제가 마주했던 변화들은 때로 운명처럼 다가온 것들도 있었고, 제가 판을 바꾸며 나아간 것도 있었습니다. 하나의 세계에서 일을 하고 경험이 쌓여 적응될 때쯤 일의 시간이 반으로 줄고 몸과 마음이 편해졌지만, 그 기간 동안 한편으로 성장이 멈춰있음을 느꼈던 것 같습니다. 그리고 그때마다 성장을 위해 다음 세계로 나아갔습니다. 만약 대기업의 풍부한 복지에 머물렀다면, 괜찮은 외국계 회사라는 안정감에 안도했다면, 지금의 저라는 마케터는 만들어지기 어려웠을 것입니다.

마케터 초인의 무기들

그리고 저는 또 하나의 변신을 선언합니다. GFFG 마케팅 디렉터라는 본부장 타이틀을 벗고, 온전히 저를 세상에 던져보기로 합니다. 그동안 마케터라는 본업에서 브랜드를 맡아 세상에 던져왔던 역할에서, 이제는 무대에 서서 저라는 브랜드를 만들며 그동안의 이야기를 그려보고자 합니다. 이 이야기는 '초인'이라는 마케터가 전 커리어에 걸쳐 변신의 과정을 겪으며 싸우고, 좌절하고, 부딪치고, 성장하며 알게 된 30개의 키워드를 생생한 경험과 함께 담았습니다.

저의 무기들을 꺼내봅니다. 이는 어느 마케터의 무기가 될 것이고, 어느 회사원, 어느 사업가의 무기가 될 것입니다. 아무도 이야기하지 않은, 세상 어디서도 들어보지 못한 걸리버 여행기와 같은 이야기를 꺼내보려 합니다. 그리고 이 무기를 휘둘러 여러분도 변신을 하고 성장하는 여정을 만들어가시는 데 도움이 되길 바랍니다.

그럼 하나씩 꺼내보겠습니다. 하나하나의 이야기 속에서 '무기'와 '맨손'이 어떻게 다른지도 함께 만나보시죠.

무기를 맞이할 준비가 되셨나요?

무기의 비밀

"무기로 싸우는 자는 일의 변화를 통해 성장한다.
커리어와 일의 변신은 성장과도 같다.
일이 변화하지 않으면 성장할 수 없다."

여러분은 커리어의 성장을 위해 일의 변화를 만들어갈 준비가 되어 있나요?

어떤 일의 변화를 그리고 있나요?

지금 일을 하며 다음 어떤 커리어를 상상하고 계획하고 있나요?

지금의 일과 연관된 것도 좋고, 연관성이 부족한 어떤 것도 좋습니다.

1년 후, 5년 후, 그리고 10년 후의 모습까지도 상상해 보시고 가장 원하는 일의 모습을 그려보시기 바랍니다.

일의 변화를 미리 그리고
커리어를 만들며 성장해 갈 거야.

계속 같은 일만 하고 싶어.
변화는 위험한 거야.

02

생각을 담는 습관
기록으로 미래를 만드는 무기

'무기로 싸우는 자'와 '맨손으로 싸우는 자'의 가장 큰 차이 중 하나는 뭘까요? 바로 '기록'을 한다는 것입니다. 기록을 하지 않고, 기획하고 일을 만들어간다는 것은 계산할 때 계산기나 손을 쓰지 않고, 온전히 암산으로 한다는 것과도 같습니다. 그렇게 되면 틀리기도 쉽고 금방 잊어버리게 되죠. 기록은 일 잘하는 사람의 생각을 담는 습관이고, 생각을 정리하는 무기입니다.

기본적으로 모든 의미 있는 생각은 기록으로 남긴다고 가정하는 게 좋습니다. 그리고 기록을 하고 그걸로 끝나서도 안 됩니다. 필요할 때면 언제든 꺼낼 수 있게 담아야 합니다. 기록이라는 무기를 전해드리고자 저의 이야기를 들려드릴게요.

기록 과몰입러

저의 무기는 '기록 과몰입'입니다. 저는 기록하는 것을 좋아합니다. 모바일앱, 직접 적는 노트, 구글 드라이브까지 온갖 곳에 생각을 담는 저장소를 두고 습관적으로 담습니다. 그렇게 담아두면 사라지지 않는 저의 재료가 되고, 필요할 때마다 꺼내서 잘 쓰게 되죠. 그렇다고 이런 다양한 저장소를 그때마다 무작위로 사용하는 건 아니고 각각의 쓰임새가 있습니다. 새로운 아이디어를 떠올릴 때는 손으로 쓰는 노트를 많이 활용하고, 정보를 다듬거나 아카이빙할 때는 빠르게 찾을 수 있게 문서 파일로 관리를 합니다. 저의 기록들로부터 저의 글과 창작물, 일의 아이디어가 전부 나오는 것 같습니다. 무언가를 시작할 때 아이디어를 새롭게 떠올리기보다는 기존의 것들을 꺼내는 거죠.

좀 더 구체적으로 어떤 프로그램을 쓰는지 말해볼까요? 먼저 모바일에서는 캘린더 앱에 일정을, 메모 앱에는 항목별로 필요한 내용을 적어두고 매일 수시로 꺼내서 활용을 하고 있어요. 캘린더 앱에는 일별로 해야 할 일들을 써두고, 옮기고, 완료하고 나면 삭제하면 되니 요긴합니다. 병원으로 치면 그날 받는 손님들이죠. 메모 앱은 조금 다릅니다. '글쓰기'(브런치·책 소재), '커뮤니티'('워스픽' 아이디어), '클래스'(VOD·강연 소재) 등 각각의 메모를 별도로 구분해서 생각나는 아이디어를 그때마다 담아두고 필요할 때 꺼내서 씁니다.

그런데 모바일에는 간단한 내용을 담기는 좋지만 복합적인 정보를 많이 담기에는 한계가 있죠. 그래서 저는 어디서든 쉽게 연동이 될 수 있는 구글 드라이브를 함께 활용합니다. '강연'이나 '출판', '커뮤니티' 등 각각 구글 파일을 나누어서 관리하다가 필요 시 파일 그대로 유관 담당자에게 공유를 합니다. 해당 문서에 피드백을 받고, 파일에 다시 반영하면, 파일을 주고받을 일이 없어 좋은 것 같아요. 실시간으로 코멘트와 업데이트를 확인할 수도 있고요. 작성은 주로 노트북에서 진행하고, 모바일에서는 꺼내서 확인할 때 활용합니다.

그리고 주간 스케줄을 관리하는 플래너와 아침마다 쓰는 '상상노트'도 있어요. '상상노트'에 대해서는 '루틴 : 일상을 상상으로 만드는 무기'에 활용법을 담아둡니다.

이렇게 쓰고 보니 정말 일상의 기록물들이 많네요.

미래를 만드는 기록의 힘

제 이야기를 듣고 이런 생각이 드실 수 있습니다.

'생각을 담고, 필요할 때 꺼내는 건 좋은데 바쁜 현실에서 그렇게까지 할 필요가 있을까요?'

생각을 담는 공간과 행위는 과거를 기록하고, 현재를 남기기 위해서가 아닙니다. 바로 미래를 위한 씨앗을 심어두는 행위입니다. 미래에 뭔가를 하기로 마음먹었을 때, 그때부터 재료를 모으고, 씨앗을 자라게 하면 시간이 오래 걸립니다. 그 과정에서 지칠 수도 있고 흐지부지될 수도 있죠. 중요한 아이디어를 놓칠 수도 있고요. 그런데 미리 씨앗을 심어둔 상태에서 꺼내게 되면 빠른 속도로 추진할 수가 있습니다.

좀 더 잘 와닿으실 수 있게 저의 실제 사례를 꺼내봅니다. 예전에 미래의 '나의 공간'에 대한 아이디어를 메모 앱 한 곳에 습관적으로 적어두었습니다. 그 당시 술을 좋아하고, 바를 많이 찾아다니던 시점이었기 때문에 저만의 바를 갖고 싶은 마음을 가졌습니다. 그래서 상상의 브랜드를 만들고, 그곳만의 차별화된 프로그램을 구성하고, 공간과 브랜드를 하나씩 그려나갔죠. 결과적으로는 코로나19라는 현실에, 바쁜 본업으로 바를 실제로 만들지는 못했습니다. 시간이 흘러 어느 날, 저는 마케터를 위한 커뮤니티를 만들기로 결심하게 됩니다. 그리고 그 커뮤니티 아이디어에 이전에 그려놓은 공간의 아이디어를 더합니다. 보통 커뮤니티라고 하면 주제와 멤버를 중심으로 차별화를 만들어가죠. 저는 여기에 공간이라는 무기를 더할 수 있었습니다.

다른 커뮤니티처럼 보통의 세미나실이 아닌 책을 테마로 하는 매력적인 바 공간을 찾았고, 그곳에서 영업하지 않는 일부 시간을 커뮤니티로 쓸 수 있게 만들 수 있었습니다. 그렇게 책과 이야기, 그리고 술까지 더할 수 있는 매력적인 공간을 가진 커뮤니티를 만들어낼 수 있었죠. 커뮤니티를 만들고, 공간을 찾고, 모임을 시작하기까지 얼마나 걸렸을까요? 단 일주일이란 시간밖에 걸리지 않았습니다. 스타트업에서 보통 이렇게 프로젝트의 기획과 실행을 동시에 빠르게 추진하는 것을 '애자일(agile) 전략'이라고 부르는데, 커뮤니티를 초단기간에 '슈퍼 애자일하게' 만들 수 있었죠.

여기에 더해 커뮤니티의 프로그램도 그때부터 구상한 것이 아닌, 이전부터 생각해 두었던 미니 세미나의 주제들로 채웠습니다. 새로 출발하는 이들을 위한 '출사표 살롱', 지금 일에 마음이 뜬 이들을 위한 커리어 찾기 '뜬구름 살롱', 초저예산으로 마케팅하는 노하우를 공유하는 '짠케팅 살롱', 말을 무기로 만드는 '말무기 살롱' 등 커뮤니티의 오프라인 모임 주제들이 이전에 담아둔 아이디어로부터 꺼내질 수 있었습니다. 이 모든 것들은 이전에 쌓아둔 습관적 기록이라는 무기의 힘이 컸죠.

이렇게 커뮤니티로 하나의 예를 들어드렸지만, 실제 업무 프로젝트를 하여 기획해 나가는 과정, 글쓰기와 아이디어의 소재를 찾는 과정, 강연의 스토리를 만들어가는 모든 과정에서 저는 이전의 생각 기록들을 찾고 여기에서 영감을 얻습니다. 그렇게 준비된 소재와 아이디어가 가득 있으니 남들보다 빠르게, 더 차별화된 무기로 하나씩 만들어갈 수 있었습니다. 기록은 현재를 담고, 미래를 위해 쓰입니다. 기록은 곧 미래를 위한 커다란 보물창고입니다.

여러분은 나만의 생각 저장소를 갖고 있으신가요? 없다면 이제부터 하나씩 나만의 생각 저장소를 만들어가 보면 어떨까요? 수시로 생

각을 담고, 기록하고 또 필요할 때마다 꺼내서 쓰는 '생각을 담는 습관'
이 미래를 만드는 커다란 무기가 될 수 있습니다. 제가 실제로 요긴하
게 사용해 왔고, 지금도 사용하고 있는 무기이니 믿고 해보셔도 괜찮습
니다. 기본 앱이어도 괜찮아요. 낡은 노트와 펜이어도 좋습니다. 시간
이 지나서 반복하면 여러분의 기록 무기가 되어 있을 거예요.

무기의 비밀

업무일지 활용하는 TIP

업무 관련 기록과 계획이 필요할 때 언제든 꺼내서 활용할 수 있도록 '자기만의 포맷'을 쓰는 것을 추천드립니다. 저 같은 경우에는 여러 프로젝트를 제가 직접 만든 엑셀 시트로 운영해 오고 있는데요, 각자 자기만의 손에 맞는 이런 업무일지를 활용하면 좋습니다.

세상 하늘 아래 완전 새로운 일 없고, 일을 하다 보면 결국 이전에 했던 것의 연장인 경우가 많거든요. 일의 히스토리와 노하우를 잘 담는 것도 좋은 습관의 무기가 될 수 있다는 걸 기억하세요.

이제부터 하나씩 기록해 보자.
생각이 쌓여서 빛나는 미래의 무기가 될 거야!

기록이라니, 귀찮아.
그냥 필요할 때 쓸래.

03

영감의 아이템
책/뉴스레터/아티클이라는 무기

좋은 무기를 갖추려면 뭘 해야 할까요? 계속 새로움을 접해야 합니다. 브랜드로 커뮤니케이션을 하고, 콘텐츠로 고객 접점을 만들기 위해서는 세상이 무엇에 관심 있고, 사람들이 어떤 것에 열광하는지를 알아야 합니다. 특히나 브랜드 관련된 일을 하거나, 기획자이거나 마케터일 경우에는 이게 필수죠. 다양한 '케이스'를 들여다보고 '현상'을 바라보아야 합니다.

그런데 한정된 시간 안에 요즘 유행하는 팝업, 콘텐츠, 소재를 경험하기 위해 하나하나 다 찾아다니고 조사하러 다니기는 쉽지 않습니다. 다행히도 지금 시대에는 영감을 주는 다양한 아이템들이 있고, 이를 무기로 활용할 수 있습니다. 어떤 것들이 있는지 함께 살펴볼까요?

무기를 만드는 무기, 책

tvN 프로그램 〈비밀독서단〉을 아시나요? 저는 이 프로그램을 마케팅하면서 '책'에 빠져들게 되었습니다. 매주 작가 조승연 님, 영화평론가 이동진 님부터 소설가 김연수 님, 은희경 님 등의 이야기를 1년간 현장에서 생생하게 들을 수 있었습니다. 또 팟캐스트에 오디오를 올리면서 검수를 위해 무편집 파일을 다시 한번 듣게 되는데, 현장과 녹음본의 맛은 또 달랐습니다. 집중해서 들을 수가 있죠. 그렇게 최소 두 번씩 책이라는 무기로 세상을 살아가는 사람들의 이야기를 들으며 그 이야기를 조금씩 저의 무기로 만들어갔습니다. 그때 글과 책의 맛을 처음으로 알게 되었죠. 글과 책은 자신의 생각을 이야기로 세상에 나눌 때 비로소 완성이 된다는 것까지 깨닫게 되었습니다. 그래서 저는 지금도 읽고, 쓰고, 이야기하는 과정을 중요시하고 있습니다.

그때부터 이전에 없던 새로운 취미가 생겼습니다. 주말이면 카페에 가서 책을 읽기 시작한 거죠. 북카페를 찾아다니고, 서점에 갔습니다. 책과 조금씩 더 내적 친밀감을 쌓아나갔습니다. 그렇게 만든 습관은 디즈니로 이직하고 나서도 계속 이어졌습니다. 디즈니 사내 도서관의 VIP 단골이 되었죠. 가끔 도서관 이용 관련해서 체크할 때면, 디즈니에서 책을 가장 많이 빌린 첫 번째 혹은 두 번째 사람이 저였습니다.

이전까지만 하더라도 만화책을 주로 보고, 책보다는 영상을 더 즐겨 보던 사람이 책을 통해 어떤 놀라운 변화를 만들 수 있었을까요? 책이 만들어준 저의 두 가지 무기에 대해 말씀드리겠습니다.

하나, 책이 알려준 질문하는 법

기본적으로 책은 보면서 고스란히 암기하고 외우는 공부와는 다릅니다. 저자의 생각과 지식, 경험의 세계를 만나는 시간이죠. '소설'은 상상의 세계, '에세이'는 생각의 세계, '노하우'는 경험의 세계입니다. 책은 공통적으로 질문을 던집니다. 소설은 다음에 어떤 이야기가 펼쳐질지 기대감을 주고, 노하우는 지금 처한 상황이나 앞으로의 상황에 대해 계속 생각하게 만들어줍니다. 노하우와 관련한 책 《원씽》에서는 궁극적으로 원하는 단 한 가지가 무엇인지를 묻습니다. 소설 《나르치스와 골드문트》에서는 양극단에 놓인 두 인물의 삶을 보여주면서 어떤 삶을 살고 있는지 또는 살고 싶은지 묻습니다. 소설의 질문에 대해 생각을 따라가는 것, 그것이 책을 읽는 행위죠. 다양한 책을 읽을수록 많은 질문을 받게 되고, 또 질문을 할 수 있게 됩니다. 질문을 할 수 있는 것은 커다란 힘입니다.

저는 책의 질문을 받고 여기에 다시 질문을 던지곤 합니다. 책 《그릿》에서는 버티는 힘에 대해 강조합니다. 성공의 가장 핵심 비결로요. 그 이야기를 펼쳐가면서 저자는 계속 묻습니다. '자, 이제 버티는 것의 힘을 알겠지? 버텨야 해. 그래야 이룰 수 있어!' 그 질문을 따라가면서 저의 질문을 더합니다. '그런데 그 버티는 것의 방향성이 잘못되면 어떡하죠? 방향성을 어떻게 세우는지는 어떻게 알죠?' 저는 그 질문을 밖에 꺼내고, 답을 찾다가 누군가의 추천으로 《원씽》을 알게 됩니다. 《원씽》은 말하고 있었습니다. 가장 중요한 한 가지를 먼저 찾으라고. 그다음에 그 한 가지를 향해 《그릿》에서 찾은 것처럼 버티는 힘을 활용하면 됩니다. 중간에 질문을 하지 않았다면, 방향성을 잡기도 전에 버티기부터 할 뻔했습니다. 이것이 바로 책에게, 책의 메시지에게 질문하는 방법입니다. 그럼 실제 현실세계에서는 어떨까요?

한 외신기자가 이런 인터뷰를 한 적이 있었습니다. 한국 기자들은 왜 외국인이 기자회견이나 발표를 할 때 질문하지 않는지에 대해서요. 아마도 질문에 대해 평가받는 것에 대한 두려움을 갖고 있거나, 질문의 메시지보다는 질문의 능숙함과 멋을 우선 생각하기 때문에 선뜻 나서지 못하는 게 아닐까 싶습니다. 그런데 책을 읽으면 질문하는 법을 알게 됩니다. 그리고 이렇게 책으로부터 배운 질문법을 저는 무기로 활용합니다.

어느 강연을 가든, 클래스를 참석하든, 항상 그 자리에서 가장 먼저 질문을 하는 한 사람이 있습니다. 바로 저입니다. 질문을 하기 위해 억지로 생각을 떠올리지도 않습니다. 발표자의 생각과 이야기를 따라가다 보면 자연스럽게 여러 질문들이 펼쳐지고 그중 가장 궁금하고 또 가져가고 싶은 한 가지를 골라서 묻는 것뿐입니다. 이렇게 잘 고른 질문은 다른 사람들도 궁금해하는 것이기에, 질문의 능숙함보다는 질문의 메시지에 집중을 하게 됩니다.

이렇게 책은 질문하는 법을 무기로 만들어줍니다. 놀랍지 않은가요?

질문의 무기 TIP

책에서 질문법을 쌓고, 강연이나 오프라인에서 첫 번째로 질문하는 무기의 습관, 꼭 기억하세요!

둘, 책이 알려준 주관식으로 답하는 법

어릴 때부터 치열하게 공부하면서 전 세계적으로 똑똑하다고 인정받는 한국인에게 어려운 단 한 가지가 있습니다. 바로 주관식으로 답하는 법이죠. 답을 하는 가장 단순한 방식으로는 O와 X가 있습니다. 그런데 이런 프레임은 부작용이 있죠. 이를테면 정치 양극화와 젠더갈등 이슈처럼 단순하게 흑백논리로 사안을 판단하게 만들죠. 다음으로는 여러분께 익숙할 4지선다나 5지선다가 있습니다. 선택지 중에서 정답을 찾거나 가장 정답에 가까운 것을 고르는 것이죠. 그래서 유독 한국 사람들은 3대 맛집, 4대 천왕 이런 형태로 그룹을 묶는 것을 좋아합니다. 그리고 순위에 민감하기 때문에 가장 많은 사람들이 선택한 1위를 궁금해하죠. 즉 대세의 함정에 빠지게 됩니다.

애석하게도 이런 과정에서 주관식은 빠져있습니다. 주관식이 빠져 있기 때문에 모든 것을 열어놓고 무엇을 원하는지, 왜 그것을 원하는지 이야기하는 것에 많은 어려움을 느끼죠. 아마 이 글을 읽고 있는 많은 분들께서도 공감할 부분일 것 같습니다. '내가 뭘 원하는지 나도 잘 모르겠어!' 그것은 잘못된 것은 아닙니다. 애플의 창업자 스티브 잡스도 그랬으니까요.

"소비자들은 자신들이 뭘 원하는지 모른다. 다만 우리는 그들이 미래에 원하는 것을 만들 뿐이다."

책을 통해 내가 원하는 게 무엇인지, 내가 생각하는 방향성이 무엇인지 생각하고, 그것을 논리정연하게 이야기를 꺼낼 수 있는 힘을 만들 수 있습니다. 그 힘을 가질 수 있다면 일할 때 의사소통을 하거나, 어떤 모임이나 그룹에서 관계를 맺거나, 공식석상에서 이야기를 할 때 주관식으로 소통할 수 있는 무기가 될 수 있습니다.

그걸 만들 수 있는 것이 바로 책입니다. 책을 읽을 때 저자의 생각을 절대적이라고 생각하고 받아들이기보다는 그 생각에 대한 나의 생각을 더해보세요. 저자가 하는 것이 액션이면 독자는 리액션을 하는 거죠. 액션과 리액션이 계속 오가며 나아가는 과정, 그것이 바로 책을 읽는 과정입니다. 가장 무서운 사람이 세상에서 책 한 권만 읽은 사람이라고 하죠. 한 권의 책이 세상의 전부인 줄 알게 되면 자칫 편협함에 빠질 수 있습니다. 다양한 저자의 메시지에 대한 내 생각을 만들고 반복하면서 그렇게 경험치를 쌓아가시길 추천합니다.

저만의 습관을 하나 말씀드릴게요. 저는 보통 책을 보고 나서 핵심을 요약합니다. 때로는 핵심 메시지에 대한 생각을 나누기도 하죠. 그리고 그걸로 끝나지 않습니다. 전 항상 책의 핵심 메시지를 어떻게 나에게 적용할 수 있을까 고민합니다. 나의 무기로 활용할 수 없다면 그건 무기가 아니죠. 그 메시지가 내 안에 들어와야 합니다. 여기에 하나더. 핵심 메시지와 별도로 책의 아쉬운 부분도 함께 들여다보는 것입니다. 세상의 모든 것은 흑과 백, 빛과 어둠 양면성이 있고 아무리 좋은 책도 마찬가지입니다. 이렇게 좋은 것과 아쉬운 것을 함께 들여다보면 책에 대한 나의 뚜렷한 주관성을 만들어갈 수 있습니다. 저는 가장 좋아하는 철학자가 니체인데, 니체의 글을 읽고 삶을 꿰뚫는 본질의 언어들에 감탄하면서도 한편으로 이런 생각을 갖곤 합니다.

'니체! 시작부터 이렇게 어렵게 간다고? 이게 영화였으면 이건 관객몰이 쫄딱 망했어! 내가 좀 도와줄까? 나라면 시작을 이렇게 했을 거야.'

자, 이제 책으로부터 '질문하는 법'과 '주관식으로 답하는 법'에 대해서 잘 알게 되었습니다. 이제부터 책을 읽을 때는 항상 질문하는 습관과, 메시지를 나에게 적용하는 습관을 만들어 가시기를 추천드립니다. 그러면 책이라는 무기로 다른 무기를 더 많이 쌓아갈 수 있을 것입니다. 책과 함께라면 가보지 못한 세계를 만날 수 있고, 먼저 앞서 세상을 나아간 누군가의 경험을 내 것으로 만들 수 있습니다. 책만으로도 충분히 다양한 세계를 경험하고, 실제 현실세계에 적용해 더 깊은 사고를 하거나 시행착오를 줄일 수 있죠. 일의 경험치와 역량을 키우는 것 또한 책에서 많이 배울 수 있으니, 꼭 책을 강력한 무기로 만들어가시기를 바랍니다. (책을 무기로 만드는 과정은 글쓰기를 무기로 만드는 과정으로 연결됩니다. 뒤에 나올 '글쓰기' 파트에서 무기 만들기를 이어가시길 바랍니다.)

마케터 초인의 책/뉴스레터/아티클 추천

(1) 마케팅 무기가 될 수 있는 책

무기가 될 수 있는, 마케팅력 강해지는 책 네 권을 핵심 문구와 함께 추천드립니다.

《픽사 스토리텔링》

〈토이 스토리〉부터 〈인사이드 아웃〉, 〈몬스터 주식회사〉까지. 장난감, 감정, 괴물이 어떻게 전 세계적으로 사랑받는 콘텐츠로 탄생할 수 있었을까요? 픽사 콘텐츠의 비밀은 스토리의 힘인데요, 공감할 수 있는 이야기를 어떻게 구성하는지에 대한 내용을 실제 픽사 작가의 이야기로 확인해 보실 수 있습니다. 제가 앞으로 소개할 스토리텔링 기법의 자세한 내용을 이 책에서 만나보세요.

*한 줄 요약 : 마케팅할 때도 스토리텔링으로!

《픽사 이야기》

애플의 창업자 스티브 잡스가 픽사 소유주였던 거, 혹시 아시나요? 〈스타워즈〉의 루카스필름에서 시작된 픽사가 잡스의 손을 거쳐 디즈니에 매각되기까지의 여정과 함께합니다. 기업이 어떻게 성장하고 합쳐지는지 그리고 브랜드가 어떻게 커지는지 그 과정을 재밌게 만나보실 수 있습니다.

*한 줄 요약 : 위대한 결과는 치열한 과정에서 탄생한다!

《슈독》

베일에 싸여있던 나이키의 창업주 필 나이트의 나이키 창업과 경영에 대한 이야기입니다. 운동화에 미친 한 사람이 어떻게 괴짜들과 함께 위대한 기업을 만들 수 있었는지, 그리고 세계적인 브랜드로 키워낼 수 있었는지 흥미롭게 만나볼 수 있습니다.

*한 줄 요약 : 고유의 브랜드 가치를 담아 브랜딩하기!

《마케터의 일》

'배달의민족' 마케팅을 총괄하셨던 장인성 님이 쓰신 책으로, 쉬우면서도 마케터의 중요한 의미를 잘 담고 있어서, 주니어 마케터나 실무 레벨의 마케터에게 도움이 될 거예요.

*한 줄 요약 : 다른 사람의 경험으로 빠르게 성장하기!

(2) 무기를 쌓는 뉴스레터 & 사이트

광고와 홍보물이 쏟아지고 있는 요즘 오히려 잘 정제된 뉴스레터가 많이 활용되고 있습니다. 그리고 마케팅과 관련된 다양한 양질의 글을 한 곳에서 모아주는 큐레이션 플랫폼도 있죠. 구독하면 괜찮을 뉴스레터와 함께 큐레이션 플랫폼을 담아봅니다.

〈트렌드라이트〉

많은 뉴스레터가 큐레이션 중심이라면, 이 뉴스레터에는 저자의 관심과 인사이트가 많이 담겨있습니다. 특히 유통과 이커머스 분야에서 많은 인사이트를 쌓을 수 있습니다.

〈캐릿〉

요즘 Z세대가 화두죠? 저도 이 사이트에서 Z세대에 대해 많이 이해할 수 있었는데요. 다양한 시각으로 바라보는 트렌드를 뉴스레터로 만나보실 수 있습니다.

〈까탈로그〉

취향을 키워드로 큐레이션해 주는 뉴스레터로, 이색적인 소재와 재밌는 표현으로 담고 있어 흥미롭게 보실 수 있습니다.

〈MIX〉

다양한 마케팅 관련 콘텐츠의 큐레이션을 편하게 만나보실 수 있습니다.

〈위픽〉

마케팅 관련된 인터뷰와 아티클까지 다양한 글들을 제공하고 있습니다.

〈비마이비〉

요즘 핫한 브랜드와 마케팅 사례들을 잘 정리해서 담아주고 있습니다.

〈오픈서베이〉

다양한 주제의 서베이를 정기적으로 받아 보실 수 있습니다.

(3) 다양한 인사이트를 만나는 아티클

다음은 인사이트가 담긴 글을 만날 수 있는 아티클 채널입니다.

〈롱블랙〉

실제 그 브랜드를 만들고 키운 사람들의 생생한 이야기를 감도 있게 만나보실 수 있습니다. 매일 한 개라는 콘셉트에 맞춰 양질의 아티클을 제공합니다. (구독 기반 유료 서비스)

〈퍼블리〉

커리어·프로젝트 관리하는 법, 협업하고 소통하는 노하우 등 비즈니스와 관련된 실용적인 인사이트를 만나볼 수 있습니다. (구독 기반 유료 서비스)

〈아웃스탠딩〉

스타트업, IT 관련된 양질의 글을 보실 수 있습니다. (구독 기반 유료 서비스)

〈커리어리〉

각 분야의 인플루언서 직장인분들이 생각을 공유하고 비즈니스 인사이트를 전해줍니다. IT, 이커머스, 소비재 등 산업별로 도움 될 이야기를 접할 수 있어 특정 계정을 팔로우하면 업계 소식을 업데이트할 수 있습니다. (무료 플랫폼)

이 뉴스레터와 사이트들을 즐겨찾기해 두시고, 더 나아가 아티클까지 시간 날 때마다 계속 보시면 마케팅력 쌓는 데 도움이 될 것입니다.

(4) 세상의 소리를 듣는 인스타그램

요즘은 인스타그램에서도 브랜드와 마케팅 관련된 다양한 소식을 만나보실 수 있습니다.

〈마케팅노트〉 @marketing_note
마케팅과 관련된 다양한 도움 되는 글들을 만나보실 수 있습니다.

〈브랜드 만드는 남자〉 @brandmakerman
브랜드를 만드는 회사의 CEO가 운영하고 있는 계정으로, 다양한 브랜드 소식을 만나보실 수 있습니다.

〈초인노트〉 @choin_note
제가 만들고 있는 인스타 계정으로 저의 생생한 경험과 인사이트를 담아 전해드리고 있습니다.

영감의 아이템으로 '관점'의 무기를 만든다

이렇게 뉴스레터와 아티클, 책, 그리고 여기에 인스타그램 브랜드 계정까지 더해 일상의 영감 아이템을 장착합니다. 이 무기를 통해 어떤 새로운 마케팅 일들이 일어나고 있는지, 요즘 브랜드가 어떤 활동을 하고 있는지 꾸준히 지켜보고, 사람들이 무엇에 관심 있고 무엇에 열광하는지를 이해합니다. 그럼 많은 '케이스'를 알게 되고, 하나의 '현상'이 보이게 됩니다. 그리고 그 현상에 대한 다른 사람들의 '관점'을 봅니다. 한 가지 더. 여기서 그냥 정보를 주입하고 끝나는 게 아니라 '자신만의 관점'을 입혀서 해석해야 합니다.

생각보다 많은 사람들의 이야기 안에 자기만의 관점이 빠져있는 경우가 많습니다. 관점은 옳고 그름의 영역이 아닙니다. 세상을 바라보는 주관과 철학을 쌓아가는 과정이죠. 틀림에 대한 두려움을 내려놓고 책에 쓰인 내용을 자신의 관점으로 재해석하고, 아티클 역시 스스로의 관점으로 받아들인다면, 남들보다 배는 더 단단한 인사이트를 쌓아나갈 수 있을 것입니다. 그냥 정보만 외우면 그건 단순 '암기'지만, 관점을 익히면 나만의 메시지를 만들 수 있는 '마케팅 세계관'이 생겨납니다. 이 세계관은 다른 사람이 뺏거나 카피하지 못하는 강력한 나만의 무기가 됩니다.

이렇게 영감의 아이템을 갖추는 과정은 나만의 관점을 만들어가는 것이 핵심입니다. 어떤가요? 영감의 아이템이 만들어주는 관점이라는 무기. 이걸로 나만의 마케팅 세계관을 만들어 차별화된 결과를 하나씩 쌓아가시길 바랍니다.

무기의 비밀

'기술'은 시간이 지나 금방 변할 수 있습니다.
그러나 '관점'은 시간이 지나도 계속 무기가 될 수 있습니다.

케이스 · 현상으로부터 관점 · 세계관 키우기

★ 케이스 | 뉴진스 음악과 Y2K 패션의 열풍

★ 현상 | 아네모이아(Anemoia), 경험하지 못한 추억과 시대에 대한 대중의
향수

– 나의 관점 | 촌스러운 2000년대 문화가 대중화되고 있고 오래 지속될 것
– 마케팅 세계관 | 이전 시대 문화를 현재의 감성으로 재해석한 사례를 수집
하여 쌓기 / 이전 시대 문화를 이해하고 나의 세계에 반영하여 나의 무기로
만들기 / 이 무기로 일의 프로젝트나 글의 소재, 콘텐츠 기획에 활용하기

영감의 아이템을 활용해
나만의 관점을 만들고 키워내야지.

다 뻔한 이야기고, 다 아는 이야기야.
그런 거 봐도 도움 하나 안 돼.

04

루틴
일상을 상상으로 만드는 무기

 성공한 사람들을 비롯해 주위에 무기로 싸우는 사람들을 지켜보며 알게 된 공통점 하나가 있습니다. 그게 뭘까요? 바로 '자신만의 루틴'이 있다는 것이죠.

일을 잘하고 큰 성과를 연이어 만드는 사람들 중에 예측 불가하고 변동성이 큰 생활을 하는 분들은 드물었습니다. '아닌데요? 다들 이것저것 하며 바쁘게 살던데요?' 이렇게 생각하실 수도 있을 것 같습니다. 여기서 이야기드리고자 하는 것은 바쁜 일상에서 여러 가지를 동시다발적으로 만들며 살아가는 과정에서 자신만의 루틴을 만들고, 그 루틴을 고도화하는 것이 엄청난 무기가 될 수 있다는 것입니다. 루틴을 만들고 고도화한다는 것이 어떤 의미일까요?

'루틴'은 가장 중요한 무기 중 하나입니다. 어떤 무기가 있다면, '루틴'은 이 무기를 휘두를 수 있는 기초 체력과도 같습니다. 최소 몇 시간

이상의 깊은 잠을 잔다, 운동을 주 몇 번 이상 격렬하게 한다, 계획한 리스트대로 하루를 살아간다…와 같이 여러 일상의 루틴을 하나로 엮어내 자신만의 루틴을 조합해 만드는 것이 중요합니다.

루틴에 정답이 있을까요? 100명의 사람이 있으면 100명의 신체와 리듬, 우선순위 가치가 모두 다르기 때문에, 루틴에 정답은 없습니다. 그러나 자신에게 최적화된 루틴은 존재합니다. 그것을 찾아가야 합니다. 어떻게 최적의 루틴을 만들 수 있을까요? 내 루틴으로부터 나오는 결과가 괜찮은지, 생산성이 충분한지, 시간의 활용도는 괜찮은지 꾸준히 들여다봅니다. 때로는 루틴을 바꾸고 개선하며 나에게 맞는 '최적의 루틴'을 하나씩 만들어가는 것이 핵심입니다.

아무도 루틴을 무기로 만들라는 이야기를 해주지 않죠. 그런데 이건 다른 무기를 갖고 휘두르기 위한 기본 무기입니다. 이 루틴이 제대로 만들어지지 않으면 다른 무기들도 휘두를 수 없죠. 마치 마블 시리즈에서 토르의 망치 묠니르나 캡틴 아메리카의 방패 같은 강력한 무기를 얻어도 이걸 들지 못하면 무기로서 아무런 효력이 없는 것처럼요.

그럼 저는 어떤 루틴을 만들어왔고, 루틴을 위한 어떤 노하우를 만들 수 있었을까요? 일상을 살아가는 루틴의 무기에 대해 말씀드리겠습니다.

바닥 생활 10년이 만들어준 루틴의 힘

첫 사회 생활을 시작할 때 이런 말이 있습니다. 월급의 뽕에 맞는다고. 돈을 벌지 못하다가 월급이라는 것을 한번 입금받고 나면 세상을 다 가진 것 같은 기분이 듭니다. 저 역시도 그랬습니다. 첫 월급, 두 번째 월급까지 옷이나 물건 등 이것저것 많은 제품을 사고, 맛있고 비싼 술과 음식으로 하루하루를 채웠죠. 처음에는 저에 대한 보상이라고 생각했습니다. 그런데 무서운 게 어느새 그것이 저의 루틴이 되어가고 있는 것을 발견했습니다. 그런데 새로운 소비 습관이 생기는 것뿐 아니라 취업 이전부터 해오던 좋았던 루틴까지 무너지고 있는 것을 마주하게 되었습니다. 뭔가 변화가 필요했습니다.

'와신상담(臥薪嘗膽)'이라는 말이 있습니다. 땔감에 누워 자고 쓸개를 맛본다는 뜻으로, 원하는 무언가를 이루기 위해 스스로를 힘겹게 하고 버티며 이루어낸다는 의미입니다. 이 사자성어가 저에게는 크게 기억에 남았나 봅니다. 어느 날 와신상담을 저의 루틴에 적용을 합니다. 하루아침에 침대를 없앴습니다. 멀쩡하게 잘 살고 있는 집에서요. 그리고 그때부터 바닥 생활을 했습니다. 바닥에서 요를 깔고 자는 생활을 지속했죠. 나중에 무언가를 성취하고 이루어냈을 때, 다시금 침대로 돌아가자 생각을 하고 그렇게 바닥 생활을 지속해 나가기 시작했습니다. 저에게 한 가지 불편한 루틴을 일부러 만들었죠. 다시 초심으로 돌아가서 의식을 계속 유지할 수 있도록요.

간혹 집에 누군가 오면 침대 없는 바닥 생활에 의아해했습니다. 그럴 때마다 이야기를 했습니다. 스스로 만족할 성취를 이루고 나서 침대를 다시 놓을 거라고. (목표와 성취에 진심인 전형적인 ENTJ라고 하면 이해가 되실지 모르겠네요.) 물론 저도 침대에서 자는 것이 더 아늑하고 좋았습니다. 그런데 한번 시작하고 이어오던 결심을 불편하다고 한순간에 무너뜨릴 수는 없었습니다. 그리고 약 10년의 시간이 지나 목표하던 것들을 이룰 수 있게 되었습니다. 비로소 나만의 공간을 마련할 수 있었고, 업무적으로도 스스로 만족하는 성취를 이뤄낼 수 있었고, 그때 다시 침대를 놓았습니다. 침대. 누군가에게는 매일 익숙한 일상의 아이템일 수 있지만, 저에게는 10년간 공백이 있던 특별한 사은품이었습니다.

그 시간 동안 제가 얻게 된 건 어떤 게 있었을까요? 매일 아침 눈을 뜨며 각오를 되새겼습니다. 나만의 공간을 마련해야 해, 일의 성취를 쌓아야 해. 요와 이불을 개고 펼 때마다 무의식중에도 매일 새길 수 있었죠. 술을 마시고 집에 올 때도 요를 펴면서 한 번 더 생각하게 되고, 그 다짐은 자면서 또다시 무의식에 새겨지게 됩니다. 물론 침대를 없애야 원하는 것을 이룰 수 있다는 극단적인 이야기를 드리려는 것은 아닙니다. 다만 일상에서 하나의 장치를 만들고, 강력한 목표를 향해 나아가는 방식이 때로는 강력한 의식과 루틴의 커다란 원동력이 될 수 있다는 이야기를 드리고 싶었습니다.

지금은 어떤 불편함을 만들고 있을까요? 딱딱한 파이프와 나무로 만든 의자를 5년째 사용해 오고 있습니다. 그 맞은편에는 아주 편안한 의자도 함께 있지요. 오직 그날의 할 일을 만족스럽게 마쳤을 때만 보상의 차원으로 편안한 의자에 앉을 수 있습니다. 그 순간을 맞이하기 위해서는 딱딱한 의자에 앉아서 정신을 단단히 차리고 해야 할 것들에 온전히 집중하는 시간을 견뎌야 하죠. 그리고 그 결과 불편한 의자에서 수백 개의 글들이 탄생할 수 있었습니다. 많은 아이디어와 기획을 만들 수 있었습니다. 저의 모든 강연과 이야기도 전부 그 의자가 만들어주었습니다.

어떠신가요? 불편한 장치로 나만의 루틴을 만드는 무기 활용법. 좀처럼 의지대로 실천하지 못하고, 자꾸 목표를 잊어버리게 된다면 제가 알려드린 불편함으로 루틴을 만드는 방법을 활용해 보시는 건 어떤가요? 조금 극단적으로 느껴지실 수 있지만 불편한 의자 덕분에 글쓰기 루틴이 생겼고, 글 쓰는 마케터로서 이렇게 책 출간의 성취까지 이루게 되어 적극 추천하고 싶은 방법입니다.

눈 뜨고 30분, 루틴의 황금 무기

여러분은 하루 중 언제 가장 의식이 또렷하신가요? 책《당신의 뇌는 최적화를 원한다》에서는 이렇게 말합니다. 눈 뜨고 나서 맞이하는 오전 두세 시간이 '뇌의 골든타임'이라고. 아침의 첫 시간이 신체적으로 뇌의 집중도와 생산성이 가장 높다고 합니다. 실제로 무라카미 하루키도 이 시간에 정기적으로 책을 쓰는 것을 창작의 루틴으로 밝힌 바 있죠. JYP 박진영도 눈을 뜨면 영양제를 먹고 스트레칭을 하고, 노래와 춤 연습으로 같은 시간의 루틴을 매일 반복하여 지금까지도 현역 댄스가수로 활약하고 있습니다. 그 외에도 많은 성공하는 이들이 자신만의 아침 루틴을 만들어 반복하며 힘을 키우고 자기만의 성취를 만들고 있습니다.

그런데 많은 사람들은 아침 시간을 잠으로, 출근을 준비하는 시간으로 보냅니다. 직장인이 눈을 뜨고 새벽과 아침에 두세 시간을 만들기란 현실적으로 쉽지 않죠. 그래서 저는 아침에 눈을 뜨고 첫 30분을 온전히 저의 골든타임으로 만들기로 합니다. 먼저 아침 6시가 되면 일어납니다. 잠을 빠르게 깨우는 에스프레소로 하루를 시작합니다. 이때의 뇌는 전날의 수면으로 말끔하게 정리된 백지 상태와 같다고 합니다. 아침의 황금 시간에 책을 읽거나 무언가를 만들어내는 창작의 시간을 가질 수도 있습니다. 저는 이 백지라는 시간에 나의 상상과 미래 시간을 채우고 있습니다. 아침을 활용해 일상을 상상으로, 미래 시간으로 어떻게 만드는 걸까요?

저는 매일 눈을 뜨고 30분 내외로 하는 루틴이 있습니다. 먼저 앞서 소개드린 그 딱딱한 의자에 앉아 저의 '생각노트'를 꺼내 듭니다. 아침에는 타자기보다는 연필로 종이에 쓰는 것이 좀 더 편안하게 담겨져, 실물 노트에 저의 생각을 담습니다. 이곳에 저의 상상을 의식의 흐름대로 적습니다. 앞으로 만들어가고 싶은 미래, 더 나아지길 바라는 저의 모습을 구체적으로 담습니다. 상상을 글로 담고, 글로 담으면서 상상을 구체화해 가죠. 상상은 완성된 형태가 아니어도 됩니다. 다음 날 혹은 이후에 내용을 더해가도 됩니다. 상상이 어느 정도 그려지고 나면 그걸 하기 위해 뭘 이뤄야 하는지 좀 더 구체적으로 나아갑니다. 상상을 현실로 만들기 위해 지금 이 순간 뭘 해야 하는지를 적습니다.

여기서 생각을 글로 쓰는 과정 자체가 피곤하거나 귀찮지 않냐고 물어보실 수도 있습니다. 즐겁지 않은가요? 막연한 공상이 아니라, 진짜 갖고 싶은 미래에 대한 상상. 지금은 상상의 부재인 시대입니다. 상상은 가만히 앉아서 적지 않으면 금방 휘발됩니다. 그걸 글이라는 파트너와 함께 나아가면 점점 자세히 담고 키울 수 있지요.

그렇게 상상을 담고 해야 할 것까지 정리되고 나면 저의 아이폰 메모장에 옮깁니다. 상상이 글로 구체화되고 이제부터 시작해야 할 저의 '상상 미션'이 된 거죠. 시간이 지나고 나서 보니 이것을 활용해서 커리어를 만들고, 원하는 사이드 프로젝트도 하고, 또 다양한 일들을 펼칠 수 있었습니다. 상상노트에서 시작해 목표가 되고, 루틴이 되고, 현실이 되었던 겁니다.

무기의 비밀

상상을 미래의 현실로 만나는 방법

누군가는 글을 쓰고, 누군가는 발성을 푸는 아침의 루틴을 가지고 있는 것처럼 저는 생각노트를 쓰는 시간을 무기로 가지고 있습니다. 일어나서 30분의 황금 시간, 일상을 상상으로 만드는 무기의 루틴을 만들어보시면 어떨까요? 여러분의 상상이 자세히 그려져 가까운 미래에 오게 될지도요.

매일 아침 생각노트의 루틴이 만든 미래

[커리어]

20대의 기록과 실제 → 30대, 3개의 회사를 경험하고 업계에 존재감을 만든다.
→ CJ ENM, 디즈니, GFFG와 마케터 초인

현재의 기록 → 40대, 마케터 크리에이터가 되고 내 비즈니스를 크게 키운다.
→ 다음 단계를 위한 생각노트 진행 중

[사이드 프로젝트]

2015년의
기록과 실제

5년 안에 내 인생의 집을 짓는다. 나만의 콘텐츠를 만든다.

→ 웹툰의 실패, 유튜브의 실패

→ 내 집 마련의 성공

2020년의
기록과 실제

5년 안에 나를 브랜딩하고 새로운 세계로 확장한다.

→ 글 쓰는 마케터, 책 출판 → 다음 목표는 베스트셀러 작가

→ 이야기하는 마케터, 강의 & 클래스 → 다음 목표는 동기부여 강사

→ '워스픽' 커뮤니티 → 다음 목표는 한국의 바우하우스로 키우기

나만의 루틴을 만들어봐야지.
아침에는 뭘 해볼까?

너무 피곤해.
아침 늦게까지 푹 자는 게 최고지!

05

카피캣
강자로부터 배우는 무기

무기 중에 반드시 가져야 할 한 가지가 있다면 뭘까요? 이 무기를 가지면 세상의 스승들을 내 곁에 둘 수 있습니다. 다른 사람들의 노하우를 훔칠 수 있게 됩니다. 이건 무슨 말일까요?

누군가 저의 무기 중 가장 강력한 하나의 무기가 뭐냐고 묻는다면 저는 이걸로 답을 드리고 싶습니다. 바로 '카피캣'. 강자로부터 배우는 초강력한 무기죠. 이번에는 카피캣의 무기에 대해 말해보겠습니다.

많은 사람들은 자기만의 롤모델을 품고 살아갑니다. 저라는 마케터 역시도 마찬가지죠. 저는 송길영 부사장의 인사이트를 갖고 싶어 하고, 장인성 마케터처럼 이야기를 쉽고 단단하게 잘 전하고 싶어 합니다. 글을 쓰거나 이야기를 전할 때 이 두 사람을 상상하곤 하죠. 이렇게 누군가의 상을 그리며 쌓아가는 건 실제로도 많은 도움이 됩니다.

일에서는 어떨까요? 정확히 저는 일의 롤모델은 없었습니다. 100개의 일이 있으면 100개의 일이 모두 다르기 때문이죠. 제가 해왔던 일을 했던 전임자는 없었습니다. 저는 계속 새로운 일을 펼쳤으니까요. 그럼 대체 어떻게 배우고 성장해야 할까요? 여기서 카피캣이라는 무기가 빠르게 성장하는 데 큰 도움이 될 수 있었습니다. 마치 성장의 치트키와도 같은 힘을 갖고 있는데요, 이 스킬을 제대로 갖추면 지금의 성장 속도를 더 빠르게 만들 수 있습니다.

카피캣의 무기 : 다른 사람의 노하우를 내 것으로 활용하기

새끼 고양이는 어미 고양이가 먹이를 사냥하는 모습을 유심히 관찰한 뒤 그대로 흉내 내는 방식으로 사냥 기술을 터득합니다. 이런 고양이의 습성을 보고 '복사(copy)'와 '고양이(cat)'라는 단어를 더해 '카피캣(copycat)'이라는 용어를 사용한 것으로 알려져 있죠. 혹은 비즈니스에서 누군가의 제품, 서비스 등을 베껴서 사용하는 것을 부정적으로 표현할 때 쓰기도 합니다.

'카피캣, 모방하는 고양이가 되라고?' 반문하실 수도 있을 텐데요, 카피캣 무기의 핵심은 다른 사람의 노하우와 장점을 내 것으로 만들고 활용한다는 점입니다. 다른 사람의 아이디어를 훔치거나 남의 것을 내 걸로 하라는 이야기가 아닙니다. 여기서 포인트는 다른 사람의 노하우와 역량을 흡수하고 내 것으로 만들어 점점 더 강해지는 거예요. 본인이 하나하나 다 잘하려고 하면 그만큼 시행착오와 오랜 시간이 소요되죠. 그럼 시행착오와 소요 시간을 최소화하려면 어떻게 해야 할까요?

답은 의외로 간단합니다. 그걸 잘하는 사람의 역량을 활용하면 됩니다. 문구에 약하다면 카피 잘 쓰는 사람을, 비주얼 센스가 약하다면 디자이너를, 아이디어가 약하면 아이디어 머신과 같은 사람 곁에 가서 내 사람으로 만드는 거죠. 가까이 가서 그 사람을 관찰하고 또 그 사람만의 노하우를 빠르게 배우는 겁니다. 실제로 일을 하다 보니 이 카피캣의 무기를 잘 쓰는 사람들이 더 빠르게 성장하고 주위로부터 인정받는 것을 볼 수 있었습니다.

좀 더 자세히 담아보겠습니다. 끝까지 함께하면 값진 한 가지 무기를 얻어 갈 수 있을 거예요.

카피캣 무기 사용법 : 다른 사람의 노하우를 훔치는 비결

그럼 이 무기를 어떻게 활용할 수 있는지 세 단계로 나눠 좀 더 구체적으로 담아봅니다.

(1) 메타인지 : 내가 일하는 모습 파악하기

첫 번째는 내가 일하는 모습을 그대로 마주하는 것입니다. 먼저 나의 잘하는 점, 부족한 점을 그대로 직시하고 받아들이는 단계입니다.

이 단계를 많은 분들이 어려워합니다. 이미 자신이 충분히 잘하고 있다고 생각하는 분들이 많죠. 그렇게 되면 부족함을 외면하거나 인지하지 못해 타인의 노하우를 담을 수 있는 기회를 놓치고 맙니다. 그 순간 더 이상 성장할 수 없고, 다음 단계로 넘어가지 못합니다. 카피캣의 무기를 갖지 못하게 되죠. 모든 사람은 잘하는 점과 부족한 점이 공존합니다. 그 사실을 받아들이고 나의 일의 모습을 파악해야 합니다. 잘하는 부분과 부족한 부분을 낱낱이 그대로 받아들이세요. 뼈가 아프더라도 말이죠.

(2) 타인인지 : 타인이 일하는 모습 파악하기

함께 일하는 이들 역시 인간입니다. 선임도, 파트장도, 팀장도, 본부장도 그렇고, 경영진과 회장 모두가 마찬가지로 잘하는 것이 있고 부족한 것이 있죠. 이 단계에서는 누군가에 대해 그만의 잘하는 점을 발견합니다. 모두가 잘하고 그도 잘하는 것 말고, 그만이 가진 잘하는 것을 찾는 거죠.

여기서 중요한 것은 인성과 직급과 같은 부차적인 요소는 제쳐두고 '일하는 모습'이라는 속성에만 집중하는 것이죠. 대개는 더 높은 직급이 카피캣의 대상일 때가 많지만, 때로는 그 대상이 주니어일 수도, 함께하는 동료일 수도 있습니다. 배울 수 있는 카피캣의 대상을 모두에게 열어두시기 바랍니다.

(3) 카피캣 : 타인이 일하는 모습을 내가 일하는 모습에 담기

이제 카피캣의 단계입니다. 앞서 발견한 타인이 잘하는 것이 본인의 부족한 점과 맞닿아 있다면, 그걸 수용해서 나에게 적용하면 됩니다. 그리고 이때 주의해야 할 것이 한 가지 더 있습니다. 인성과 스킬은 별도로 봐야 합니다. 때로는 인성이 다소 아쉽고 취향과 대화 코드, 가치관이 맞지 않는 누군가라 해도 내가 가지고 싶은 스킬을 그 사람이 갖고 있을 수 있습니다. 예를 들면, 화를 많이 내고 표현이 거칠어 비호감인 분이 있습니다. 그런데 발표 스킬만큼은 아무도 부정하지 못할 만큼 잘한다면, 그 스킬과 노하우에만 집중해서 나에게 적용하면 됩니다. 인생의 롤모델을 찾는 과정이 아니기 때문에, 다른 사람의 무기를 내 것으로 만드는 것에만 집중하면 됩니다. 눈앞에 보이는 좋은 본보기들을 놓치지 마시기 바랍니다.

초인의 카피캣 : 어떻게 다른 사람의 노하우를 갖게 되었을까?

이렇게 담으면 뭔가 이론적으로는 이해할 수 있지만 막연하게 느끼실 수 있습니다. 그래서 제가 실제로 저에게 어떻게 적용했는지, 저의 커리어에 걸쳐 쌓은 수년 전의 이야기를 담아봅니다.

(1) 메타인지 단계에서

먼저 메타인지 단계입니다. 처음 저 자신을 깊숙이 들여다보았을 때, 매서운 칼날이 속을 파고들었습니다. 부족한 점을 고스란히 받아들이는 과정은 마치 차가운 얼음장에 서있는 것처럼 고통스러운 과정이기도 합니다. 저는 일을 하며 제가 취약한 부분을 아래와 같이 인지하게 되었습니다.

- 일의 속도감 부족
- 감성 터치의 부재
- 전략적 소통의 부족

지난 일의 과정과 결과를 떠올리며 앞으로 채워야 할 세 가지 포인트를 꺼내보았습니다. 그리고 고민의 과정을 통해 다음과 같이 구체화하였습니다.

- **일의 속도감 부족**

  : 어떻게 일을 할까? 즉각적인 아이디어를 내기보다는 먼저 파악을 하는 타입임. 직관과 감각에 의존하기보다는 분석과 기획에 기반하는 타입임.

  : 어떻게 해야 할까? 속성 자체를 바꾸기 어려우니, 속도를 넘어선 무언가가 필요함.

- **감성 터치의 부재**

  : 어떻게 소통하고 있을까? 감성적 동질감보다는 일로 시작해서 일로 마치는 전형적 T 타입임.

  : 어떻게 해야 할까? F 타입과 함께 원활한 협업을 위해 감성 커뮤니케이션이 필요함.

- **전략적 소통의 부족**

  : 어떤 문제를 안고 있을까? 일할 때 종종 유관부서 담당자와의 방향성 충돌이 있음. 정면에서 이성적으로 뚫는 타입.

  : 어떻게 해야 할까? 좀 더 쉽게 갈 수 있는 전략적 접근이 필요함.

그리고 이 세 가지 빈 곳을 채워야겠다고 마음을 먹고, 다음 타인인지 단계로 넘어갑니다.

(2) 타인인지 단계에서

두 번째, 타인인지 단계에서는 일을 하며 내게 부족한 부분을 가진 사람들을 발견하기 시작합니다.

카피캣의 대상 1 – 회의 정리와 조율의 고수

업무 미팅을 하게 되면 다양한 부서의 담당자가 모일 때가 많습니다. 이때 부서마다 서로 이해도가 다를 수 있어 입장이 일치하지 않을 수 있습니다. 때론 이런 미팅은 결론이 나지 않고 산으로 갈 수 있는 위험성이 있습니다. 여기, 한 팀장님이 있습니다. 그리고 많은 사람들이 참여한 미팅을 하게 되죠. 부서별로 여러 사람이 모여 각자 본인의 입장 중심으로만 이야기를 하다가 점점 회의는 미궁 속으로 빠져듭니다. 좀처럼 이야기가 다음 단계로 나아가지 못하자, 이 팀장님이 나서서 정리를 합니다. 먼저 의견을 내기보다 중간 정리를 해줌으로써, 서로의 이해도를 맞추고 여러 부서의 입장을 두루 고려하여 조율하며 방향성을 잡아가게 되죠. 그렇게 회의는 원래 목표했던 대로 잘 마무리가 됩니다. 이렇게 그 팀장님은 여러 사람의 의견을 잘 이해하고, 정리해서 방향성을 도출해 내는 능력을 갖고 있습니다. 이상하게도 이 팀장님이 참석하는 모든 미팅은 잘 결론이 나고, 결론에 대해 사람들이 큰 불만을 가지지도 않습니다.

여기서 갖고 싶은 무기를 발견합니다. '회의 정리와 조율 능력'을 발견하고, 카피하기로 하죠. 모든 사람이 다 아이디어를 쏟아낼 필요는 없습니다. 누군가는 정리를 하고 잘 담아서 결론을 내는 역할을 해야 하죠. 그래서 저는 아이디어를 쏟아내기보다는 집단 아이디어를 모아 보완하고, 조화롭게 만들어가는 방향으로 키워보기로 합니다. 그 팀장님의 언어 습관, 정리를 하는 타이밍, 방향성을 제안하는 방식까지 모두 담아서 저에게 적용을 합니다. 시간이 지나 일의 정리와 조율의 무기를 가질 수 있게 되었습니다.

직장인 하루의 기본 루틴 중에 뭐가 있을까요? 하나는 이메일이 있고, 하나는 사람들과 나누는 대화죠. 이 두 가지는 직장인이라면 많은 이들이 거치는 과정입니다. 그런데 업무를 하며 이메일을 주고받거나 대화를 할 때 항상 기분 좋게 해주는 분이 있습니다. 그분은 바쁜 와중에도 늘 받으면 기분 좋은 이메일을 쓰고, 여유가 없을 때도 항상 대화의 리액션으로 사람의 마음을 기분 좋게 만드는 힘을 갖고 있습니다.

여기서 갖고 싶은 무기를 발견합니다. 이 '리액션'을 카피하기로 합니다. 이전까지 드라이했던 저의 이메일에 어느새 ' :) '를 습관적으로 넣으며 기분 좋은 말 한마디로 시작하고 마무리합니다. 이전에 누군가와 업무 대화를 나눌 때면 답을 찾아 빠르게 마무리하는 데 집중했다면, 이제는 리액션을 적절히 담아 변화를 만들기 시작합니다. 일의 기본 소통에 있어 좀 더 편안함과 여유를 무기로 가질 수 있게 되었습니다.

일을 할 때 회의나 보고에 있어 중요한 것이 '설득의 과정'입니다. 보통은 이 설득을 회의나 보고 자리에서 진행하죠. 이때 잘 풀릴 때도 있지만, 잘 풀리지 않을 때도 있죠. 그래서 많은 직장인들이 회의와 보고를 어려워하고 부담스러워합니다. 그런데 회의나 보고 자리에서 설득을 하는 게 아니라 그 이전부터 참석하는 대상자들을 찾아다니며 설득하는 한 사람이 있습니다. 그 사람은 모두 모이는 자리에서 판을 깔고 설득을 하지 않습니다. 미리 개별 판을 깔고 설득을 다 해놓고 나서, 모두 모일 때 합의와 확정의 결론으로 끌고 가는 무기를 갖고 있습니다.

여기서 갖고 싶은 무기를 발견합니다. 이 '백스테이지의 스킬'을 카피하기로 합니다. 저도 이후에 회의나 보고 같은 본무대에서 승부를 보기 전, 사전 무대에서 참석자에게 메시지를 전하며 사전 소통하는 시도를 해나가기 시작합니다. 그랬더니 어떤 변화가 생겼을까요? 일의 추진에 있어 좀 더 강한 모멘텀을 만들 수 있게 되었습니다. 모두 모일 때는 각자의 입장 때문에 보수적인 입장을 전할 수밖에 없지만, 아무래도 1대 1로 보게 되면 좀 더 이야기를 잘 풀어갈 수 있게 되죠.

이렇게 함께 일했던 세 명에게서 그들이 가진 노하우를 갖기 위해 카피캣의 무기를 사용했습니다. 그리고 어떻게 되었을까요? 많은 부분을 내 것으로 만들었고, 유용한 무기가 될 수 있었습니다. 그리고 처음 정리했던 세 가지 부족한 사항도 다음과 같은 방식으로 보완할 수 있게 되었습니다.

- 일의 속도감 부족 > 프로젝트를 키우고, 정리하고 조율하는 힘으로 무기 강화
- 감성 터치의 부재 > 이메일과 대화에서 리액션과 기분 좋은 요소로 무기 강화
- 전략적 소통의 부족 > 백스테이지에서 먼저 설득하고 내 편으로 만드는 무기 강화

저는 성장을 위해 가져야 할 단 한 가지가 있다면, 주저하지 않고 카피캣이라 말하고 싶습니다. 이걸 갖출 수 있다면 열 명에게서 열 개의 노하우를 담아 일의 힘을 키우고, 빠르게 성장할 수 있습니다. 이것은 제가 디렉터로 있으며 함께 일했던 한 팀원분을 보면서도 느낄 수 있었습니다. 그 팀원은 스스로 어떤 부분이 강하고 취약한지 메타인지도 뛰어나고, 타인의 강점과 약점을 있는 그대로 받아들일 줄 알았습니다. 그리고 제가 가진 생각 접근법, 제가 쓰는 화법까지 흡수하여 그대로 활용을 합니다. 그렇게 팀원분은 카피캣을 무기로 빠르게 성장하다가 어느덧 팀장이 되어 지금도 세계를 키워가고 있습니다. 이렇게 카피캣 무기를 가진 이와 함께 일하며 더 확신을 가지게 되었습니다. 카피캣이 가진 힘을.

무기의 비밀

누군가의 노하우를 빠르게 내 것으로 만드는 카피캣의 스킬을 익혀보시길 바랍니다. 먼저 내가 일하는 모습을 그대로 마주하고 다른 사람의 일하는 모습을 면밀하게 들여다봅니다. 그리고 배웁니다. 그들의 빛나는 무기들을요. 그리고 채웁니다. 나의 빈 곳을요. 그러면 빠른 시간 내에 강력한 힘으로 미래를 향해 나아가고 있는 성장한 나를 만날 수 있게 될 것입니다.

"영리한 카피캣이 빠르게 일잘러로 성장한다."

강자의 무기를 배워 내 것으로 만들어야지.
내 주위에 누가 있을까?

저런 거 다 별거 없어. 나도 다 해본 거야.
저 사람은 왜 저렇게 하는 거야?

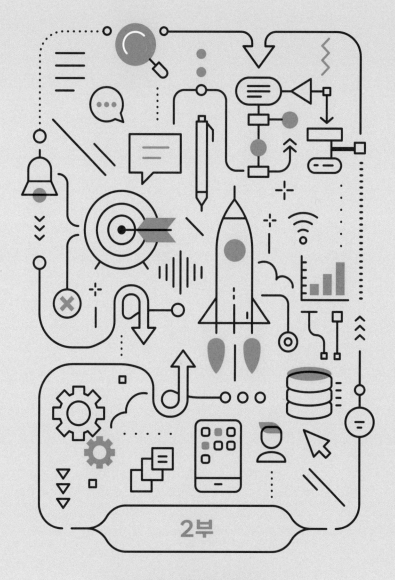

2부

무기를 활용하다 :
나의 무기를 어떻게 만들까?

06

글쓰기
세상에 나를 깨내는 무기

무기는 처음부터 강할 수는 없습니다. 그런데 계속해서 쌓고 노하우를 만들며 키우다 보면 어느새 강력한 수단이 될 수 있죠. 그것이 저에게는 글쓰기였습니다. 글쓰기라는 무기가 커나가는 과정, 한번 가보실까요?

글 쓰는 마케터라는 저의 아이덴티티, '초인'이 탄생한 것은 우연의 순간이었습니다. 하루는 〈탈잉〉이라는 클래스 플랫폼에서 강의를 하게 되었는데, 현재 다니고 있는 회사와 본명을 숨기는 실험을 해보고 싶었죠. 많은 강사들이 본인이 속한 회사의 네임밸류에 기대어 본명을 알리는 공식을 많이들 활용하는 것을 보아 왔습니다. 저는 온전히 이야기와 인사이트로 승부를 보고 싶었죠. 그래서 니체 철학에 나오는 궁극적인 이상적 인간 '초인'을 닉네임으로 사용하게 되었고, 담당자분의 의견에 따라 '마케터'를 붙여 '마케터 초인'이 탄생하게 되었습니다.

열 명의 독자가 만 명의 독자로

이후 〈커리어리〉라는 곳에서 저를 찾아주게 됩니다. 직장인들이 일에 대한 자신의 생각을 담고 이야기를 공유하는 플랫폼이었습니다. 여기에 한 달에 열 번 남짓 마케터라는 저의 생각을 가볍게 담아달라는 요청을 받게 됩니다. 크게 어렵지 않아 보여 함께하게 되었습니다. 처음에는 무슨 소재로 써야 할지, 어떻게 담아야 할지 한참 고민이 들었습니다. 그렇게 용기 내어 썼던 글은 반응이 어땠을까요? 처음에 글을 읽는 사람은 딱 열 명뿐이었습니다. 그래도 마케터가 쓴 글인데 열 명이 읽는 글이라니 속상한 마음이었습니다. 물론 그 열 분께는 대단히 감사한 마음이었죠. 그렇지만 계속해서 썼습니다. '한 달 열 개의 글'이라는 약속이 있었으니까요. 그렇게 1년이 지나고 보니 150개의 글을 쓰게 되었고 어느새 200개, 300개가 넘어가고 있더군요. 글의 약속이라는 장치로부터 시작해 반복과 누적의 힘이 쌓여 눈덩이처럼 커질 수 있었습니다. 그사이 어떤 일이 일어났을까요?

먼저 그곳에서 열 분의 독자가 어느덧 5천 명이 넘어갔습니다. 그리고 매주 여러 번의 글을 담다 보니 소재를 찾거나 글을 담는 요령이 생기게 되었습니다. 어떻게 일을 하면서 300개가 넘는 글을 담을 수 있었을까요? 일상에서 보고 듣는 것 중에 누군가에게 공유하면 도움이 되지 않을까 했던 것들, 생각을 하다가 이 관점이 누군가에게 도움 될 수 있지 않을까 하는 것들을 그때마다 적어서 짧게 하나씩 꺼내기 시작합니다. 그렇게 글을 담으며 나름의 노하우도 생깁니다. 제목과 썸네일에서 읽고 싶어지게 만들고, 첫 줄에서 핵심을 소개합니다. 그리고 항상 어떤 사실의 요약과 저의 관점을 섞어서 담습니다. 그리고 중요한 것. 한 번에 하나의 이야기만 담습니다. 한 글에 많은 소재와 내용이 담기면 무거워져 잘 읽히지 않는다는 것을 알게 되었습니다. 그렇게 쓰다 보니 글의 영역이 더 넓어지게 됩니다.

그러다가 〈리멤버〉라는 곳으로 넓히게 됩니다. 명함을 앱으로 저장하시는 분이라면 아실 만한 플랫폼이죠. 많은 직장인분들이 사용하는 만큼 일과 관련된 다양한 글이 담기는 곳이기도 합니다. 이곳에도 글을 담게 되었고, 1년의 시간이 지나 운이 좋게도 글 쓰는 수백 수천 명의 작가 중에 최우수 인플루언서로 선정이 되어 인터뷰를 진행하기도 했죠.

이렇게 글쓰기라는 무기의 영역이 넓어지고 나서는 무기의 크기를 키우게 됩니다. 무기의 크기를 키운다는 것, 이게 무슨 말일까요? 〈커리어리〉나 〈리멤버〉는 핵심 중심으로 짧게 담는 플랫폼입니다. 그런데 계속 짧은 글을 담다 보니 좀 더 깊이감 있게 이야기를 전하고자 하는 욕심이 들었습니다. 그래서 긴 글을 담는 채널로 확장하기 시작합니다. 먼저 〈브런치〉에 담고, 다른 아티클 채널로도 넓혀갑니다. 이전과는 또 다른 반응이 생기기 시작합니다. 짧은 글을 쓰던 습관에서 글의 근육이 붙어, 긴 글에도 힘이 실리게 된 거죠. 많게는 하나의 글을 5만 명이 넘게 보기도 합니다. 그리고 하나둘, 다양한 매체와 플랫폼으로부터 제안을 받고 어느새 열 개가 넘는 플랫폼에 글을 쓰는 마케터가 되어 있었습니다. 열 명의 독자가 있던 마케터의 글쓰기가 열 개가 넘는 채널에서 1만 명에게 읽히는 무기로 성장하게 된 거죠.

이렇게 저의 글쓰기는 빌드업을 거쳐 성장의 과정을 밟을 수 있었습니다. (그 비밀에 대해서는 뒤에 나올 '시나리오 기획법'과 '스토리텔링'의 무기에서 확인하실 수 있습니다.)

나를 세상 밖으로 꺼내준 무기

'초인'이라는 글 쓰는 마케터는 대중적으로 인지도가 높은 스타 플레이어는 아닙니다. 그러나 성장하고 싶고, 누군가의 경험을 배우고 싶은 이들로부터 지지를 받을 수 있었고, 그 원천이 바로 글쓰기였습니다. 글쓰기는 이후에 다양한 곳에서 강연으로, 세미나로 확대되고 더 나아가 공모전 심사위원이나 스타트업 자문까지 영역을 넓히게 됩니다. 일반 회사원인 마케터로 경험하지 못할 일들을 하나씩 넓혀가게 됩니다. 그리고 이렇게 책까지 쓰게 되었으니, 마케터로서 많은 영역으로 뻗어갈 수 있었던 시작점에는 바로 글쓰기라는 무기가 있었기에 가능했습니다.

글쓰기는 저라는 마케터를 세상 밖에 꺼내주었습니다. 글쓰기는 저의 강력한 무기였고, 지금도 오른손에 쥐어져 저의 메인 무기로 사용되고 있습니다. 왼손에는 글쓰기로부터 파생된 다양한 무기들을 쥐고 있습니다. 이후에도 다양한 형태로 넓어진다 하더라도 앞으로 계속 글은 쓸 생각입니다. 글쓰기는 제 인사이트를 담는 원천이고, '초인'은 글쓰기로부터 커져갔으니까요. 여러분도 이렇게 여러분의 생각을 세상에 꺼내고, 다양한 기회로 확장할 수 있는 글쓰기라는 무기를 키워보시면 어떨까요? 글이라는 무기로 저보다 더 큰 힘으로 세상에 꺼내지실 수 있을 거라고 생각합니다.

글쓰기의 다양한 무기 활용법

그런데 글쓰기를 어디에 사용해야 할지 모르시겠다고요? 글쓰기가 어떻게 무기로 쓰일 수 있는지 몇 가지 활용법을 담아봅니다.

(1) 일을 키우는 무기

회사에서 업무를 하다 보면 무언가의 일을 준비하고 이어나갑니다. 우리는 그것을 기획이라고 하고 프로젝트라고 부릅니다. 작은 일부터 큰 일까지 모두 여기에 포함이 되죠. 그런데 기획과 프로젝트는 어떻게 만들어갈까요? 머릿속 상상으로 시작해서 끝날까요? 말로 시작해서 말로 끝날까요? 결국 일의 기획이라는 것은 글로 만들어지고, 프로젝트를 할 때도 글로 구체적으로 만들어갑니다. 콘텐츠를 기획할 때도 글로 담고, 마케팅 문구를 쓸 때도 후킹할 수 있게 글로 담게 되죠. 이렇게 기획을 하고 일을 키워갈 때 글쓰기는 일을 더 잘 담을 수 있는 큰 무기가 될 수 있습니다.

여러 일이 몰려서 복잡한 생각으로 머리가 가득 찰 때, 이를 정리해주는 것 역시 글이죠. 눈앞에 펼쳐진 일과 관련된 수많은 생각에 어지러울 때는 어떻게 하면 좋을까요? 글로 생각의 조각조각을 담고, 분리하고, 해체하고, 더하다 보면 생각이 정리되기도 합니다. 그래서 글을 잘 쓴다는 것은 생각을 잘 정리한다는 것이기도 하고, 일을 잘 만들어가다는 것이기도 하지요. 이렇게 일의 무기가 될 수 있는 글쓰기 무기, 이제부터 키워보시면 어떨까요?

(2) 나를 키우는 무기

글은 나를 키우는 무기가 되기도 합니다. 앞서 저도 글쓰기로 저라는 사람을 '일과 성장을 무기를 만드는 마케터'로 정의할 수 있었죠. 글을 쓰면서 세상을 돌다 보면 그런 분들을 종종 만나게 됩니다. 한번은 마포에서 음식점을 운영하시는 셰프님을 만났습니다. 그분은 혼자서 가게를 운영하고 있었는데, 어느 날은 손님의 권유로 책을 쓰게 되죠. 매장을 운영하며 바쁜 시간을 쪼개어 음식점에서 일어나는 손님과의 에피소드와 이야기를 담습니다. 그 책은 그렇게 세상에 꺼내지게 됩니다. 그리고 어떻게 되었을까요?

그 책을 보고 식당에 찾아오는 분들이 더 많이 생겨납니다. 그리고 그 책을 통해 '책 쓰는 셰프'라는 타이틀을 얻게 됩니다. 더 나아가 음식점 운영에 대한 이야기를 전하며 다른 사람들의 성장을 돕는 시간을 만들어갑니다. 그분께 여쭤봤습니다. 책을 쓰시고 나서 어떤 변화가 생겼냐고요. 그분은 이렇게 대답하셨죠.

"처음 회사원에서 셰프로 변신하고 나서 이게 최고의 행복인 줄 알았어요. 그런데 책으로 더 큰 행복을 찾을 수 있었죠. 그리고 책이라는 세계를 통해 요리라는 본업과 음식점이라는 세계관도 더 커질 수 있었습니다. 책은 제 인생의 전환점이 되었어요."

그분께서 책을 내는 것은 새로운 매장을 내는 것과 같다는 말씀도 하셨습니다. 그리고 책이라는 매장은 문을 닫지도 않고, 기다리지 않아도 되고, 언제 어디서나 만나볼 수 있죠. 책으로 만난 후에 음식을 만나거나, 음식을 만난 후에 책으로 만나면 더 특별하고 소중한 경험이 되기도 합니다.

그렇게 셰프님은 글쓰기를 통해 책으로 자신을 세상에 꺼낼 수 있었고, 지금도 책이라는 다음 매장을 준비 중에 있습니다. 《어서 오세요, 밀라노기사식당입니다》의 글 쓰는 셰프, 박정우 작가님의 이야기입니다. 저는 이분처럼 더 많은 분들이 글쓰기를 통해 자신의 의미를 발견하고 세상에 자신을 꺼내는 시간을 만들어가시기를 기대합니다.

(3) 감정의 독을 빼는 무기

글은 내 안의 독을 빼는 무기가 되기도 합니다. 이게 무슨 말일까요? 살다 보면 좋지 않은 많은 일을 마주하게 되죠. 그럴 때는 생각이 많아지고, 마음이 복잡해지고, 무거운 감정이 오랫동안 따라다닙니다. 이럴 때 여러 가지 도움이 되는 방법 중에 글쓰기가 있습니다. 좋지 않은 일이 있을 때는 감정과 생각의 독을 글에 담아 빼낼 수 있습니다. 글이 해독제가 되는 것, 어떻게 가능하냐고요? 어렵지 않은 방법이니 좀 더 풀어서 말씀드릴게요.

감정이 아프고 마음이 무거울 땐, 먼저 노트와 펜을 꺼내 듭니다. 종류는 뭐라도 괜찮습니다. 글로 본인의 솔직한 심정과 기분을 담아냅니다. 휘갈겨 써도 됩니다. 악필이어도 됩니다. 이때만큼은 맞춤법이나 띄어쓰기가 틀려도 됩니다. 어차피 누구에게 보여줄 게 아니니까요. 이 순간의 글은 마음속에 담긴 무거운 감정을 내가 나에게 쏟아내는 외침입니다. 저는 이렇게 때로는 저의 '생각노트'에 마음 무거운 이야기를 담기도 합니다. 그렇게 감정이 담긴 글을 쓰고 나면 놀랍게도 어두운 감정을 빼고 좀 더 차분하게 다음 생각을 이어갈 수 있게 되죠.

글로 담고 나면 마치 누군가에게 이야기한 것처럼 속이 후련해지고 머리가 맑아지는 기분을 느낄 수 있습니다. 그리고 무엇보다 보안 유지가 됩니다. 안 좋은 일이 있을 때 누군가에게 고스란히 이야기하는 것은 어딘가에서는 때론 리스크일 때도 있죠. 특히나 특정 집단이나 일과 관련된 사람에게 이야기를 할 때는요. 돌아 돌아 누군가에게 들어가 오해가 생길 수도 있으니까요.

여러분도 이렇게 힘들고 괴로운 일이 생길 때, 글로 독을 빼는 습관을 만들어보시기를 추천드립니다. 이 방법은 돈도 들지 않고, 공간과 시간에도 제약이 없습니다. 내 검은 마음의 주치의가 되는 독을 빼는 글쓰기, 한번 해보시면 어떨까요?

누구나 자신의 오른손에 쥘 무기를 찾아 헤맵니다. 손에 쥐어질 무기가 무엇이 될지는 아무도 모릅니다. 하지만 끊임없이 탐색해 가야 합니다. 어느 것이 쥐어질지 모르니까요. 그것이 저에게는 글쓰기였고요. 누군가에게는 무엇이 될지 모르겠지만, 찾는 과정도 반복과 누적의 탐색을 통해 나만의 무기를 찾아가는 것이 중요합니다. 만약 그것을 찾게 되면 이후에 언젠가 제게 들려주시길 바랍니다. 오른손에 쥐어진 무기가 무엇인지, 그리고 그 무기가 세상에 어떻게 꺼내지게 되었는지에 대해서요. 저는 그때까지 계속해서 무기를 위한 글을 쓰며 사람들이 만들어갈 자기만의 무기 이야기를 기다리겠습니다.

무기의 비밀

글쓰기라는 무기의 힘을 알게 되셨나요? 그런데 어떻게 글을 잘 써야 할지 모르시겠다고요? 그래서 준비했습니다. 이 책에 나오는 '시나리오 기획법'과 '스토리텔링'이라는 무기에 글쓰기를 더해보시면, 놀랍게도 전보다 더 강렬한 글을 쓰실 수 있을 거예요.

글쓰기를 나와 일을 키우고,
마음을 정화하는 무기로 활용해야지!

글쓰기를 할 시간이 없어. 바빠.
글은 시간이 남는 사람들이나 쓰는 거야.

07

스토리텔링
사람의 마음을 뒤흔드는 무기

여러분은 '스토리' 하면 무엇이 생각나시나요? 저는 스토리 하면 픽사를 생각합니다. 디즈니에서 마케팅을 하며 픽사의 작품들을 가장 좋아했는데, 픽사가 가진 진짜 힘은 바로 '스토리'인 것 같습니다. 여기에는 사람의 마음을 움직이게 하고 빠져들게 하는 묘한 힘이 있죠. 픽사의 스토리는 다른 것들과는 다릅니다. 장난감들이 주인공이 되고 (《토이 스토리》), 괴물들이 회사와 대학교를 가고(《몬스터 주식회사》), 사람 안에서 감정들의 이야기가 펼쳐지고(《인사이드 아웃》), 고약한 할아버지와 아이가 서로를 알아가고(《UP》), 말 못하는 로봇이 사랑에 빠집니다 (《월-E》). 이렇게 한 줄만 봤을 때도 이야기가 정말 독특하죠.

픽사가 가진 힘의 비결은 뭘까요? 단순히 독특한 스토리로 끝나는 게 아니라, 픽사만의 스토리텔링 장치들이 담겨있습니다. 《토이 스토리》로 예를 들어볼까요? 먼저 장난감들의 이야기라는 독특한 설정으로 사람들의 눈길을 훅 사로잡죠(후킹의 기술). 그리고 장난감들이 위기 속에 갈등을 겪고 해결해 나간다는 한 줄의 설명으로 세계관을 담습니다(로그라인). 그리고 그 과정에서 캐릭터가 좌절하고 극복하는 성장의 여정과 함께합니다(캐릭터 아크). 나아가 사람의 보편적인 두 가지 감정, 두려움과 욕망을 자극합니다. 주인공 우디와 버즈는 주인 앤디에게 사랑받고 싶어 하는 욕망, 버림받기 싫은 두려움을 갖고 사람의 마음을 울리고 웃기죠. 그래서 픽사의 작품을 보다 보면 어느새 사람들은 그 안에 빠져듭니다. 무언가를 두려워하고 욕망하는 자신의 이야기, 자신의 감정과도 같기 때문이죠.

세계관을 펼치고, 풀어내고, 흔들고, 정리하는 기승전결의 맥락까지 픽사의 모든 작품에는 픽사만의 스토리텔링 장치들이 담겨있습니다. 그래서 〈니모를 찾아서〉나 〈코코〉, 〈엘리멘탈〉과 같은 픽사만의 고유의 작품들이 나올 수 있었습니다.

그럼 스토리를 브랜드에 활용한 사례로는 또 어떤 게 있을까요? 대표적으로 코카콜라가 있는데요, 1930년대까지만 하더라도 코카콜라는 여름에만 팔리는 제품이었습니다. 겨울 시즌으로 판매를 확장하기 위해 겨울 하면 떠오르는 아이콘, 산타클로스를 광고에 활용하였죠. 그리고 처음으로 빨간색 옷을 입혀 '산타클로스도 마시는 코카콜라'라는 브랜드 스토리로 커뮤니케이션하여 성공을 거둘 수 있었고, 이후에도 1년 내내 즐겨 마시는 지금의 브랜드로 확장하여 전 세계 브랜드 가치 순위 3위 안에 들어가는 가장 강력한 브랜드로 거듭날 수 있었습니다.

제가 생각하는 스토리는 마음을 움직이는 가장 치명적인 전략입니다. 이런 연구 조사도 있죠. 사람이 스토리를 통해 어떤 내용을 접할 때가 그렇지 않을 때보다 22배 넘게 잘 기억한다고 합니다. 그래서 기획을 하거나 커뮤니케이션을 진행할 때도 스토리텔링 기법이 효과적으로 활용될 수 있습니다.

스토리텔링 다섯 가지 원칙

그런데 스토리텔링, 말만 들어도 뭔가 어렵다고요? 어디부터 어떻게 해야 할까요? 바로 스토리텔링을 진행할 때 필요한 다섯 가지 원칙에 대해 하나씩 살펴보겠습니다.

(1) 단번에 시선을 뺏는 [후크]의 기술

가장 먼저 8초 안에 보고 듣는 사람의 마음을 사로잡는 '후크(hook)의 기술'입니다. 왜 8초일까요? 연구 결과에 따르면 사람의 집중력이 지속되는 시간이 평균 8초라고 합니다. 특히나 요즘같이 모바일로 모든 것을 소구하는 시대에 이 부분은 더 두드러지고 있습니다. 광고나 콘텐츠가 여기저기서 쏟아지는 시대, 짧은 시간 내에 사람의 관심을 끌고 사로잡는 기술입니다.

요즘 모든 콘텐츠와 시간을 모바일에서 소구하는 시대가 되어, 과거의 8초가 3초, 아니 1초로 줄고 있는 것 같습니다. 후크의 기술과 가장 잘 맞닿아 있는 플랫폼이 바로 틱톡이죠. 혹은 유튜브 '쇼츠'나 인스타그램의 '릴스'까지도요. 재밌는 영상 콘텐츠도 이렇게 찰나의 시간을 잡기 위한 애를 쓰는데 하물며 브랜드나 제품, 서비스는 더욱더 선택받기 위해 눈길을 끄는 장치를 마련해야 합니다. 그래야 클릭을, 고객 방문을, 구매를 만들어낼 수 있습니다.

"후크는 고객을 브랜드와 만나게 하는 시작점을 키우는 무기입니다."

(2) 한 줄로 콘텐츠 세계관을 전달해 주는 [로그라인]

두 번째는 한 줄로 콘텐츠 세계관을 전달해 주는 '로그라인'입니다. 후크에서 관심을 끌었다면, 다음은 콘텐츠의 장르나 세계관과 시청자가 싱크를 맞추는 단계입니다. 마치 남녀 사이에서 후크로 서로 첫인상에 관심을 가졌다면, 다음은 대화를 통해서 서로를 살피는 단계인 것과 같죠. 여기서 다음 단계로 갈지 말지가 결정됩니다. 그렇기에 매력적인 '로그라인' 한 줄로 스토리에 주목하게끔 해야 합니다.

이전에는 '세 줄 요약'이라는 말을 많이 볼 수 있었는데, 이제는 '한 줄 요약'이라는 말을 씁니다. 그만큼 전체를 함축하는 하나의 문장, 하나의 말을 통해 콘텐츠나 글을 소구할지 말지를 결정합니다. 이전에는 중요한 임팩트를 숨겨서 본문에서 꺼냈다면, 이제는 그것조차도 미리 꺼내야 하는 시대가 되었습니다. 일상에서 접하는 모든 것을 소구하기에는 지금 시대를 살아가는 소비자에게 너무 많은 선택지가 있고, 시간은 한정되어 있으니까요.

"로그라인은 고객과 브랜드가 함께 갈 가능성을 높이는 무기입니다."

(3) 스토리와 함께 변해가는 [캐릭터 아크]

다음은 '캐릭터 아크'입니다. 스토리에서는 인물이 빠질 수 없죠. 아크라는 말은 아치(arch)형 곡선 형태를 의미하는데, 인물은 이런 형태처럼 변화를 합니다. 스토리 안에서 캐릭터가 변해가는 과정을 캐릭터 아크라고 하는데요, 여기서 인물의 변화 과정을 통해 보는 사람으로 하여금 공감하거나 감동하거나 등의 어떤 감정 변화를 일으킵니다.

이렇게 인물의 변화가 스토리를 끌고 가듯이, 일에 있어서도 보는 사람에게 어떤 변화를 만들어줄 수 있어야 합니다. 여기서 포인트는 두 가지입니다. 재미나 매력을 안겨주어 행복한 시간을 만들어주거나, 어떤 메시지를 전해주어 몰랐던 것을 알게 해줘 더 나은 사람으로 만들어주는 거죠. 요약하면 행복하게 하거나, 성장을 돕거나 둘 중 하나는 꼭 담겨 보는 사람을 변화시킬 수 있어야 합니다.

"캐릭터 아크는 고객이 브랜드가 더 좋아질 수 있게 만드는 무기입니다."

(4) 사람의 보편적인 [두려움과 욕망]

다음은 모든 스토리에서 꼭 담아야 할 사람의 보편적인 감정인데요, 대표적으로 '두려움'과 '욕망'이 있습니다. 개인마다 취향과 기호는 모두 다르지만 공통적인 것이 있습니다. 바로 두려움을 느끼고 욕망을 갖는 존재라는 것입니다. 두려움과 욕망은 하나의 감정입니다. 사람은 감정의 동물이기 때문에, 이렇게 스토리로 감정을 갖게 하면 몰입하거나 빠져들게 됩니다.

두려움과 욕망을 일에 더해볼까요? 어떤 브랜드를 쓰면 대세가 될 것 같은 욕망, 어떤 브랜드를 쓰지 않으면 뒤처질 것 같은 두려움을 주는 것이 스토리텔링에서 많이 쓰는 장치입니다. 유행이 지나고 트렌드가 변하면서 고객이 바뀌어도 두려움과 욕망이라는 감정은 모두가 갖는 고유의 감정이기 때문에 시대가 지나도 수십 년째 브랜드와 마케팅의 커뮤니케이션에서도 사용되고 있습니다.

"두려움과 욕망은 브랜드로 고객을 본능적으로 끌어당기는 무기입니다."

(5) 에피소드를 하나로 담는 [도입-전개-결말]

마지막 다섯 번째, 도입-전개-결말의 구조화입니다. 기승전결, 이미 많이 알고 있는 개념일 것 같습니다. 구조는 영화나 드라마 같은 콘텐츠에만 필요한 게 아닙니다. 브랜드 캠페인을 진행할 때도 적용할 수 있습니다. 처음부터 끝까지 동일하게 진행하거나 진짜 메시지를 처음부터 바로 꺼내기보다는, 호기심을 끌어 고객을 유입하고 참여하게 만든 후에 함께하는 게 좋습니다.

이러한 구조화를 일에 더해보죠. 브랜드를 인지하지 못한 채 고객이 어떤 제품을 사면 그건 브랜딩의 여정에 들어온 것이 아닌 단순 구매 행위입니다. 다음에도 그 제품을 사게 될 가능성은 낮고, 다른 제품으로 대체되기 쉽죠. 그런데 구매 전부터 브랜드로 인지하고, 매력을 느끼거나, 필요하게 만든 후에 제품을 경험하게 하면 다릅니다. 그 과정을 특별하게 만들고, 끝나고 나서도 기억하게 만든다면 그것은 제품을 넘어 브랜드가 됩니다.

"구조화는 브랜드의 세계관에 고객이 함께하게 만드는 무기입니다."

이렇게 스토리텔링 기획력을 높이는 다섯 가지 포인트를 살펴봤습니다. 이 포인트를 잘 기억하고 브랜드의 스토리를 만들거나 문구를 구성한다면 좀 더 흡인력 좋고, 생동감 있는 세계관을 만들 수 있습니다. 마케팅 커뮤니케이션도 훨씬 효과적으로 만들어갈 수 있고요.

스토리텔링 실제 사례

저는 여기에 있는 스토리텔링의 기술들을 그대로 글쓰기에 적용했고 변화를 만들 수 있었습니다. 놀랍게도 이전에 열 명이 보던 글을 백 명, 천 명, 많게는 만 명이 넘게 보게 되었고, 지금까지도 다양한 곳에 글을 써오고 있습니다. 또한 글의 내용을 강연이나 클래스와 같은 형태로 이야기를 꺼내 펼쳐내기도 하는데, 이때도 스토리텔링을 무기로 활용하여 보다 강렬한 메시지를 전해드릴 수 있었습니다.

스토리텔링을 글에 적용한 사례 :
(before) '마케터의 실패한 디지털 프로젝트'
(after) 캐릭터 아크 적용 후 > '일을 실패했을 때 살아남는 방법'
 : 디지털 업무를 하는 마케터만 공감하는 글에서 일의 실패를 하는 다수의 대상으로 타깃 확장. '살아남는' 강조 포인트로 해결책을 제공해 독자 유입.

스토리텔링을 강의에 적용한 사례 :
(before) '세 개의 커리어에 대하여'
(after) 후크의 기술 적용 후 > '커리어의 세 가지 죽음에 대하여'
 : '커리어'와 '죽음'이라는 상반된 매칭으로 관심 유입

더 나아가 마케팅의 일에도 적용하게 되는데요, 스토리텔링을 활용해 기획했던 실제 사례를 담아봅니다.

(1) 스토리텔링으로 세상에 악당을 꺼내다
어릴 적 애니메이션을 보다 보면 주인공이 있고 이들의 반대편에는

항상 주인공을 괴롭히는 역할, 악당이 있죠. 디즈니에도 있습니다. 바로 빌런이라는 캐릭터들인데요, 〈라이온 킹〉에 나오는 스카부터 〈알라딘〉에 나오는 자파, 〈인어공주〉에 나오는 우르슬라까지 수많은 빌런이 있습니다. 이들은 마켓에서 어떤 포지셔닝을 갖고 있을까요? 빌런의 시장은 모호합니다. 아이들이 좋아하기에는 친숙하지 않고, 대중에겐 아직 낯선 존재이죠. 그래서 관련된 제품의 비즈니스 규모도 크지 않은 편입니다.

그런데 여기서 저는 그림자에 감춰져 있던 이 빌런에 주목해 보았습니다. 왜냐? 개성 있고 시크한 매력도 있지만, 이들은 선과 악 이렇게 이분법으로 세상을 바라보지 않기 때문이죠. 그만큼 뭔가 포텐셜이 있고 브랜드를 잘 살려볼 수 있을 것 같았습니다. 그래서 이들 빌런을 테마로 마케팅 캠페인을 준비하게 됩니다. 그리고 시작점을 이렇게 잡게 됩니다. 일반적으로 마케팅에서 많이 하는 것처럼 매스를 대상으로 규모를 키우는 것이 아니라 반대로 '비주류'를 타깃으로 해보자, 이들을 대상으로 빌런의 새로운 존재감을 만들어내자, 생각했습니다. 그러기 위해서는 새로운 '스토리텔링'이 필요했습니다.

> **빌런 브랜드 캠페인 시작의 접근 :**
> 넓은 타깃? 규모 확장? ×
> WHAT? 비주류에게 빌런의 새로운 존재감 만들기
> HOW? 새로운 스토리텔링으로 빌런 메시지 전하기

(2) 누구에게 스토리텔링을 할 것인가?

스토리텔링을 할 때는 먼저 관객이 누군지를 명확히 해야 합니다. 이 캠페인의 '비주류'라는 타깃을 이렇게 정의했습니다. 자기의 관심사가 뚜렷하고, 독특한 개성으로 자신을 꾸미기 좋아하고, 남들이 좋아하는 거에 크게 관심 없고, 이를 기꺼이 드러내는 데 주저함이 없는 사람들. 속된 말로 인싸 같은 아싸들이었죠. 이들을 대상으로 빌런 브랜드 캠페인을 진행하게 됩니다.

(3) 어떤 메시지로 스토리텔링을 할 것인가?

가장 고민인 부분이 메시지를 정하는 부분이었습니다. 빌런이라는 존재가 독특했고 각자 개성이 달랐기 때문에 캠페인의 메시지를 잡기가 쉽지 않았죠. 이번 캠페인을 통해 어떤 메시지를 전할까 하다가 이렇게 접근해 봤습니다. 우리는 누구나 마음속 검은 감정을 가지고 있다고. 모두가 가질 수 있는 인간적인 감정을 떠올려 봤습니다. 그것이 바로 '마음속 검은 감정'이었죠. 앞서 스토리텔링 원칙에서 소개해 드린 사람의 감정, 두려움과 욕망의 속성과도 같습니다.

콘셉트는 이렇게 잡습니다.

'내 안의 빌런을 만나다.'

우리 모두는 예민할 때, 스트레스를 받을 때 흑화가 되고, 때론 빌런이 되기도 하죠. 우리 모두는 어느 순간 빌런이 됩니다. 여기에는 스토리텔링 기법의 후크로 관심을 끌고, 로그라인 한 줄로 캠페인을 설명해 줍니다.

> **빌런 브랜드 캠페인의 메시지 :**
> '내 안의 빌런을 만나다.'
> '예민할 때, 스트레스받을 때, 흑화하는 그 순간 우리는 모두 빌런이 된다.'

(4) 어떻게 스토리텔링을 전달할 것인가?

자기 감정 안에서 자신을 표현할 때, 그리고 일상의 장소에서 빌런을 만나게 하자. 이렇게 방향성을 잡았습니다. 일상에서 내 안의 빌런을 만나면서 변화하는 자신을 발견하는 거죠. 스토리텔링의 캐릭터 아크, 즉 자신이 이 캠페인의 메시지와 함께 변화하는 순간을 만들어줍니다.

> 내 감정 속 빌런을 만나다.
> 나를 표현할 때 빌런을 만나다.
> 내 일상에서 빌런을 만나다.

이렇게 스토리텔링 기법으로 기획한 메시지를 전달하기 위해 가장 먼저 빌런이 되는 사람들의 순간을 소개하고, 내 안의 빌런을 만나는 시작점을 만들면서 캠페인을 열게 됩니다. 다음으로 빌런 캠페인의 접점을 만들기 위해 이들의 라이프스타일 공간에 자연스럽게 녹아듭니다. 타깃 그룹의 탐색 과정에서, 이들이 가장 좋아하는 키워드로 '몰'이 있었습니다. 몰 어딘가에 조그만 곳에 팝업을 열었어요. '세렌디피티' 라고 하죠. 우연한 발견, 우연한 즐거움을 의도하고 선보이게 됩니다.

내 감정 속 빌런을 만나다 > 빌런의 감정이 되는 순간을 담는 이벤트
나를 표현할 때 빌런을 만나다 > 패션, 폰케이스, 액세서리 제품화
내 일상에서 빌런을 만나다 > 쇼핑, 셀피 포토, 영화 연계한 콜라보 진행

이렇게 온라인·오프라인 접점에서 다양한 빌런의 오브제와 아이템 을 만나고, 또 자신의 빌런의 순간을 담을 수 있게 참여형 SNS 이벤트 를 진행했습니다. 때마침 핼러윈과 맞물리기도 했고 영화 〈말레피센 트〉 개봉과도 연계된 시점이었기 때문에 많은 참여를 이끌어내 성공적 으로 진행할 수 있었습니다. 이 과정까지 스토리텔링의 구조화, 도입- 전개-결말의 장치를 활용해 만들 수 있었습니다.

처음 빌런 캠페인을 하기 전에 이들은 악당이라는 비주류 캐릭터였 다면, 브랜드 캠페인 이후에 빌런은 스타일리시하고 개성 넘치는 캐릭 터로 자리매김할 수 있었습니다. 수십 년이 된 어릴 적 애니메이션 속 존재하던 악당이, 이제는 색다른 즐거움을 주는 매력적인 빌런이 된 것 이죠. 앞서 설계한 일련의 과정 없이 그냥 빌런을 보여주기만 했으면 단편적인 반응에 그칠 수 있었겠죠? 이것이 브랜드 커뮤니케이션을 할

때 스토리텔링의 힘입니다.

　그렇다면 빌런 캠페인 이후에 어떻게 되었을까요? 빌런의 새로운 스토리들이 세상 밖으로 나오게 되었습니다. 빌런을 주인공으로 한 영화들이 인기를 얻었고, 그렇게 빌런이라는 캐릭터가 사회적으로 재조명되면서 인식이 많이 바뀌게 되었어요. 그 결과 빌런 비즈니스는 계속해서 매년 성장해 오면서, 다양한 범위에 걸쳐 비즈니스를 확장해 가고 있습니다.

빌런에 스토리텔링을 더하고 알게 된 것

　이 프로젝트는 '악당' 브랜드에서 '매력적인 빌런'으로 새롭게 정의하는 것을 목적으로 빌런 리뉴얼 캠페인을 시작했습니다. 여기서 스토리텔링 포인트는 먼저 '누구'에게 전할 것인지를 명확히 하는 것입니다. 앞서 타깃을 말씀드릴 때 언급했듯 라이프스타일을 구체적으로 정의했고, 그에 맞춰 세부적으로 캠페인 설계를 하였습니다.

　다음은 '브랜드 스토리'로 타깃과의 라이프스타일 접점을 만들었습니다. 스토리를 자연스럽게 경험하게 하려면 타깃이 일상적으로 즐기는 공간이나 소재와 '접점'을 만들어야 합니다. 그리고 가장 중요한 것은 브랜드를 단순히 알려주는 것을 넘어 그 안에 '참여'시켜야 한다는 것입니다. 빌런 캐릭터를 알리기보다는, 스스로가 빌런이 될 수 있다는 것을 알고 내 안에 있는 빌런을 마주하게 하는 것. 이것으로 참여하는 사람이 브랜드 안으로 들어올 수 있게 되었습니다.

어떠신가요? 스토리가 가진 힘. 스토리텔링에 숨겨진 원칙들. 스토리를 무기로 흡입력 있는 기획, 강렬한 카피, 생각의 표현을 더해 비즈니스와 브랜드를 만들어가는 데 활용하시기 바랍니다.

마음을 움직이는 가장 치명적인 무기, 스토리를 기억해 주세요.

무기의 비밀

"세상에서 가장 강력한 사람은 스토리텔러다."
–스티브 잡스

스토리텔링 다섯 가지 원칙

(1) 단번에 시선을 뺏는 후크의 기술

(2) 한 줄로 콘텐츠 세계관을 전달해 주는 로그라인

(3) 스토리와 함께 변해가는 캐릭터 아크

(4) 사람의 보편적인 두려움과 욕망

(5) 에피소드를 하나로 담는 도입–전개–결말

보는 사람 입장에서 더 매력적으로 만들어야
하는구나. 스토리텔링으로 후킹해 봐야지!

어떤 말을 할까?
이것도 하고, 저것도 하고.
아, 요것도 중요하네.
자, 이제 원 없이 한번 모두 담아볼까?

08

시나리오 기획법
작품 같은 프로젝트를 만드는 무기

여러분은 영화나 드라마, 만화를 좋아하시나요? 그게 나의 일이, 나의 무기가 된다면 어떨까요?

일을 하다 보면 다양한 기획을 하게 됩니다. 때론 캠페인일 때도 있고, 때론 콘텐츠이기도 하죠. 이런 일들은 하나의 단발성 업무가 아닌 하나의 프로젝트가 됩니다. 그런데 프로젝트를 기획하고 만들 때 마치 영화나 드라마처럼 하나의 시나리오와 같이 담을 수 있다면 어떻게 될까요? 주인공, 관객의 입장에서 글로 담겨 몰입감 있는 구성을 하고 더 좋은 결과를 만들 수 있습니다.

여기서는 시나리오 같은 기획을 하는 방법에 대해 담아봅니다. 이 글을 통해 아래 두 가지를 가져가실 수 있습니다.

'시나리오는 어떻게 기획에 무기가 될 수 있을까?'

'시나리오를 통해 어떤 성과를 만들 수 있었을까?'

100년 된 캐릭터를 힙하게 만든 비결

마케터와 프로젝트 기획자의 가장 큰 고민은 기획을 할 때 어디부터 시작할지, 단계별로 어떻게 키워나가야 할지입니다. 이전에 제가 실제로 진행했던 프로젝트의 이야기로 캠페인을 기획하는 모든 분께 도움을 드리고자 합니다. '시나리오 기획법'을 활용해 기획부터 실행까지 성과를 만드는 프로젝트 노하우를 공개합니다.

모든 콘텐츠에는 시나리오가 있습니다. 영화나 드라마, 애니메이션 등 콘텐츠의 시나리오에는 도입-전개-결말에 걸친 기승전결이 있죠. 먼저 시작할 때는 세계관과 인물을 보여줍니다. 세계관 속에서 인물들은 어떤 사건을 마주합니다. 문제의식을 느끼고, 다음 단계에서 무언가를 선택하고 행동하면서 문제를 풀어갑니다. 그리고 인물과 세계관의 변화를 보여주면서 마무리되죠. 그 과정에서 보는 이들은 인물의 감정에 공감하거나 지지합니다. 또한 이야기 흐름의 변화와 함께 감정의 변화를 겪기도 합니다. 이렇듯 몰입력 있게 끌고 나가는 시나리오는 성공하는 콘텐츠의 밑거름이 됩니다.

마케팅 캠페인에도 시나리오가 필요합니다. 시작 부분에 프로젝트의 개요라는 세계관을 보여주고, 타깃 그룹을 관객으로 참여시킵니다. 그리고 어떤 변화를 만들어줍니다. 준비 없이 메시지를 꺼내거나, 관객을 참여시키지 못하면 단단한 캠페인이 되기 어렵습니다.

프로젝트에 시나리오 기획법을 활용하면 다음과 같은 효과를 만들 수 있습니다.

타깃 접점 만들기 _ 불특정 다수가 아닌 프로젝트에 맞는 타깃을 찾고, 타깃에 맞는 프로젝트로 접근할 수 있습니다.

빈틈없는 구성 _ 하나의 요소만 빠져도 스토리가 산으로 가죠. 프로젝트의 시작부터 끝까지 연결성 있는 흐름을 만들 수 있습니다.

확실한 성과 달성 _ 처음부터 세계관과 방향성을 잡고 시작하기 때문에, 성과로 연계시켜서 프로젝트의 목적을 더 확실하게 달성할 수 있습니다.

즉 시나리오 기획법을 프로젝트와 기획에 활용하면 누구에게, 무엇을, 어떻게 전달할지 마케팅 메시지를 하나로 연결시킬 수 있습니다.

요즘 모든 서비스가 상향 평준화되면서 고객의 기대치도 높아지고 있죠. 이에 따라 브랜드 경험을 통한 브랜드 인게이지먼트(engagement, 기업이 고객과 직접적이고 의미 있는 관계를 구축하고 유지하기 위해 사용하는 일련의 모든 활동)의 중요도가 점점 커지고 있습니다. 그래서 성공적인 프로젝트를 기획하려면 기획자나 마케터는 마케팅 시나리오 작가가 되어야 합니다.

시나리오 기획법은 고객의 브랜드 관여도를 높이는 효과적인 방법으로, 이해하시기 쉽게 다음 다섯 가지 스텝으로 정리해 봅니다.

시나리오 기획법 5스텝

(1) 스텝 #1. 주인공은 어떤 문제를 갖고 시작하는가

어느 시나리오에서도 주인공은 어떤 문제를 갖고 이야기를 풀어갑니다. 무언가의 결핍으로부터, 위기로부터 무언가를 갈망하면서 이야기가 시작이 되죠. 프로젝트의 경우에도 문제의식으로부터 시작이 됩니다.

디즈니에서 미키와 친구들의 캐릭터로 프로젝트를 진행하게 되었습니다. 탄생한 지 100년이 된 캐릭터죠. 소비자 조사 결과, 캐릭터의 인지도는 높지만 상대적으로 선호도가 높지 않다는 점을 확인할 수 있었습니다. 먼저 캐릭터의 비주얼에 대해 새롭다고 느끼지 못하는 부분을 발견할 수 있었습니다. 그리고 그 캐릭터와 자신의 접점이 많지 않아 친숙함을 느끼지 못하고 있었습니다. 캐릭터의 선호도를 높이기 위해 캐릭터의 새로운 고객 경험으로 활력을 만들어내야 하는 상황이었습니다. 특히 전 세대 중에 가장 활발하게 온라인과 오프라인에 걸쳐 캐릭터를 구매하고 즐기는 20대로부터 새로운 변화를 만들어야 했습니다. 그래서 이들의 마음을 얻기 위해 일상 속으로 더 가까이 다가가기 위한 고민을 시작하게 되죠.

이렇게 프로젝트에 착수할 때는 문제를 정의하는 단계로부터 시작을 하게 됩니다.

(2) 스텝 #2. 관객은 누구이며, 세계관과 어떤 접점을 가지고 있는가

어떤 시나리오든 결국 목적은 '읽히고, 보이기 위해서'입니다. 영화와 드라마를 만들었는데 아무도 보지 않는다면 의미가 있을까요? 그런데 세상 모든 이들을 위한 영화와 드라마는 없습니다. 어떤 애니메이션은 아이들을 위해, 어떤 드라마는 연인을 위해, 어떤 스릴러는 긴장감을 찾는 이들을 위해 존재하죠. 이렇게 시나리오는 보여주려는 누군가가 명확하게 존재합니다. 그리고 관객은 그 작품의 세계관을 만나기 위해 영상으로, 글로 함께하게 되는 거죠. 프로젝트도 마찬가지입니다.

두 번째 단계에서는 구체적으로 문제를 정의하고, 필요한 과정을 세부적으로 그리기 시작합니다. 마치 시나리오의 인물을 정의하듯 마케팅 타깃의 페르소나를 구체적으로 상상하고 키워드를 정리합니다. 이때 타깃 그룹이 많이 이용하는 SNS나 디지털 채널에 올라오는 포스팅이나 소통하는 문구를 살피고, 또 네이버 키워드 검색에서 많이 찾는 검색어 추이를 살펴 필요한 키워드를 찾을 수 있었습니다. 그 결과 Z세대가 데일리 패션을 거울 셀카로 담고, 패션 인플루언서에게 '좋아요'와 댓글 등으로 몰입하는 등 패션에 큰 관심을 두고 있다는 점을 확인할 수 있었습니다. 그래서 여기서 저는 '스타일'이라는 키워드를 발견하고, 이를 캐릭터와 접점을 만들기로 합니다.

여기서 다음과 같이 타깃 그룹을 정의합니다.

프로젝트 타깃 정의
자신을 표현하기 좋아하고 스타일에 관심이 많은 세대. 패션 테마로 다양한 콘텐츠를 즐기고, 챌린지 참여를 통해 즐거운 경험을 공유하는 이들을 대상으로 새로운 경험을 만들어 캐릭터 선호도를 높인다.

(3) 스텝 #3. 이야기의 핵심은 무엇인가

영화든 드라마든 제목이나 키 카피로 고객의 눈길을 사로잡아야, 이를 인지시키고 유입할 수 있습니다. 예고나 포스터에 담긴 문구는 가장 중요한 이야기의 시작점입니다. 이 단계에서 시나리오나 세계관을 한 줄로 정의하고 이야기의 핵심을 전하는데, 이를 시나리오의 로그라인(logline, 이야기의 방향을 설명하는 한두 문장, 또는 한 문장으로 요약된 줄거리)이라고 합니다. 여기에 더해 줄거리를 요약한 형태가 시놉시스가 되는 거죠. 모든 시나리오는 로그라인과 시놉시스로부터 시작이 됩니다.

마케팅 프로젝트도 마찬가지로 시청자의 눈길을 사로잡아 참여시키기 위한 캠페인의 한 줄 정의, 마케팅 로그라인이 필요합니다. 우리는 이를 '전략'과 '콘셉트'라고 부릅니다. 전략을 요약하면 '무엇을 해야 할지(What to do)'를 담는 것이고, 콘셉트는 '어떻게 할 것인지(How to do)'의 요약입니다. 앞서 조사를 통해 캐릭터를 아는 것(인지도)은 충분하다는 것을 확인했고, 좋아하는 것(선호도)을 높여야 하는 미션을 확인할 수 있었습니다. 그래서 더 좋아하게 만들기 위한 전략과 콘셉트, 즉 프로젝트의 로그라인을 다음과 같이 정리합니다.

프로젝트의 핵심 로그라인
- 모바일 라이프스타일로 확장 (전략)
  ⋯ 고객이 즐겨 찾는 브랜드와 플랫폼과 접점을 만든다.
- 이제껏 볼 수 없었던 새로운 이미지 (비주얼)
  ⋯ 국내에서만 선보이는 형형색색의 VIVID 아트워크로 눈길을 끈다.
- 캐릭터와 함께하는 스타일 챌린지 (콘셉트)
  ⋯ 스타일 채널에서 스타일 인플루언서와 캠페인을 진행해서 고객의 참여를 일으킨다.

(4) 스텝 #4. 기승전결 연결하기

영화나 드라마 속에서 기승전결이 존재하듯이 과정을 함께하는 관객에게도 순서가 있습니다. 관객은 어떤 기대감을 갖고 극장을 찾습니다. 그리고 영화의 시작과 끝을 함께합니다. 그리고 영화를 보고 나서 어떤 감정과 메시지를 기억으로 남깁니다. 프로젝트에도 이런 과정이 필요합니다.

어떤 브랜드 캠페인이든 먼저 세계관을 보여주고, 참여를 일으키고, 더 나아가 변화를 만들어줄 수 있어야 합니다. 바로 고객을 위한 마케팅 여정을 설계하는 단계입니다. 각 단계마다 목적과 방식을 구체화하고, 뼈대에 살을 붙이면서 프로젝트를 준비해 갑니다. 마케팅 여정을 고객에 맞춰 설계하는 과정은 왜 필요할까요? 캠페인의 세계관을 하나씩 다 설명하고 이해시키기까지 소비자를 머무르게 하는 것이 어렵기 때문입니다. 단번에 눈길을 끌어서 세계관으로 몰입시키기 위한 장치가 필요합니다. 스타일이라는 키워드로 만든 미키와 친구들 프로젝트의 기승전결을 다음과 같이 정리해 봅니다.

프로젝트의 기승전결
- 어떤 세계인가?
  : 스타일 테마와 캐릭터 세계관의 만남
- 어느 배경인가?
  : 스타일 플랫폼에서 진행
- 누구를 만나게 되는가?
  : 스타일 인플루언서의 등장과 만남
- 무엇을 하면 되는가?
  : 스타일 챌린지와 라이브의 참여
- 무엇을 얻게 되는가?
  : 나의 스타일 아이덴티티 발견하기

프로젝트의 소비자 여정 설계

· 캠페인 전체 기간 : 2개월
· 방향성(direction) : 기획자의 입장에서 각 시나리오에 맞춰 캠페인 기획 의도를 담아 구성
· 액션플랜(action plan) : 소비자의 입장에서 인지하고 행동에 참여할 수 있게 구성
· 캠페인의 공식 커뮤니케이션은 자사 채널을 통해 진행, 각 단계의 고객 인지 및 참여를 일으킨다.

- 1단계

· (방향성) 눈길을 끈다.
  : 임팩트 있는 콘텐츠로 '패션 테마'라는 세계관을 제시한다.
· (액션플랜) 패션 매거진과 협업을 통해 온라인 패션쇼를 선보인다.
  : 영상 디지털 채널을 가진 패션 매거진과 함께 영상 제작.

- 2단계

· (방향성) 무대를 만든다.
  : 고객을 '참여 무대'로 불러온다.
· (액션플랜) 스타일 앱에서 고객이 참여하는 이벤트를 진행한다.
  : 패션 고관여 Z 타깃 고객의 유입이 높은 스타일 앱과 스타일 챌린지 진행.

- 3단계

· (방향성) 누군가가 등장한다.
  : 고객 행동의 '확산자' 역할을 한다.
· (액션플랜) 인플루언서와 협업하여 이벤트 참여를 극대화한다.
  : 많은 팔로워와 팬덤을 가진 인플루언서를 스타일 챌린지에 참여시키기.

- 4단계

· (방향성) 변화를 만든다.
  : 고객 구매 행동을 통해 '매출'로 연결한다.
· (액션플랜) 라이브커머스를 진행해 패션 제품 구매로 연계한다.
  : 패션 매거진, 스타일 앱, 자사 디지털 채널을 통해 라이브커머스로 유입시키기.

(5) 스텝 #5. 이야기의 끝에서 만나는 결과

사람들은 영화나 드라마, 애니메이션을 보면서 인물에 감정을 이입합니다. 인물과 더불어 마음으로 함께 좌절하고 성장하면서, 이야기가 끝나면 인물과 작품을 기억 속에 남기게 됩니다. 그럼 이 프로젝트에 참여한 고객으로부터 어떤 결과를 만들 수 있었을까요? 단계별 시나리오를 만들어 진행한 마케팅 캠페인은 이전의 기획보다 더 나은 성과를 만들 수 있었을까요? 시나리오 기획법이 중요한 키 역할로 만들어준 주요 네 개 성과를 담아봅니다.

온라인 패션쇼 영상
- 내용 : 패션 매거진 C와 함께 온라인 패션쇼 영상을 만들어 자사/파트너사 채널(유튜브+인스타그램)에 선보였습니다. 인기 있는 패션 모델과 함께 캠페인의 비주얼을 매력적으로 녹이고, 해당 캐릭터의 제품을 온라인으로 만나는 캐주얼한 패션쇼로 캠페인의 시작을 알렸습니다.
- 결과 : 기존 캠페인 대비 10배 이상의 조회수를 만들며 눈길을 끌 수 있었습니다.

스타일 챌린지 이벤트
- 내용 : 700만의 타깃 유저를 가진 스타일 앱과 인스타그램에서 스타일 챌린지 이벤트를 진행했습니다. 캐릭터 제품과 이미지를 활용해 나만의 패션을 표현하고 포스팅하는 이벤트로 고객 참여를 일으킬 수 있었습니다.

- 결과 : 이벤트 기간에 걸쳐 스타일 앱에서 진행한 이벤트 중 가장 높은 참여율을 기록했습니다.

인플루언서 참여
- 내용 : 스타일 앱 인플루언서와 패션 인스타그래머 및 유튜버와 함께 캐릭터가 들어간 패션 제품을 매력적으로 소개하고, 스타일 챌린지 이벤트에 참여시켰습니다.
- 결과 : 이를 통해 노출 수를 높일 수 있었습니다.

라이브커머스
- 내용 : 캠페인 마지막 단계에서 가장 많은 트래픽을 가진 N 포털에서 라이브커머스를 진행했습니다. 앞서 이벤트와 인플루언서 콜라보를 통해 노출한 캐릭터의 제품들을 구매할 수 있는 접점을 마련해 비즈니스와 연계할 수 있었습니다.
- 결과 : 이전 대비 2배 이상의 참여 행동(댓글+좋아요 합산)을 만들 수 있었습니다.

시나리오 기획법을 활용한 이 프로젝트는 100년이 된 미키와 친구들 캐릭터가 가진 이미지를 마켓에서 새롭게 만들고, Z세대의 라이프스타일에 한발 더 다가갈 수 있었습니다. 기업 내부에 민감할 수 있는 정보다 보니 구체적으로 수치를 담지는 못했지만, 프로젝트를 통해 좋은 숫자로 결과를 만들 수도 있었습니다. 이렇게 시나리오 기획법을 브랜드 캠페인이나 프로젝트 기획에 적용하면 더 생생하게 고객 경험을 설계하여 각 과정에서 효과적으로 연결될 수 있습니다. 시나리오 기획법은 여러 다양한 산업군의 브랜드에서도 충분히 활용할 수 있습니다.

마지막으로 시나리오 기획법의 핵심 여섯 가지를 담아봅니다. 이 내용을 기억하시고 내 비즈니스와 브랜드, 서비스에 적용하여 시나리오로 차별화되는 단단한 기획을 만들어가 보시길 바랍니다.

시나리오 기획법 핵심 6가지

(1) 작품의 '시나리오'를 쓴다.
  - 고객의 '브랜드 경험'을 생생하게 쓴다.
(2) 시나리오에 '주제의식'을 담는다.
  - 진행하는 프로젝트의 '문제의식'을 정의한다.
(3) 시나리오에서 '인물'을 그려낸다.
  - 프로젝트의 '핵심 타깃'을 세부적으로 담아본다.
(4) 시나리오에 '소재'를 담는다.
  - 프로젝트에 활용할 '키워드'를 발견한다.
(5) 시나리오에서 '로그라인'을 그린다.
  - 프로젝트의 핵심을 담은 '전략과 콘셉트'를 정리한다.
(6) 시나리오의 '기승전결'을 그린다.
  - 프로젝트의 '도입-전개-결말'을 단계별로 구성한다.

무기의 비밀

영화나 드라마, 소설 등을 볼 때 그냥 보지 마시고 이 장치를 어떻게 나의 프로젝트와 기획에 반영해 볼 수 있을까를 생각하면서 보시면 나의 시나리오 무기를 더 강하게 키울 수 있습니다.

시나리오 기획법은 앞에서 말한 스토리텔링으로 연결됩니다. 두 개를 하나로 묶어서 활용하시면 더 강력한 무기를 만드실 수 있습니다.

이제 영화나 드라마를 볼 때
시나리오를 잘 봐야지.
그걸 내 기획에 어떻게 활용해 볼까?

지난번 전임자가 했던 거 어딨지?
그거 그대로 똑같이 하는 게 최고지!

09

말
실시간으로 나를 꺼내는 무기

　말은 무기가 될 수 있을까요? 앞서 글쓰기에 대한 무기를 담아 봤습니다. 말은 글과는 다른 부분이 있습니다. 먼저 실시간의 특징을 갖고 있습니다. 즉각성이 있어서 기억에 바로 인식이 됩니다. 그리고 글보다 훨씬 빠릅니다. 글은 글 그 자체입니다. 글씨가 크거나 작다고 다른 글이 되진 않죠. 그런데 말은 목소리의 크기에 따라, 뉘앙스에 따라 전혀 다른 말이 되기도 합니다. 이렇게 같은 메시지라고 해도 말이 무기가 될 수도 있고, 맨손만도 못한 취약점이 될 수도 있습니다. 어떻게 일에서, 일상에서 말을 무기로 만들 수 있을까요?

　최근 저는 말로 일상을 채우고 있습니다. 비즈니스 미팅, 마케팅 멘토링, 강의, 세미나, VOD까지, 매일 말하는 것이 생활입니다. 어떻게 보면 메시지를 글에 담아서 보내는 것 이상으로 많은 시간을 말로 보내고 있는 것 같습니다. 말이 제 일의 무기가 되었죠. 그런데 시작부터 무기였을까요?

처음에는 발표하면 옷이 다 젖는 땀 범벅 프레젠터였습니다. 무기가 아니라 취약점이었죠. 어쩌다 약점이었던 발표가 무기가 되었을까요? 말이 무기가 될 수 있었던 노하우를 꺼내봅니다. 이 핵심을 알고 나면, 취약점에서 무기가 되는 과정에서 겪었던 저의 시간보다 더 빠른 시간 안에 말을 무기로 만드실 수 있을 것 같습니다.

똑똑하게 말 잘하는 사람이 무대에서는 왜 말을 못할까?

3년간 B2B 행사 기획자로 일을 하게 되었습니다. 많을 때는 1천 명이 넘는 사람을 모으는 행사였고, 이걸 위해 3~4개월을 준비해야 했죠. 행사의 기획자로 일을 하다 보니 스피치하시는 직원분들의 디렉션도 함께 담당하게 됩니다. 그런데 특이한 현상이 발견됩니다. 평소에 말 잘하는 분들이 프레젠터로 무대에만 서면, 녹화만 들어가면 말을 버벅대는 현상이 자주 발생합니다. 비즈니스 미팅에서 하는 것과 촬영에서 말하는 건 다른 것이란 걸 알게 되었죠. 뭐가 달랐던 걸까요?

비슷한 현상이 저에게도 일어났습니다. 코로나 시대에 온라인으로 강의를 하나둘 시작하게 되었습니다. 그러다 어느새 온라인 강의에 제법 익숙해졌죠. 코로나19가 잠잠해지고 몇 년 만에 오프라인에도 서게 됩니다. 같은 주제, 같은 메시지로 이야기를 전하게 되었죠. 온라인에서 쌓은 노하우대로 오프라인으로 나갔는데 어떤 일이 일어났을까요? 함께하신 관객분들의 반응이 싸늘합니다. 온라인에서 뜨겁던 반응과는 전혀 다른 온도죠. 뭐가 달랐던 걸까요?

미팅에서 말을 잘하다가 무대에서 어려움을 겪는 행사 프레젠터분들, 온라인에서 말을 잘하다가 오프라인에서 어려움을 겪었던 저의 이야기까지 전해드렸는데요, 둘 다 원인은 유사했습니다. 미팅과 행사, 온라인과 오프라인. 유사해 보였던 것들이 각각 달랐던 거죠. 비즈니스 미팅은 일상의 말입니다. 머릿속으로 떠올려 두고 따로 준비를 하지 않아도 가능하죠. 특히나 어느 정도 일이 머릿속으로 그려지는 베테랑이라면요. 그런데 스피치는 대중 앞에서 전하는 말입니다. 아무리 그 내용을 잘 알고 있더라도 멘트부터 구성까지 별도의 준비가 필요하죠. 이걸 알고 나서부터는 아무리 그 분야의 베테랑이라 하더라도 구성과 연습의 중요성을 알리고 하나씩 도와드림으로써 더 나은 행사 준비를 만들어갈 수 있었습니다.

그럼 온라인과 오프라인은 뭐가 다를까요? 온라인은 '이야기' 그 자체가 커뮤니케이션의 메인입니다. '마가 뜬다'라고 표현을 하는데요, 중간에 이야기의 틈이 없는 것이 좋습니다. 마치 유튜브를 볼 때 중간에 이야기가 비면 길게 느껴지는 것처럼요. 이와는 다르게 오프라인은 비언어적 행동이 70% 이상을 차지합니다. 이야기뿐 아니라 동작, 자세, 손짓, 눈빛, 이 모든 것이 커뮤니케이션을 만듭니다. 공기도 발표자의 것으로 만들어야 합니다. 이를 위해서는 아이스 브레이킹도 하고,

이야기도 주거니 받거니 하면서 공기를 말랑말랑하게 만드는 시간이 필요하죠. 온라인처럼 시작하자마자 메시지를 꺼내고 빈틈없이 달리다간 오프라인에서는 청중이 따라오지 못합니다. 오히려 중간에 '마가 뜨는' 순간을 주는 것이 좋을 때도 있고, 온라인과는 다르게 강약의 포인트도 잘 살려야 합니다. 또 그 공간과 시간대에 따라서도 끌고 가는 포인트가 다르죠. 식사 후에는 점심에 대한 이야기로 풀어주면서 시작하고, 아침에는 출근길에 대해 이야기하면서 자연스럽게 가는 것처럼요.

미팅과 무대의 말 무기가 다릅니다.

오프라인과 온라인의 말 무기가 다릅니다.

이 차이를 뒤늦게 알게 되었고, 하나씩 적용하고 다르게 구성하면서 온라인과 오프라인의 차이에 맞춰 말의 무기를 적절하게 꺼낼 수 있게 되었습니다.

내가… 로봇이라고?

디즈니에서 B2B 행사의 디렉션을 하다가, 한번은 하나의 세션을 맡아 하게 되었습니다. 나름대로 연습한 대로 잘 외워서 하였고, 무난하게 했다고 생각했습니다. 별다른 실수가 있진 않았거든요. 행사를 마치면 항상 참가자분들의 피드백을 받고는 하는데, 이런 이야기를 듣게 됩니다.

"우린 어린아이가 아닌데, 너무 인위적이지 않아도 될 거 같아요. 좀 부자연스러웠어요."

이 피드백은 저에게 많은 혼란을 안겨주었습니다. 로봇이라는 정체성을 처음 갖게 되었죠. 그리고 알게 되었습니다. 또박또박 정확한 것보다 더 중요한 것은 자연스럽고 편안한 거구나, 하는 것을요. 그리고 저의 색깔을 담아 자연스러움을 위한 연습을 하게 됩니다.

말을 무기로 만들기 위해 어떤 과정을 거쳤을까요? 발표를 하게 되면 먼저 전체적으로 외우고 정석대로 하고, 다음은 힘을 빼고 자연스럽게 해보는 연습으로 넘어갑니다. 그리고 자체적으로 사전 리허설을 해서 녹음 또는 녹화를 하고 셀프 리뷰를 하게 됩니다. 이때 자신의 이야기를 듣는 건 쉬운 과정이 아니에요. 마치 내 눈앞에 벌거벗은 나 자신이 있는 느낌과도 같습니다. 그럼에도 불구하고 나를 마주하고, 더 나아가 지인 앞에서 실전처럼 하고 피드백을 받고, 그런 다음에 무대에 섭니다. 조금 나아지는 기분이 들지만 아직 충분하지 않습니다. 실제 무대도 녹화해서 등장부터 퇴장까지 모든 과정을 두 번 이상 모니터링합니다. 이렇게 몇 번의 과정을 거쳤더니 보완점을 개선하고 빠르게 성장할 수 있었습니다. 처음보다는 세 번 후, 그리고 열 번의 무대 후 훨씬 더 나은 모습으로 무대에 서서 사람들에게 이야기를 할 수 있게 되었죠. 그렇게 반복과 누적의 시간을 거쳐 더 나아질 수 있었습니다.

연습부터가 스피치의 시작입니다.

내 곁에서 잠들지 않고 알려주는 스피치 사부들

앞서 이야기드린 것처럼 말이라는 것에 대해 고민하고 알아가는 시기들이 있었습니다. 가장 어려운 부분은 오프라인 무대의 '스피치'였어요. 무대에서 비언어적 커뮤니케이션까지 모두 함께 완성도를 높이는 것이 가장 난이도가 있는 말의 무기 영역이죠. 처음에는 어떻게 잘할 수 있을지가 고민이었습니다. 그런데 가장 가까운 곳에 좋은 스승이 있었습니다. 디즈니에서 가장 발표를 잘하시는 한 분이 계셨죠. 전 직원부터 파트너사에까지 발표를 잘하기로 소문이 자자한 분이었습니다. 그분을 카피하기로 합니다. 바로 카피캣의 무기를 여기서 꺼내게 됩니다. 먼저 그분을 관찰하기 시작했죠. 그분의 연습법, 말에 대한 사고방식과 철학, 그분의 발표 스타일까지 모두 세세하게 보고 저에게 카피를 합니다. 그리고 몇 가지 특징을 알게 됩니다.

- 목소리의 컨디션이 가장 좋은 요일과 시간, 취약한 요일과 시간을 알고 있음. 먼저 나의 패턴을 아는 것이 중요함.
- 행사 발표 전 2일은 발표에 전념. 목소리 관리를 위해 무리한 일정은 잡지 않음.
- 1차 연습 때부터 모든 걸 외워서 시작하고 단계별 진도를 앞서감. 주위 모든 사람들에게 끊임없는 피드백 요청과 개선의 반복.
- 이 모든 것들을 카피하여 나에게 적용해 보기.

이렇게 그분의 기본 스킬을 카피하여 탄탄한 기본기를 만들어갑니다. 그분은 옆에서 함께 일하는 분이었기 때문에 일상의 모습을 관찰하고 카피하기에 더없이 좋은 상황이었습니다. 여기에 더해 하나가 더 필요했죠. 나만의 말의 무기는 뭘까? 저는 스토리텔링이라는 무기를 발견하게 됩니다. 이미 글을 쓰면서 스토리텔링을 적용하고 반응도를 높이며 그 위력을 봤던 경험이 충분했기 때문이죠. 그리고 스토리를 활용해 보기로 합니다. 그걸 누가 잘하더라? 제 머릿속에 한 분이 떠올랐습니다. 바로 설민석 작가님이었습니다. 그는 역사 이야기를 하나의 스토리로 전하는 대한민국 탑 스피치 연사이기도 하죠. 저는 영상과 팟캐스트를 통해 그가 전하는 이야기를 계속 듣고, 또 듣기를 수도 없이 반복합니다. 그러다 보니 말의 무기가 발견이 됩니다. 바로 이야기에 감정을 싣는 것이었습니다. 자신이 캐릭터가 되어 감정을 실으니 듣는 이도 몰입을 하고 빠져들게 됩니다. 그걸 깨닫고 저도 이야기에 조금씩 감정을 넣게 됩니다. 설민석 님 카피가 됩니다. 그 무기는 조금씩 자라서 특히 오프라인 무대에서, 일반 대중을 대상으로 하는 스피치에서 저의 무기로 유용하게 활용되고 있습니다.

땀 범벅 프레젠터에서 말을 무기로 일상을 보내는 순간까지 거치며 알게 된 노하우와 저의 이야기를 담아보았습니다. 말을 그냥 연습한다고 느는 것이 아닙니다. 고민하고 성장통을 겪었던 이들로부터 노하우를 배워야 빠르게 키워서 나만의 무기로 만들 수 있습니다. 마치 운동도, 외국어도 혼자서 하나씩 알아가며 하는 것보다 좋은 코치, 좋은 강사를 만나서 빠르게 실력이 자라나는 것처럼 말도 같습니다.

제가 담아드린 것들을 제대로 알면 일과 일상에서 요긴한 무기가 될 수 있을 것입니다. 특히 무대를 앞두고 계신다면 글에 담았던 무기화 과정을 꼭 활용해 보셔서 말을 무기로 꺼내고 더 나은 기회를 만나 성장해 가시기를 바랍니다.

무기의 비밀

말을 무기로 만들기 위한 과정 -발표를 할 때

(1) 먼저 전체적으로 외우고 연습한다.

(2) 정석대로 해본 다음에는 힘을 빼고 자연스럽게 해보는 연습을 한다.

(3) 사전 리허설을 해서 녹음 또는 녹화를 하고 셀프 리뷰한다.

(4) 지인 앞에서 실전처럼 발표하고, 피드백을 받는다.

(5) 실제 발표할 때 이를 녹화하여, 이후 등장부터 퇴장까지 모든 과정을 두 번 이상 모니터링한다.

말도 아는 만큼, 하는 만큼 무기가 될 수도 있구나.
나도 단계별 연습을 하고 카피캣 스승을 찾아서
무기로 만들어봐야지!

다~ 아는 내용인데, 뭘 걱정해?
무대든 어디든 평소 아는 대로 나오는 거지.
걱정 안 해도 돼. 내가 다 알아.

10

취향
나를 브랜드로 만드는 아비투스의 무기

나는 어떤 브랜드인가요? 누군가를 하나의 브랜드라고 할 때 보여주는 여러 가지 장치들이 있습니다. 그중 관심사와 취향이 무기가 된다면 어떨까요?

그 정체는 바로 '아비투스'입니다. 아비투스는 타인과 나를 구별 짓는 취향, 습관, 아우라로 정의됩니다. 잘 만든 아비투스는 나를 좋은 브랜드로 만들 수 있죠. 나를 좋은 브랜드로 만들면 내가 전하는 메시지와 콘텐츠, 기획까지 신뢰를 더하고 사람들과 관계를 맺고 커뮤니케이션하는 과정도 좀 더 수월하게 풀어갈 수 있습니다. 관심사와 취향을 무기로 만드는 아비투스의 힘은 뭘까요?

브랜드로 구별 짓는 시대

바야흐로 브랜드의 시대입니다. '어떤 브랜드를 즐기고 선호하는지'가 내가 누구인지를 말해줍니다. 유니클로와 자라를 즐겨 입는 사람은 합리적이고 실용적인 패션 취향을 가지고 있고, 겐조나 폴스미스를 즐기는 사람은 그 브랜드의 이미지를 자신에게 담고 싶은 사람일 가능성이 높죠. 브랜드의 시대가 온 배경에는 무엇이 있을까요? 사람들은 서로를 구별 짓고 싶어 하는 존재라는 것입니다. 새로운 구별 짓기의 시대죠. 사람은 MBTI로, 사는 동네로, 즐기는 브랜드로, 즐겨 보는 미디어로 서로를 구별 짓습니다. 브랜드를 만들고 기획하고 마케팅하는 사람은 자신만의 관심사와 취향으로 구별되어야 합니다. 모두의 평균값에 있거나, 평균 이하로 멀어지게 되면 생각과 취향의 무기도 함께 무뎌질 수 있죠. 그럼 잘 구별 짓는 나를 만드는 방법은 무엇일까요? 바로 '나만의 아비투스'를 만드는 겁니다.

요즘 브랜드는 대부분 다 잘합니다. 새로 나오는 많은 제품들은 퀄리티가 좋고, 고객 대응도 잘하고, 브랜드도 매력적이죠. 요즘 사람들 역시 많은 것들을 잘합니다. 트렌드에 밝고, 똑똑하고, 많은 것들을 알고 있죠. 실력과 지성과 그리고 외형까지도 상향 평준화가 되면서, 예전 세대처럼 묵묵하게 잘해내는 것만으로는 큰 가치를 만들어내기 어렵습니다. 같은 걸 팔아도 다르게 보여야 하고, 같은 이야기도 달라 보이게 말하고, 같은 실력이라도 달라 보이게 해야 합니다. 어떻게 해야 다르게 만들 수 있을까요?

나를 브랜드로 만들어야 합니다. 현실세계에서도 셰프, 요가강사, 댄서, 학원강사까지 많은 직업군의 사람들이 자신을 브랜드로 만들고 있습니다. 자신을 매력적으로 정의하고, SNS 계정을 키우고, 영상을 만들어서 올리죠. 우리는 이를 '퍼스널 브랜딩'이라고 부릅니다. 개인의 브랜드가 잘 만들어진 사람이 많은 사람을 모으고, 자신의 브랜드 영향력을 키워나갑니다. 이제 사람들은 브랜드를 만드는 사람을 보고 찾아갑니다. 그럼 개인의 브랜드는 뭘로 이루어져 있을까요? 바로 아비투스의 합이죠. 이것이 아비투스를 무기로 만들어야 하는 중요한 이유입니다.

나를 브랜드화하는 방법

어떻게 더 강한 아비투스를 가지고 무기로 만들 수 있을까요? 현실적인 방법과 함께 담아봅니다.

(1) 경제자본 : 숫자로 말할 수 있는가

돈을 다루는 방식이 품격을 결정한다고 합니다. 이걸 무기의 언어로 바꿔볼까요? 핵심은 숫자입니다. 브랜드를 만들고 키울 때 그리고 마케팅을 할 때 숫자에 밝다면 강력한 무기가 될 수 있습니다. 결국 브랜드나 마케팅 모두 비즈니스를 위해 존재합니다. 비즈니스의 실체는 숫자이기 때문에 숫자에 밝으면, 나라는 브랜드에 신뢰를 더할 수 있습니다. 특히 놓치지 말아야 할 것으로 매출, 예산, 목표 대비 성과 지표가 있습니다. 이들에 대해서 항상 머릿속에 담고 있으면 그렇지 않은 사람이 가지지 못한 무기를 가지게 됩니다.

(2) 신체자본 : 어떻게 입고 관리하는가

지금 이 시대는 멋도 경쟁력이고 브랜드입니다. 여기서 중요한 것이 바로 입고 관리하는 것입니다. 사회생활을 시작한 지 십수 년이 넘어가면서 주위 사람들을 볼 때 두 그룹으로 나눠집니다. 운동을 하는 그룹과 하지 않는 그룹으로요. 운동을 꾸준히 하는 그룹은 에너지가 가득하고 생동감이 가득합니다. 운동을 할수록 나이에 멋이 더해지기도 하죠. 운동만큼이나 중요한 것이 입는 것입니다. 화려함을 꾸미는 것이 아니라 그날의 상황이라는 무대를 봐가며 기본 선을 지키며 입는 것을 말합니다. 저는 운동하고, 무대에 맞춰 잘 갖춰 입는 사람의 브랜드가 더 멋져 보인다고 생각을 합니다. 자신의 보이는 브랜딩을 관리하는 것은 그렇지 않은 사람보다 더 강한 무기가 됩니다.

(3) 심리자본 : 어떻게 생각하고 상상하는가

외모에 더해 인성이 중요한 자본입니다. 주위 사람들에게 악영향을 미치는 감정과 인성은 모두에게 독이 될 수 있습니다. 특히 가장 조심하고 또 피해야 할 대상이 바로 부정적인 사람입니다. 부정적인 사람은 괴물의 모습을 하고 타인까지 괴물로 만들죠. 반대로 꼭 가져야 할 것은 회복탄력성입니다. 누구나 좋을 때가 아닌 힘들 때 본성이 드러난다고 합니다. 위기에 처했을 때, 절박할 때 좌절하지 않는 것, 타인 탓을 하지 않는 것, 실수에 대해 자신과 타인에게 관용을 베푸는 것, 이런 부분들이 회복탄력성입니다. 조금씩 작은 흔들림에 잘 대처해 가야, 이후에 큰 흔들림에도 버텨나갈 수 있는 무기가 됩니다.

(4) 언어자본 : 어떻게 말하는가

빠른 시간 안에 어떤 사람인지 드러내는 것이 있습니다. 바로 언어자본입니다. 언어자본은 5분만 대화를 해도 금방 드러납니다. 언어는 생각을 담고, 생각은 그 사람 자체죠. 말할 때 어떤 언어를 사용하는지, 어느 소재에 대해 이야기하고, 어떤 패턴으로 대화를 하는지에 따라 그 사람의 브랜드가 만들어집니다. 예리한 사람은 대화를 통해 사람을 꿰뚫어 봅니다. 여기서의 언어란 말 외에 몸짓, 표정, 자세까지 모든 비언어적 행위까지 포함합니다.

《아비투스》의 저자 도리스 메리튼은 이렇게 솔루션을 말합니다. 내용은 명료하게, 목소리는 정중하게 하고, 나와 타인의 가치를 함께 높이라고. 나를 높이고 상대를 낮추는 대화는 결코 서로를 이롭지 않게 만듭니다. 그리고 어떤 문제에 대해서 이야기할 때는 문제 그 자체를 파고들기보단 해결에 집중하는 태도를 가지라고 합니다. 이렇게 답을 찾아가는 언어 습관이 바로 무기가 됩니다.

(5) 지식자본 : 무엇을 알아가는가

과거 지식은 폐쇄적이었습니다. 책 속의 지식은 책을 가진 이들이 독점하기도 했고, 학계에서만 알 수 있는 이론은 지식인들의 전유물이었죠. 그런데 이제는 검색만으로도 거의 모든 정보를 쉽게 알 수 있습니다. 과거에는 무엇을 알고 있는지가 중요한 시대가 있었다면, 이제는 무엇을 알아가고 있는가가 중요한 시대입니다. 누군가는 틈이 나면 연예, 가십 뉴스를 파헤칩니다. 누군가는 소문과 음모론을 파헤칩니다. 누군가는 경제와 역사, 브랜드와 마케팅을 알아갑니다. 무엇을 알아가는 게 가장 좋을까요? 저는 아래 두 가지를 기준으로 찾습니다.

'그걸 더 알수록, 나의 삶이 더 나아지는가?'

'그걸 더 팔수록, 더 나은 내가 될 수 있는가?'

지금 어떤 분야에 관심을 가지고 있나요? 무엇을 더 알아가기 위해 많은 시간을 쓰고 있나요? 그 시간을 위 두 가지 기준에 넣어보니 어떠신가요? 앞으로 뭘 알아갈지에 따라 미래의 무기가 달라질 수 있습니다.

(6) 사회자본 : 누구를 만나는가

일상을 확 바꾸기 위해서는 가장 먼저 세 가지가 바뀌어야 합니다. 하는 일, 사는 곳, 만나는 사람. 그런데 당장 직업이나 거주지를 바꾸기는 쉽지 않습니다. 회사 안에서 일하며 만나는 사람도 바꾸기가 쉽지 않죠. 그런데 일을 마치고 업무 외 시간에 만나는 사람은 선택을 할 수 있습니다. 누구를 만나서 어떤 행위를 하고 무슨 이야기를 하느냐에 따라 아비투스가, 나의 브랜드가 달라질 수 있습니다.

과거 안에 갇혀 똑같이 자신의 이야기를 반복하는 사람보다 세상에 대한 이야기 그리고 미래에 대해 말하는 사람을 만나면 더 긍정적인 변화 가능성을 높일 수 있습니다. 늘 같은 불평을 하는 누군가는 시간이 지나도 그대로일 가능성이 높죠. 마찬가지로 성장을 갈망하고 미래를 고민하고 상상하는 사람이 있다면 이후에도 같은 모습을 하고 있을 수 있습니다. 한정된 시간에 누구를 만나고 무엇을 이야기할 것인지 우리는 선택할 수 있습니다. 사람을 만나는 선택의 누적이 바로 사회자본의 무기가 됩니다.

이렇게 여섯 가지 자본에 걸쳐 지식이나 문화적 취향 그리고 심리 상태와 사회적 관계에 따라 완전히 다른 내가 될 수 있습니다. 이것이 바로 나를 브랜드로 만드는 아비투스의 힘이죠. 아비투스는 나를 발가 벗기는 은밀한 폭로자입니다. 지금 이 글을 읽는 분이 어떤 사람인지 다른 사람들에게 폭로를 하는 것이 바로 아비투스입니다. 나의 실체를 폭로하는 아비투스에 정의되지 말고, 내가 스스로 정의해 나가야 합니다. 당신의 아비투스는 무엇인가요? 나를 만드는 아비투스의 무기들 여섯 가지를 점검해 보고, 앞으로 나를 브랜드로 만들어가는 시간을 가져보시길 바랍니다.

무기의 비밀

"아비투스를 쌓는 것은
더 나은 나를 채워가는 과정이다."

#1 경제자본 : 숫자로 말할 수 있는가

#2 신체자본 : 어떻게 입고 관리하는가

#3 심리자본 : 어떻게 생각하고 상상하는가

#4 언어자본 : 어떻게 말하는가

#5 지식자본 : 무엇을 알아가는가

#6 사회자본 : 누구를 만나는가

나만의 취향을 쌓아서,
나도 더 특별하게 만들고 일에도 활용해 봐야지!

요즘 뭐가 핫하지? 이게 요즘 유행이네?
이런 거 하나는 있어야지?
대세가 답이지.

11

스위치
성과를 만드는 시간 관리의 무기

'짧은 시간에 성과를 만들어내는 사람은 대체 어떤 비결이 있는 거지?'

'주어진 시간은 똑같은데 왜 저 사람은 저렇게 많은 것들을 할 수 있을까?'

많은 사람들의 고민이죠. 모두가 본업부터 취미, 사이드 프로젝트까지 여러 가지를 전부 다 잘하고 싶은 욕망을 갖고 있습니다. 누군가는 또 여러 가지를 잘해내는 분들을 보며 뒤처질 것 같다는 두려움도 가지게 됩니다. 이런 분들에게 도움이 될 유용한 무기를 하나 소개해 드립니다.

일 관리의 시작, 시간 관리

여러 가지 일을 하는 방법은 먼저 '시간 관리'부터 시작합니다. 시간을 관리한다니, 이게 무슨 말일까요? 사람의 뇌는 동시에 여러 가지를 할 수 없게끔 구조화되어 있습니다. 성과를 만들고, 높은 생산성을 만드는 사람은 모두 시간을 잘 관리한다는 공통점을 가지고 있습니다. 일의 관리는 시간 관리로부터 시작이 됩니다. 그런데 시간 관리라는 개념이 느낌은 좋지만, 모호합니다. 뭐부터 어떻게 해야 하나 싶죠.

그래서 저만의 시간 관리의 무기를 꺼내봅니다. 이 무기를 활용해서 마케터라는 본업의 일을 하면서, 글 쓰는 마케터, 이야기하는 마케터까지 부캐로 저의 세계를 키울 수 있었죠. 이 무기는 뭘까요? 바로 '스위치'입니다. 스위치는 말 그대로 버튼입니다. 단순히 불을 켜고 끄기 위해 누르는 스위치가 있는가 하면, 불의 색깔을 바꾸는 그런 스위치도 있죠.

'스위치론'이라고 부르는 저의 시간 관리 노하우를 이렇게 정의해봅니다. 스위치를 켜고 끄듯이, 시간의 온앤오프를 잘하는 것이 생산성으로 직결됩니다. 특정 시간에 일의 과업을 하기로 하면 순간적으로 일의 스위치를 켜서 몰입의 힘을 발휘하는 거죠. 몰입의 힘을 쓰면 한시간 걸릴 것이 20분 만에 끝나기도 하고, 하루에 여러 가지를 할 수도 있게 됩니다. 즉, 스위치는 어느 하나의 일에 몰입을 하는 스킬의 무기입니다.

스위치라는 몰입의 무기

저는 수년 전부터 회사를 다니면서 업무 외 다양한 부캐와 사이드 프로젝트를 해왔습니다. 그게 가능했던 이유가 있습니다. 다른 사람들이 아침에 자고 저녁에 쉴 때, 저는 그 시간에 부캐의 스위치를 켜서 몰입의 시간을 가져 키워왔었죠. 다른 이들이 일의 버튼을 끄고 어둠 속에서 쉴 때, 저는 창작의 버튼을 켜고 또 다른 모드로 전환을 시킨 것이죠. [일 ON / 휴식 OFF]를 저는 [일 ON / 창작 ON]으로 스위치를 전환시킨 거죠. 이 창작의 스위치는 출퇴근 길에도 켜게 됩니다. 회사를 오가는 길에, 약속 가는 길에는 언제나 글 읽고, 글 쓰고 그렇게 지내왔어요.

불빛을 무기로 활용하는 TIP

여기서 하나의 팁을 더 드리면, 실제로 전구색의 두 종류를 구분하여 활용하면 좋습니다. 주광색이라고 하여 일반 형광등과 유사한 흰색 불빛이 있는데, 이성적인 활동을 할 때 시너지가 좋습니다. 문서 작성을 하거나, 글을 쓰거나, 숫자 계산을 하는 등 온 정신을 집중하는 부분에 있어서요.

이와 다르게 전구색이라고 하는 노란색 톤의 불빛은 감성적인 활동을 할 때 좋습니다. 그림을 그리거나 음악을 들으며 창의적인 생각과 활동을 함에 있어서요. 이 두 가지 조명을 모두 스위치로 전환할 수 있으면, 나의 에너지 모드도 두 가지를 가질 수 있는 불빛의 무기가 될 수 있습니다.

물론 출근하고 퇴근하기 전, 업무 시간 동안에는 본캐의 스위치를 켜고요. 업무 시간에 사이드 프로젝트를 생각하고, 밤에 일 생각을 하면 이도 저도 아니게 되는 것 같습니다. 이 스위치 무기의 스킬, 말로만 들으면 쉬울 수 있습니다. 그런데 여기서 어려운 것이 있는데, 바로 스위치의 전환을 방해하는 요소들이죠. 스위치를 켜고 일, 창작과 같이 무언가에 몰입하는 시간에는 카톡도, 유튜브도, 전화도 모두 외면하는 스킬이 필요합니다. 일을 하면서, 창작을 하면서 카톡하고, 유튜브 보고, 전화하면 스위치의 몰입은 당연히 꺼집니다. 이런 종류의 시간은 별도로 할애를 해야 해요.

저는 이것을 '촛불'의 몰입이라고 부릅니다. 몰입을 마치 촛불과 같이 보는 거죠. 무언가에 집중(촛불 모드)하고 있다가 잠깐 다른 것에 관심이 다녀오게(바람) 되면 촛불이 꺼져 있죠. 다시 불을 붙여서 불씨를 키워야 합니다. 저에게는 촛불의 몰입이 아주 중요합니다. 어느 정도냐면, 가족과 함께 카페를 가서 글을 쓴다고 해봅시다. 초몰입의 순간으로 들어가서 집중적으로 글을 씁니다. 그때 중간중간 한마디씩 가족의 이야기가 들려오죠. 대답을 안 할 수는 없으니, 하나둘 하다 보면 어느새 단단했던 초몰입이 옅어집니다. 이럴 때 대화와 글쓰기, 둘 다 하기 위해 노력하기보다는 몰입의 순간에 몰입의 모드를 온전히 만드는 것이 좋습니다. 저는 결국 몰입의 모드를 만들기 위해 양해를 구하고 다른 테이블로 가는 극단적인 선택을 하기도 했습니다. 그 일 이후에 가족의 푸념을 듣긴 했지만, 덕분에 멋진 글을 완성할 수 있었습니다.

누군가는 이야기합니다. 자신은 카톡도 하고, 유튜브도 보고, 전화도 하면서 일을 하는 게 더 생산성이 높아지는 타입이라고요. 그건 허상입니다. 심리학 조사에 따르면 뇌 과학적으로 멀티태스킹은 존재하지 않는다고 합니다. 되려 본질이 아닌 다른 무언가에 갔다가 다시 오게 되면 다시 몰입도를 높이는 데 시간이 들어 결코 높은 생산성을 만들어낼 수 없죠. 그럼 어떻게 스위치라는 몰입의 무기를 내 것으로 만들어볼 수 있을까요?

스위치 무기 활용법

바로 기억하시고 반영하기 좋도록 제가 활용했던 방법을 간단하게 담아봅니다. 아래 내용을 기억하고 활용하시면 됩니다.

스위치 무기 활용하는 3단계 방법

(1) '일의 스위치 + 사이드 스위치 + 쉼의 스위치' 3개로 설정합니다.

　; 맨손의 사람들은 일과 쉼 두 가지로만 세팅합니다. 여기에 사이드를 하나 더 추가하는 거죠. 여기서는 사이드를 글쓰기로 해볼게요.

(2) 각각의 스위치를 구분 짓는 자기만의 규칙을 만듭니다.

　; 예를 들어 '일할 때는 일의 스위치를 켠다. 일할 때는 창작의 글을 쓰지 않는다.' '글 쓸 때는 글쓰기의 스위치를 켠다. 글을 쓸 때는 일 생각을 하지 않는

다.' '글 쓰는 시간은 쉼의 시간이 아니다. 누워서 글을 쓰지 않는다.' '쉴 때는 온전히 쉬는 것에 집중한다. 카톡, 유튜브, 콘텐츠 시청 등은 이때 몰아서 한다.'

(3) 그리고 2번의 규칙을 따르면서 각 스위치를 켤 때 그 스위치의 시간에 집중하고 다른 스위치가 들어오지 않게끔 합니다.

어떠신가요? 여러 가지 일을 해낼 수 있는 '스위치'라는 시간과 성과 관리의 무기. 이걸 활용해서 일과 여러 가지 프로젝트까지 함께 남다른 성과를 키워가시기를 바랍니다.

무기의 비밀

 여기서 중요한 것은 한 번 하고 마는 게 아니라 이걸 한 주, 한 달, 일 년까지는 반복을 해서 몸에 익숙해지게 만드는 거예요. 사이드 목표가 있으시다면 지금부터 딱 3개월, 아니 1개월이라도 실천해 보시길 바랍니다. 그럼 변화와 성과가 보이게 되실 거예요.

일하는 시간을 제외하고,
필요한 쉼의 시간 빼고는,
나의 세계를 키워내는 데 집중하자!

일 끝나면 쉬어야지!
아니, 쉴 때도 일해야지!
일할 때도 쉬엄쉬엄 해야지!

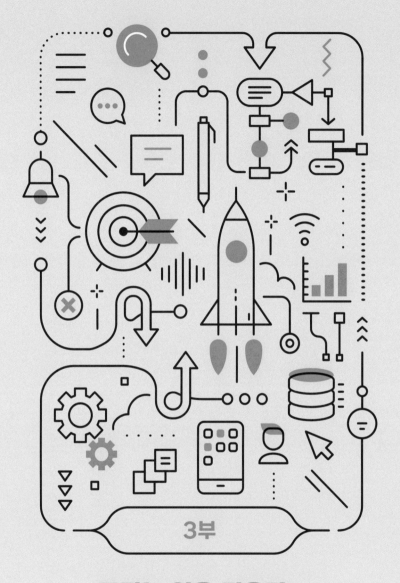

3부

무기는 일을 키운다 :
나의 무기를 어떻게 키울까?

12

일의 정의
시작할 때 알아야 하는 무기

일을 시작할 때는 무엇으로부터 시작해야 할까요? 가장 중요한 일? 가장 시급한 일? 가장 규모가 큰 일? 모두 다 일리는 있습니다만 이 모든 것의 앞단에 저는 '일의 정의'가 필요하다고 생각합니다. 그 일이 무엇인지를 정의하고 나서 시작을 하는 거죠. 베이글을 파는 F&B 오너부터, 건강식 배달 샐러드를 파는 자영업자, 지식과 노하우를 파는 강사, 회사원, 콘텐츠를 만드는 크리에이터까지 모두 해당됩니다. 자신의 일을 정의할 수 있는 사람과 정의할 수 없는 사람은 시작부터 다릅니다.

그럼 저의 직업인 마케터를 정의해 볼까요? 마케터는 뭘까요? 비즈니스의 매출을 올리는 사람? 브랜드를 더 많이 알게 하는 사람? 더 많은 고객을 확보하는 사람? 이것은 정의의 다음 단계라고 생각합니다. 매출을 올리는 것, 브랜드 인지도를 높이는 것, 고객 수를 늘리는 것은 목표 혹은 결과이고 그것은 상황에 따라 달라질 수 있습니다. 이를테면 tvN에서 마케터의 목표는 시청률이었죠. 디즈니에서는 매출과 온/오프라인 고객 참여, 캐릭터의 선호도였습니다. GFFG에서는 매출과 콘텐츠 수 등이었죠. 그럼 목표 하나하나가 마케터의 정의라고 할 수 있을까요? 정의는 달라지지 않는 그 일의 본질에 가깝습니다. 그런 의미에서 시청률, 매출, 참여수, 선호도는 정의가 아닙니다. 그럼 마케팅이라는 일의 정의를 위해 필요한 질문부터 꺼내봅니다.

마케터는 누구일까요?

마케터는 뭘 만드는 사람일까요?

마케터는 무엇의 전문가일까요?

마케터, 마케터와 함께 일을 하는 사람, 마케팅력을 키우고 싶은 모든 사람이 알아야 할 이야기에 대해 담아봅니다. 이걸 모르면 마케터로서 일의 본질을 모른 채 일을 하게 될 수 있고, 마케팅의 과정을 이해하지 못한 채로 어려운 협업을 해나가면서 성과를 만들어가기 어려울 수 있습니다. 비즈니스와 브랜드를 더 키우기 위해 알아야 할, 마케터 일의 정의를 하나씩 알아보겠습니다.

일의 진화, 마케팅의 세분화

마케팅은 20년 전에도 마케팅이었고, 10년 전에도 지금도 마케팅이지만 들여다보면 세분화되고 있습니다. 브랜드 마케팅, 퍼포먼스 마케팅, 그로스 마케팅, 콘텐츠 마케팅, 제휴 마케팅 등 각 영역을 전문으로 하는 회사나 부서가 등장하고 점점 더 세분화된 직무들이 나타나고 있죠. 마케팅도 시대에 따라 변화하고 있습니다. 그런데 세분화되고 있는 마케터의 일들을 하나로 묶어주는 정의가 부족합니다. 마케터 일의 본질이죠. 이 시대의 마케터는 누구이고, 마케터들이 만드는 핵심은 뭘까요?

질문1 : 마케터는 누구일까?

지금 시대에 디자이너는 그냥 포토샵만 하는 사람이 아니고, 인사팀은 그냥 사람을 뽑기만 하는 부서가 아니죠. 브랜드를 만들어내는 사람들이고, 일과 회사의 문화를 만들어가는 사람으로 정의를 넓히고 있습니다. 마케터도 마찬가지입니다. 단순히 SNS 콘텐츠를 만드는 사람이, 마케팅 숫자를 뽑아서 데이터화하는 사람이, 다양한 매체를 잘 골라서 광고를 하는 사람이 아닙니다. 그건 디자인의 포토샵, 인사의 채용처럼 마케터 일의 기능적인 부분이죠.

마케터는 고객의 브랜드 경험을 설계하는 사람들, 즉 경험 기획자입니다. 제품을 만들어낸다고, 브랜드를 만든다고 알아서 자동으로 고객이 유입되고, 경험이 만들어지고, 매출이나 트래픽으로 이어지는 것이 아니죠. 이 과정을 위해 촘촘한 설계가 필요합니다. 담당하는 브랜드나 서비스를 고객에게 더 알리기 위해 적절한 매체를 찾아 매력적인 광고를 선보이는 것이고, 고객 경험의 시작을 만들고 유지하기 위해 SNS를 운영하는 것이죠. 그리고 오프라인 고객 경험을 만들기 위해 팝업을 하는 것이고, 고객 경험 성과를 측정해서 고도화하기 위해 데이터를 분석하는 것이죠. 마케터는 소비자와 브랜드의 A부터 Z까지의 여정을 만드는 역할입니다.

질문2 : 마케터는 무엇의 전문가가 되어야 할까?

마케팅은 비즈니스의 핵심을 브랜드에 담아 고객의 접점을 만들고, 연결고리를 어떻게 더 많이 만들 수 있을지, 더 매력적으로 만들 수 있을지, 비용 대비 효율적으로 만들어낼 수 있을지를 고민하는 과정입니다. 이를 위해 빼놓지 말아야 할 하나가 있습니다. 바로 커뮤니케이션의 전문가가 되어야 하는 것이죠.

마케팅은 그 자체가 비즈니스의 본질이 아닙니다. 결국 마케터는 브랜드나 비즈니스를 더 크게 키우고 경험을 매력적으로 만들기 위한 직무이기에, 다방면의 이해관계 속에서 고객과의, 내부와 외부 간의 커뮤니케이션 과정이 탄탄하게 잘 이뤄져야 합니다. 이 커뮤니케이션 역량이 잘 갖춰져 있다면 마케팅 어시스턴트에서 메인 마케터로, 프로젝트 매니저로, 디렉터로 더 빠르게 성장해 갈 수 있는 무기가 됩니다.

- 타깃 고객과의 커뮤니케이션
- 내부 부서와의 커뮤니케이션
- 외부 파트너사와의 커뮤니케이션

질문3 : 마케터는 무엇을 만들어내는 사람일까?

커뮤니케이션에 빼놓지 말아야 할 것이 있습니다. 바로 '누구'에게 무엇을 전할지에 대한 '메시지'죠. 여기서 '누구', 즉 타깃을 정의할 때 가장 위험한 것 중의 하나는 '모두, 누구나'라는 넓은 대상으로 기획을 하고, 전하고자 하는 이야기와 핵심가치를 제대로 정의하지 않은 채 콘텐츠를 만들고, 제휴하고, 프로모션을 하는 것입니다. 당연한 이야기처럼 들릴 수 있지만 현실에 존재하는 많은 마케팅 과정들에서 '누구'와 '메시지', 이 두 가지가 빠져있는 경우가 많습니다.

사람들이 열광하는 트렌디한 문화, 요즘 유행하는 언어, 핫한 인플루언서와의 제휴는 마케팅을 하는 하나의 '방식'이지 그 자체가 마케팅의 '목적'은 아닙니다. 마케팅의 방식을 정하기 앞서 반드시 정의되어야 하는 것이 바로 마케팅 타깃이 '누구'인지, 전하고자 하는 '메시지'가 무엇인지, 이 두 가지를 놓치지 말고 꼭 만들어야 합니다.

더 나은 브랜드, 더 큰 비즈니스를 만드는 사람들

요약하면 마케터는 이렇습니다.

마케터는 누구일까? _____ '고객 경험'의 기획자

마케터는 뭘 만드는 사람일까? _____ '누구'와 '메시지'를 정의하는 사람

마케터는 무엇의 전문가일까? _____ '커뮤니케이션'의 전문가

지금까지 마케팅의 의미를 알고 마케터를 정의해 보았는데, 어떤가요? 하는 일이 바뀌거나, 업종이 바뀌거나, 산업군이 바뀌어도 제가 하는 일은 위의 정의에서 달라지지 않았고 만나는 마케터들이 하는 일도 위의 정의 범주 안에서 일을 하고 있었습니다.

이렇게 비로소 마케터를 하나의 영역으로 정의할 수 있게 되었습니

다. 이 내용들을 기억하여 업무의 기반에 깔아놓고 나아간다면 마케터로서 마케터의 협업 파트너사로서, 마케팅이 필요한 모든 이들에게 무기가 될 수 있을 것입니다.

무기의 비밀

지금 하고 있는 내 일을, 변치 않을 본질로 정의를 해보시면 어떨까요? 지금 하고 있는 일들이 기존과는 다르게 느껴지실 수 있을 것 같습니다.

내 일은 누구를 위해 뭘 만들고 있는 걸까?
나는 무엇의 전문가가 되어야 하지?

그냥 시키면 하는 거고, 하라면 하는 거지.
그거 말고 다른 거 생각하라면 머리 아파.

13

일의 브랜딩
나를 정의하고 일을 키우는 무기

여러분은 어떻게 일을 하시나요? 그냥 주어진 일을 열심히 하는 게 최선이라고 생각하신다면, 그렇다면 그건 바로 '맨손'의 싸움입니다. 그럼 '무기'의 싸움은 뭘까요? 내 일을 더 크고 의미 있게 만드는 것입니다. 일을 완전히 바꿀 수는 없어도, 일의 관점과 의미를 바꿀 수는 있죠. 일의 관점과 의미를 만드는 과정이 바로 내 일을 브랜딩하는 과정입니다. 그리고 그렇게 만들면 일은 완전히 다르게 만들어질 수 있습니다.

디즈니에서 마케터의 일을 정의하다

마케팅 커리어를 겪다 보면 다양한 변화를 마주하게 됩니다. 저는 하루아침에 디즈니에서 캐릭터 IP로 제품을 만드는 소비재사업부의 마케터로 오게 되었습니다. 이곳에서의 마케팅 업무는 말 그대로 '소비재' 사업에 맞춰져 있었습니다. 캐릭터 제품이 만들어지면 더 많이 팔릴 수 있게 프로모션을 하는 일이었죠. 이전에 해오던 일들을 살펴봤습니다. 대형마트 같은 곳에 디즈니 제품을 모아서 쌓을 수 있는 제품 매대를 만들거나, 증정용 굿즈를 만들어서 시즌 이벤트를 하는 일이 대부분이었습니다. 앞서 몇 년간 그렇게 일이 진행되어 오고 있었죠.

그런데 그러한 방식으로는 캐릭터의 영역을 확장하거나, 고객의 참여를 일으켜 존재감을 크게 키우는 데 어려움이 있을 것 같았습니다. 그때 저는 일의 방향성을 새롭게 설정했습니다. 디즈니를 좋아하는 고객을 더 확장하고, 팬심을 키우기 위해서 그들의 라이프스타일 속으로 들어가는 마케팅을 하는 것으로요. 그래서 처음 하게 된 것이 곰돌이 푸를 테마로 한 브랜드 캠페인이었습니다. 특정 캐릭터를 중심으로 하는 최초의 캠페인이었는데, 많지 않은 제품들을 활용해서 팝업을 준비했습니다. 이전에 없었던 방식으로 준비하는 것에 어려움이 있었지만 결국 뜨거운 반응을 얻으며 성공을 거둘 수 있었고, 그렇게 디즈니를 라이프스타일 브랜드로 확장하기 위한 다음 스텝으로 나아갑니다.

그리고 미키 90주년의 캠페인을 하게 되죠. 캠페인을 위해 파트너사와 함께 아홉 명의 작가와 콜라보를 하고, 미키를 테마로 한 패션쇼를 진행합니다. 그리고 다음 시즌에는 리빙페어에 참여해서 마블, 픽사, 프린세스, 〈스타워즈〉 등을 테마로 한 이색적인 공간을 선보입니다. 지금은 젠틀몬스터를 비롯해 다양한 브랜드에서 판매가 아닌 새로운 경험 중심으로 팝업을 하고 매장을 운영하는 것이 일반적이지만, 당시 2018년을 넘어가는 시점에는 이런 공간들이 많지 않았습니다. 그때 디즈니에서는 여러 테마와 기획으로 캠페인을 이어나갔죠. 연이어 좋은 반응을 얻으면서 패션쇼부터 영화제 팝업 등을 진행하며 국내에서 디즈니 팬덤과 존재감을 키워갑니다.

덕분에 처음 디즈니에 갔을 때는 크지 않은 존재감으로 디즈니 코리아가 한국에 있었는지에 대한 많은 질문을 받았다면, 이후에는 만나는 분들마다 디즈니의 이색적인 활동에 대한 많은 이야기를 들을 수 있었습니다. 이러한 시도를 통해 제가 속한 사업부는 포지셔닝이 바뀌게 됩니다. '제품을 만드는 곳'에서 '소비자의 경험을 만드는 곳'으로요. 제가 주도했던 기획들이 여기에 중요한 전환점이 될 수 있었죠. 그리고 저는 캐릭터 '제품'의 마케터가 아닌 '캐릭터 IP'를 마케팅하는 사람으로 저라는 마케터를 재정의할 수 있었습니다.

만약 처음에 이 사업부에 왔을 때, 기존의 일을 그대로 이어가면서 더 멋진 많은 수량의 판매 매대, 더 다양한 증정품 프로모션에 집중했다면 일의 새로운 변화를 만들기 어려웠을 것 같습니다. 저라는 마케터도 큰 변화를 만들 수 없었겠죠. 그런데 디즈니 캐릭터와 고객의 라이프스타일을 연결한다는 방향성을 세우고, 그 방향성에 맞춰 하나씩 접점과 고객 경험을 만들어가면서 저의 일을 새롭게 정의하고, 더 크게 키워낼 수 있었습니다.

노티드에서 마케터의 일을 정의하다

여러분은 노티드라는 브랜드를 아시나요? 도넛으로 시작해 케이크, 음료까지 확장하며 귀엽고 맛있는 브랜드로 커나가는 프리미엄 디저트 브랜드입니다. 어느 날, 이런 제안이 오게 됩니다. 이 브랜드를 디즈니처럼 만들어달라고요. 이 말과 함께 저는 이곳에 합류하게 됩니다. 가서 해보니 노티드라는 브랜드의 본질은 '도넛'이 아니었습니다. 그럼 뭐였을까요? 본질은 바로 '호스피탈리티'였습니다. 호스피탈리티라는 말은 어떤 의미일까요? 마치 휴가 때 좋은 호텔을 예약하고 기대하고 체크인부터 체크아웃까지의 시간에 걸쳐 경험하고 좋은 기억으로 남기는 것과 같은 그런 특별한 경험을 의미하죠. 노티드도 마찬가지입니다. 가기 전부터 기대감을 갖고 행복한 경험을 하고 떨림을 안고 다시 찾는 그런 브랜드를 만들어가고 있었습니다.

이렇게 노티드를 단순히 먹는 브랜드가 아닌 '푸드 & 라이프스타일 브랜드'로 정의를 하고 마케팅을 하기 시작합니다. 그래서 카페, 도넛을 넘어 공간, 굿즈까지 더해 노티드를 라이프스타일 브랜드로 확장해갔습니다. 아마 노티드 매장에 가신 분들은 아기자기하게 꾸며진 공간과 포토존, 그리고 캐릭터를 활용한 각종 요소들을 만나보실 수 있으셨을 거예요. 굿즈에도 진심이죠. 그리고 노티드의 강력한 무기가 한 가지 더 있는데, 무엇일까요? 바로 콜라보레이션입니다. 먹고, 입고, 마시고, 만들고, 즐기는 일상의 모든 순간을 노티드로 채우기 위해 다양한 콜라보로 노티드만의 라이프스타일을 만들어가고 있습니다. 입는 순간을 위해 패션 브랜드와, 그리고 일상의 순간을 위해 쿠킹·편의점 브랜드와 다양한 콜라보를 선보입니다. 이렇게 다양한 카테고리로 노티드를 물들이고 있죠. 노티드라는 브랜드 이름은 '매듭지어진'이라는 말인데요, 이 말처럼 공간과 공간, 사람과 사람, 문화와 문화, 그리고 맛있는 디저트와 커피까지 이 모든 요소를 매듭짓는 브랜드를 만들어나갑니다.

이렇게 도넛 브랜드에 콜라보를 더해 고객의 일상 속으로 브랜드를 확장해 갑니다. '맛있는 디저트를 만드는 곳'에서 '맛있는 라이프스타일을 만드는 브랜드'로요. 그 덕분에 많은 고객분들이 맛있는 디저트만 생각하는 게 아니라 매력적인 하나의 브랜드로 노티드를 기억하게 됩니다. 만약 맛있는 도넛 브랜드로 정의하고 계속 도넛 브랜드로만 메시지를 담았다면, 지금처럼 일상의 순간에서 만날 수 있는 라이프스타일 브랜드로 확장하기 어려웠을 것입니다.

어떤가요? 내 일을 정의한다는 것. 일의 의미를 잘 만들고 정의하면 그걸 만들어가는 자신의 브랜드도 더 커질 수 있다는 점을 기억해 주시면 좋을 것 같습니다.

여러분은 어떤 일을 하고 계신가요? 일의 정의를 어떻게 담고 싶으신가요? 그 정의가 새로운 확장을, 새로운 변화를 만들 수 있기를 기대하며 앞으로 만들어갈 일의 여정을 응원드립니다.

무기의 비밀

"일을 정의하는 것은 일의 세계관을 만드는 일이다."

내가 일의 방향성을 잡고 정의하기에 따라서, 디즈니의 '제품'을 마케팅하는 것인지, 디즈니와 만나는 고객의 '라이프스타일'을 마케팅하는 것인지 달라집니다. 마찬가지로 노티드도 '도넛'을 마케팅하는 것과, 노티드라는 브랜드와 고객의 접점을 키워가는 일은 다릅니다. 이렇게 어떻게 일을 정의하냐에 따라 브랜드를 어떻게 세상에 꺼내는지가 달라질 수 있습니다.

일이라는 것을 브랜딩해야
내 일의 의미가 만들어지는구나.
내 일을 어떻게 만들어갈까?

일이요? 맨날 하던 거 똑같이 하는데요?
더 크게 만들어보라고요?
그럼 일만 많아지는 거 아니에요?

14

버전업
일의 성공을 위한 빌드업 무기

일을 하다 보면 모두가 욕망하는 것이 있습니다. 바로 '일의 성공'이죠. 일의 성과를 만들어 성공을 거두는 방법에 대해 지금부터 말씀드리겠습니다.

하나의 일을 완성하는 과정은 시작부터 관련된 담당자들과 함께합니다. 그리고 하나씩 성과를 만들고 비즈니스를 키워냅니다. 이 과정을 잘해내는 사람을 '일 잘하는 사람'이라고 하죠. 이들은 계속해서 성과를 만들어갑니다. 그런데 많은 이들이 이 과정에서 어려움을 겪습니다. 이론적으로는 쉬운데 이것이 대체 왜 이렇게 어려운 걸까요? 바로 기본적인 것들을 놓치며 일을 만들어가기 때문입니다. 일의 성공을 위한 빌드업의 무기를 꺼내봅니다.

지금까지 저는 다양한 프로젝트를 진행했습니다. 일과 관련된 수많은 사람들과 문제를 마주하고 해결하는 과정에서 알게 된 무기가 있습니다. 이 무기는 리더 직급이나 중간관리자 혹은 실무와 주니어 레벨까지 모든 이들에게 일의 성과를 만드는 데 있어 유용한 무기입니다. 이 무기의 이름은 바로 '버전업'입니다.

'모든 초고는 쓰레기다.'라는 말이 있죠. 일도 마찬가지입니다. 일에서는 이렇게 말해볼 수 있겠습니다. '초안은 쓰레기다.' 처음의 기획은 형편없을 수밖에 없습니다. 초반부터 번쩍하고 화려해 보이는 것들은 오히려 금방 사라지기 쉽습니다. 누구나 떠올릴 수 있는 대체 가능한 아이디어이기도 하고, 알맹이가 빈약하고 껍데기만 요란한 것일 수도 있습니다. 오히려 처음 보잘것없는 모습의 것들이 시간이 지나 놀라운 성과를 만들어주기도 합니다. 그래서 처음의 일을 날것 그대로 마주하고 키워가면서 좋은 결과로 만들어가는 것이 중요합니다. 여기서 핵심 무기가 바로 '버전업'이죠.

0에서 1까지, 일을 만들어가는 과정

일은 0에서 시작해 1까지 만들어가는 과정입니다. 누군가는 기존의 노하우를 가지고 0.5부터 시작해서 올려가기도 하고, 누군가는 이미 완성된 1에서 바로 다음 2로 가기도 하는 버전업 게임입니다. 이렇게 일을 게임처럼 표현하니 낯설게 느껴지실 것 같습니다. 그런데 단번에 모든 것을 점프해서 0에서 1로, 그 이상으로 넘어가는 것은 드라

마나 상상 속에서만 존재합니다. 현실 속에서는 결과를 만들기 위해서
한 단계씩 충분한 빌드업이 필요합니다.

일의 기본적인 과정은 아래와 같습니다. 각 과정을 버전으로 담아
볼까요?

일의 시작 0

일의 초안 0.1

일의 채움 0.5

일의 확정 1.0

각 단계를 잘 알고 여기에 맞게 버전업의 무기를 활용하면 완성도
있게 일을 만들 수 있습니다. 현실에서는 일의 시작을 정의하지 못해
올바른 방향으로 나아가지 못하는 경우가 많습니다. 또 초안과 채움의
과정에서 시행착오를 겪는 경우도 많죠. 처음 단계를 넘어 바로 실행
단계로 가서 단단하지 못한 기획으로 눈앞에 닥친 일에만 집중하다가
일이 엉키는 경우도 현실에서 많이 일어납니다. 각 버전의 의미와 꼭
알아야 할 포인트는 다음과 같습니다.

일의 버전업

(1) 일의 시작 0 : 일을 정의하는 것

먼저 첫 번째, 일의 시작은 '일을 정의하는 단계'입니다. 일의 본질을 파악하는 단계로 일의 배경과 목적을 이해하고 누구를 위해, 무엇을 해야 하는지를 정리합니다. 정의가 되지 않은 일은 왜 하는지가 명확하지 않기 때문에 기대 이상의 성과를 만들기 어렵습니다. 자칫하면 경영진이나 회사 측에서 원하는 방향성과 다른 결과물이 나올 수 있는 리스크도 존재합니다. 정의되지 않은 일은 솔루션을 만들기 어려울 수 있습니다. '일의 성과를 만드는 것'은 '일을 잘 정의하는 것'에서 시작된다는 것을 기억해 주시기 바랍니다.

(2) 일의 초안 0.1 : 기획자의 첫 그림

다음은 초안입니다. 일의 방향성과 일정, 예산 등 일의 계획에 대한 첫 그림을 그리는 단계입니다. 쉽게 말해 일의 설계도를 만드는 과정이죠. 이 단계부터 디테일에 집착하다가 시작부터 많은 시간이 걸리기도 합니다. 어디에 무슨 집을 지을지 집중해야지, 그 집의 문고리 디자인이나 바닥 타일 등 세부사항에 대해서는 이후 단계에서 논의해도 충분합니다. 이때 중요한 것은 앞으로 절대 변하지 않을 불변의 설계도를 만드는 게 아닙니다. 일이 나아가는 버전업 과정에서 설계도가 바뀔 수 있다는 것을 염두에 두고 준비하는 것입니다.

여기서 직장인의 영원한 미스터리가 있습니다. 바로 '일을 언제 공유해야 적절할까?' 하는 부분이죠. 너무 이른 시기에 공유하면 "왜 아무것도 안 정해진 것을 공유하지?"와 같은 피드백을 받게 되고, 늦은 시기에 공유하면 "왜 이걸 이제야 공유하지?"라는 반응을 얻게 됩니다. 답은 뭘까요? 기획자나 PM(project manager : 프로젝트 매니저)이 해당 버전이 초안(draft)임을 명확히 밝히고 나서, 관련 부서나 내부에서 함께 논의하며 디테일을 채워가는 거죠.

여기서 중요한 것은 함께 논의할 수 있는 수준의 기획자의 초안이어야 하는 것입니다. 백지를 들고 가서 어떻게 할지 시작하면 아무것도 나아갈 수 없게 됩니다. 그럼 정해지지 않은 것을 던졌을 때의 리스크는 어떻게 할까요? 마법의 단어, 'TBD'를 함께 써주시면 됩니다. TBD는 예정 단계에서, 이후에 진행이 될 수도 있고 아닐 수도 있는, 또는 다른 형태로 진행될 수도 있는 열린 가능성을 의미합니다. 일의 언어를 주고받을 때 많은 맥락에서 쓰입니다. ('To be decided / discussed / developed' 등 정해지지 않은 단계를 총망라하는 단어입니다.)

(3) 일의 채움 0.5 : 함께 초안을 채워가는 과정

일의 초안을 그리고 나면 관련 담당자들과 협의와 논의를 통해 일을 완성하는 과정으로 가게 됩니다. 여기서 어느 타이밍에 일의 진행 상황을 공유하면 좋을까요? 늦는 것보다는 빠른 게 좋습니다. 빠른 공유의 타이밍은 더 많은 시간을 확보할 수 있기 때문에 취할 수 있는 선택의 폭이 넓어지고, 효율적인 비용 운용도 가능합니다. 이게 무슨 말일까요? 프로젝트를 진행하다 보면 많은 아이디어가 짧은 일정을 이유로 진행하기 어려울 때가 있습니다. 또 프로젝트까지 얼마 남지 않은 상황이라면 업체 선정을 할 때 불리해져서 더 많은 비용이 발생하는 것을 종종 보게 됩니다. 이때마다 항상 나오는 말이 있죠. 시간이 좀 더 있었으면!

(4) 일의 확정 1.0 : 숟가락 얹고 싶은 프로젝트로 키우기

일을 하면서 두 가지 프로젝트를 연이어 진행한 적이 있었습니다. 하나의 프로젝트는 진행이 되면 될수록 유관 부서와 담당자로부터 다양한 피드백과 의견들이 계속 추가되었죠. 그 과정에서 계속 방향이 달라지면서 초안과는 많이 달라지게 되었습니다. 다른 하나의 프로젝트는 이와 다르게 별다른 피드백이 없이 초안 그대로 나아갔습니다. 두 프로젝트의 결과는 어떻게 되었을까요?

의견이 다양하게 추가된 것은 내부에서 가장 존재감 있는 프로젝트가 되어 의미 있는 성과를 만들 수 있었습니다. 반대로 의견이 없었던 프로젝트는 회사 안의 다른 부서의 참여를 일으키지 못해 초안보다 훨씬 작게 마무리되었습니다. 이 과정에서 알게 된 것이 있습니다. 바로 주위 의견이 다양할수록 함께하고 싶다는 니즈가 강한 것이고, 의견이 없다면 참여 의지가 작다는 것입니다. 피드백과 의견은 대부분 기대감을 수반합니다. 기대감이 적은 프로젝트는 작은 리액션과 함께 아쉬운 결과로 이어질 수 있고, 반대로 기대감이 가득 찬 프로젝트는 끊임없는 피드백과 함께 보다 큰 결과를 만들 수 있습니다.

여기서의 포인트는 함께 일하는 부서가 원하는 '진짜 니즈'를 알고 채워줘야 한다는 것입니다. 바로 '시너지'를 만드는 일이죠. 예를 들어 하나의 프로젝트를 마케팅 부서가 리드하고 있다고 해서 마케팅 성과로 간주될 수 있는 것에만 집중한다면 영업과 디자인, 운영 등 다른 부서가 원하는 것을 놓칠 수 있습니다. 그러면 그 부서의 적극적인 지원을 받지 못해 큰 프로젝트로 키워내기 어려울 수도 있습니다. 반대로 그들이 원하는 것을 이해하고 채우면서 프로젝트를 진행한다면 다양한 부서의 리소스를 모아 큰 결과를 만들 수 있습니다. 이를 위해 다른 부서 입장에서 프로젝트와 함께함으로써 얻을 수 있는 일의 효과를 계속 어필하고 일에 참여를 시켜야 합니다.

이해관계자의 숟가락이 많아질수록 프로젝트의 성공 가능성은 커집니다.

무기의 비밀

'일잘러'가 되는 버전업의 스킬

0 일의 시작은 〈일을 정의하는 것〉
일의 배경과 목적을 이해하고 누구를 위해, 무엇을 해야 하는지를 정리한다.

0.1 일의 초안은 〈기획자의 첫 그림〉
일의 방향성과 일정, 예산 등 일의 계획에 대한 첫 그림을 담는다.

0.5 일의 채움은 〈함께 초안을 채워가는 과정〉
이해관계자와 빠른 공유, 협의와 논의를 통해 일을 채워간다.

1.0 일의 확정은 〈숟가락 얹고 싶은 프로젝트로 키우는 것〉
이해관계자의 니즈를 이해하고 시너지를 만들며 일을 완성한다.

사람들의 이야기를 듣고 모아서,
일을 버전업하고 더 큰 성과를 만들어갈 거야.

처음 했던 그대로가 가장 좋아.
사람들의 이야기는 잘 모르는 잔소리일 뿐이야.

15

페어링
일의 짝을 무기로 활용하는 법

　살다 보면 연인 사이에도 친구 사이에도 잘 맞는 짝이 있지 않나요? 그런데 일에도 짝이 있다면요?

　짝이라는 말은 요즘 '페어링'이라고도 부르죠. 페어링은 블루투스 기기를 서로 연결해 주는 과정을 부르는 말로, 먹을 때 합이 맞는 짝을 매칭할 때 사용하는 등 두루두루 쓰입니다. 특히나 요즘 먹는 취향이 다변화되면서 음식의 페어링에 대해 많이 듣게 되죠. 맥주는 치킨 먹을 때, 소주는 삼겹살에, 레드와인은 육류를 먹을 때, 막걸리는 전을 먹을 때, 화이트와인은 해산물에. 마치 음식과 술의 잘 어울리는 조화를 찾듯이 일에도 페어링이 있다고 하면 어떤가요? 일의 페어링을 찾아가면 무기가 될 수 있습니다.

　일을 할 때 많은 사람들이 액션을 중요시하죠. 실행, 기획안, 아이디어 모두 '액션'의 범주입니다. 많은 경우에서 액션의 반대편에 있는 것을 잘 보지 못합니다. 반대편엔 어떤 것이 있을까요? 바로 '리액션'의 영역입니다. 이렇게 일의 티키타카라고 하는 '액션'과 '리액션'이 잘 어우러져야 일이 더 잘 나아갈 수 있습니다. 액션과 리액션은 더 나은 결과물을 만들기 위한 필수 과정입니다.

또 다른 일의 페어링으로는 뭐가 있을까요?

일을 할 때, 많이들 기획을 중요시하죠. 그런데 의외로 일의 끝맺음에 대해서는 놓치는 경우가 많습니다. 일의 시작은 기획이고, 일의 마지막은 끝맺음입니다. 프로젝트가 끝나고 나면, 일의 과정에서 배운 것(레슨런)을 정리하고 조직에 공유할 부분과 이후에 적용할 부분(인사이트)을 반드시 꺼내야 합니다. 이것이 바로 일의 시작과 끝의 페어링입니다. 일의 시작과 끝맺기를 잘 페어링해야 일이 하나로 완성될 수 있습니다.

무기가 될 수 있는 일의 페어링

알면 일할 때 무기가 될 수 있는 '일의 페어링'을 세 가지로 담아봅니다. 이 내용은 어느 산업군, 어느 직급과 직무에도 적용해 볼 수 있는 부분으로, 일로 싸워가는 데 좋은 무기가 될 수 있습니다. 그럼 하나씩 살펴볼까요?

(1) 액션 & 리액션

액션(action)과 리액션(reaction)의 본질은 두 개의 티키타카로 더 나은 결과물을 만드는 과정이라는 것입니다. 일은 가장 먼저 '일의 초안' 단계, 즉 하나의 가정이나 아이디어로부터 시작되죠. 보통은 이 단계에서 많은 분들이 가정과 아이디어를 꺼내 드는 것을 두려워합니다. 제안 내용이 보잘것없는 것으로 다가가진 않을까, 자칫 미완성처럼 비치지 않을까 싶어서가 대부분의 이유일 것입니다. 특히나 여러 부서, 여러 담당자와 함께 일을 할 때 한국 특유의 '눈치 문화'로 액션과 리액션을 누가 던지고 받아야 하는지조차 알기 어려울 때가 많죠. 이렇게 일이 나아가면 일이 모호하게 흘러갈 수 있습니다.

먼저 액션은 어떻게 해야 할까요? 액션의 주체, '액셔너'는 리액션을 받아들일 준비를 하고 가정 혹은 아이디어가 담긴 초안(draft)을 공유합니다. 이때 리액션을 하는 '리액셔너'로부터 받게 되는 피드백을 하나의 공격으로 여기고 방어적으로 대응하기보다는, 더 나은 방향성을 위한 메시지로 받아들여야 합니다. 그래야 아이디어가 다듬어지면서 더 나은 버전으로 나아갈 수 있습니다.

그럼 리액션은 어떻게 해야 할까요? 리액션의 주체, '리액셔너'는 '일의 본질'에 집중해서 피드백하는 것이 핵심입니다. 일의 본질이란 액셔너가 던지는 '의도'와 '메시지'를 말합니다. 자칫 리액셔너가 '평가자'가 되어 심사위원 놀이를 하거나, 액셔너와 정치적 수싸움을 벌이면서 본질과 다른 피드백에 집중하면 다음 단계로 잘 나아가기 어려울 수 있습니다. 액셔너의 메시지, 리액셔너의 행위가 서로 페어링이 잘되어야 일이 만들어질 수 있습니다.

"액션과 리액션은 더 나은 결과물을 만들기 위한 필수 과정입니다."

(2) 기획 & 결과

일을 할 때 회의를 하면서 앞뒤 없이 아이디어부터 꺼내는 사람을 현실에서 종종 마주하게 됩니다. 그런데 그건 공모전을 준비할 때 쓰는 방식이지, 프로의 세계에서는 그렇게 시작하면 안 됩니다. 가장 먼저 뭘, 왜 하는지부터 정의해야 합니다. 그런 다음 방향성을 먼저 세우고(기획), 그에 맞게 콘텐츠를 고민하여 채우고, 처음의 의도와 방향성에 맞게 되었는지 살피고 끝맺음(결과)까지 순차적으로 가야 합니다. 더러 막연한 아이디어로부터 시작해서 일의 시작과 끝이 채워지는 경우도 있습니다. 다만, 이것은 수없이 해봐서 다양한 경험과 인사이트가 누적된 '고수의 영역'이고, 일반적으로는 '기획-콘텐츠-결과'까지 연이어 연결하는 과정을 충분히 만들어갈 수 있어야 합니다.

"일의 시작과 끝맺기를 '페어링'해야 일이 하나로 완성됩니다."

(3) 레슨런 & 인사이트

하나의 프로젝트를 마치게 되면 보통 무엇을 하게 될까요? 마무리 단계에 랩업(wrap-up, 정리)의 시간을 가집니다. 이 과정에는 보통 프로젝트의 수치나 결과 이미지가 포함되는데, 여기에 꼭 담겨야 하는 것이 한 가지 있습니다. 바로 이 프로젝트를 통해 알게 된 것, '레슨런(lesson-learned)'이죠. 잘된 결과는 성과 어필을 위해, 잘 안 된 케이스는 원인 분석부터 이후 더 나은 방향 탐색을 위해 존재합니다. 이 레슨런으로부터 이후 비즈니스에 어떻게 적용할지, 회사에 어떻게 반영할지 잘 정제된 '인사이트(insight)'가 필요합니다. 특히나 인사이트는 한 줄로 요약할 수 있게 다듬고 정제될수록 빛을 발합니다. 어렵고 복잡한 인사이트는 적용하기도 힘들죠. 입에서 입으로 전해지면서 쉽게 인지될 수 있어야 합니다. 레슨런과 인사이트가 빠진 프로젝트는 어떻게 될까요? 그럼 다음 단계에서 이전과 비슷한 크기로 일이 진행되고, 같은 시행착오가 반복될 수 있습니다.

"레슨런과 인사이트가 빠진 프로젝트는 알맹이를 까지 않은 과실과도 같습니다."

일에도 짝이 있다

이렇게 일할 때 짝을 맞춰 활용하는 페어링을 담아보았습니다. 일이 너무 많고 바쁜 와중에 이것을 그렇게까지 중요시해야 하냐고요?

네, 그래야 합니다. 쉬운 현상일수록 깊이 있게 들여다보아야 본질이 보이고, 더 큰 결과를 만들어갈 수 있습니다. 페어링 없이 일이 맴돌다 보면 시간이 지나 결국 작은 일의 결과로 마치게 되는 것을 많이 보아왔습니다.

여기서 알게 된 중요한 관점을 담아 세 가지 일의 페어링, '(1)액션&리액션, (2)기획&결과, (3)레슨런&인사이트'라는 짝을 잊지 않고 가져가시길 바랍니다. 페어링을 무기로 하여 앞으로의 프로젝트를, 브랜드를, 채널을 맡아 키워 나아간다면 일을 더 단단하게 만들어갈 수 있을 것입니다.

무기의 비밀

리더로 누군가의 일을 케어할 때 TIP

직접 프로젝트를 이끄는 담당자가 아닌, 팀장이나 디렉터의 입장에서는 이 과정을 어떻게 함께 잘 만들어갈 수 있을까요? 이럴 때 제가 집중하는 한 가지가 있습니다. 저는 누군가의 일을 디렉팅할 때 아이디어를 판단하고 평가하지 않습니다. 아이디어는 주관적일 수 있고, 아직 다듬어지지 않은 원석일 수도 있습니다. 또 더러 취향을 따라가기도 합니다. 당장은 부족하더라도 그 아이디어로부터 다듬어 충분히 괜찮은 결과가 나올 수도 있습니다.

다만 기획(방향성의 설정)과 결과(목적의 달성)에 해당 아이디어(방향성과 목적 적합성)가 잘 맞는지를 살피고 각 단계가 잘 페어링될 수 있게 도움을 보태야 합니다. 때론 '질문'의 방식으로, 때론 다양한 '예시'를 활용하죠. 아이디어를 쏟아내는 담당자는 스포츠로 치면 슛을 넣는 슈터이고, 팀장이나 디렉터는 팀을 이끄는 주장이나 코치입니다. 대신 슛을 쏴주기보다는 슛을 더 잘 쏠 수 있게 해주는 역할에 집중을 해야 이길 가능성이 높아질 수 있습니다.

일의 페어링이 가장 중요하구나.
일할 때 시작과 끝맺음을 잘 만들어봐야지.

일의 시작을 정리하라고? 그냥 일단 하자.
일의 끝을 담으라고? 바빠서 할 시간이 없어.

16

플랫폼
레벨업시켜 주는 무기 사용법

예전에는 일의 스킬을 올릴 수 있는 무기들이 많지 않았습니다. 책, 신문, 잡지, 혹은 오프라인 강의 정도가 전부였죠. 그런데 요즘은 일을 레벨업시킬 수 있는 것들이 쏟아지는 시대입니다. 이걸 잘 활용해 일의 무기를 키우는 사람이 있고, 시간과 비용이 아깝다고 외면하거나 혹은 레벨업 무기의 존재 자체를 모르는 사람도 있습니다. 이 중에 필요한 것을 잘 찾아서 무기로 활용할 줄 알면 더 빠르게 성장할 수 있습니다.

이번에 소개해 드릴 레벨업의 무기는 바로 '플랫폼'입니다. 레벨업시켜 주는 플랫폼 소개와 함께 무기 사용법에 대해 담아봅니다.

브런치

글 쓰는 플랫폼의 양대 강자가 있습니다. 검색해서 특정 정보가 알고 싶을 때 많이 쓰는 '블로그'가 있다면, 저자들의 잘 정리된 지식과 인사이트를 만날 수 있는 '브런치'가 있습니다. 브런치에서는 디자이너, 개발자, CEO, 마케터 등 직무별 다양한 현직자 저자들과 바텐더, 바리스타, 번역가 등 다양한 직업별 전문가들까지 각자의 관점으로 담긴 이야기를 만나볼 수 있습니다. 블로그와 브런치, 둘의 차이는 뭘까요? 블로그가 '정보'를 쌓는 곳이라면 브런치는 '인사이트'를 얻는 곳이라는 점에서 다릅니다.

브런치만의 장점은 뭘까요? 브런치는 퍼스널 브랜딩, 개인의 평판과 연계되는 부분이기 때문에 글이 잘 정제되어 있습니다. 여기서는 광고글을 보기가 쉽지 않죠. 또 블로그는 아무나 가입만 하면 글을 쓸 수 있지만, 브런치는 승인된 저자들만 쓸 수 있기 때문에 어느 정도 검증된 글이 나올 수 있는 환경입니다. 또 브런치에 담긴 현직자들의 이야기가 책으로 나오고 베스트셀러에 오르는 등 출판의 등용문으로도 활용되고 있습니다.

브런치를 활용한 레벨업

브런치를 어떻게 잘 활용할 수 있을까요? 지금 하고 있는 일이나 관심 있는 직무가 있다면 관련 키워드를 검색합니다. 저자의 소개와 글을 몇 개 살펴본 후 도움 될 것 같으면 계정을 구독하고 꾸준히 글을 읽습니다. 블로그와 다르게 단편적인 글만 보기보다는 저자의 여러 글을 함께 보는 것이 전체 맥락을 이해하기 좋습니다. 브런치의 글들은 마케팅/커리어/IT/스타트업 등 카테고리별로도 잘 나뉘어 있기 때문에 특정 카테고리를 중심으로 필요한 글을 찾아 읽어도 많은 도움이 될 수 있습니다.

글을 읽는 사람이 있으면 다른 한편에서는 글을 쓰는 사람이 있죠. 브런치는 글을 쓰는 사람이 되기에도 가장 좋은 플랫폼입니다. 브런치 작가가 되고 싶다면 어떻게 해야 할까요? 먼저 누구인지, 어떤 주제로 어떤 글을 담을지 정리해서 제안 후에 승인을 받으면 글을 쓸 수 있습니다. 초반에 채널이 자리 잡을 때까지는 본인의 직무를 기반으로 읽는 이들에게 실질적으로 도움 되는 글을 쓰고, 구독자 100명이 넘어가는 시점부터는 조금씩 주제를 확장해 보는 것도 좋습니다. 글을 쓰면서 개인의 프로젝트를 정리해 보는 기회가 될 수도 있고, 또 글을 쓰면서 출판이나 강연, 세미나 등 제안을 받으며 다양한 기회로 연결될 수도 있습니다.

링크드인

인스타그램 VS 링크드인의 차이

인스타그램과 링크드인 모두 개인화된 채널과 브랜드 채널이 모두 있는 곳이라는 공통점이 있습니다. 다만 인스타그램이 이미지 중심의 라이프스타일 채널이라면, 링크드인은 메시지 중심의 비즈니스 채널에 가깝습니다. 브랜드의 고객과 소통하고, 브랜드의 다양한 철학과 메시지를 이미지 중심으로 보여주기에 인스타그램이 좋다면, 링크드인은 브랜드 관련 행사나 네트워킹에 특화되어 있습니다. 또는 긴 글을 담기에도 더 좋고, 인스타그램과 달리 링크도 쉽게 담을 수 있습니다. 요즘 점점 더 링크드인의 쓰임새가 많아지고 있으니 인스타그램과는 다른 성격으로 활용하시면 좋습니다.

링크드인을 활용한 레벨업

먼저 관심 있는 회사를 구독하고 채용 소식이나 주요 소식을 확인해 볼 수 있고, 또 그 기업에 다니는 사람들도 쉽게 확인해 볼 수 있습니다. 요즘은 비즈니스와 관련된 다양한 글도 점점 많아지고 있어서 글 쓰는 계정을 팔로우하고 보는 것도 도움이 될 수 있어요. 또 평소 링크드인상에서 관계를 잘 맺어놓으면 필요한 도움을 받을 수도 있어, 다른 소셜미디어와는 다른 효능을 누릴 수 있습니다. 더 나아가 커피챗 문화가 점점 활성화되고 있어서 좋은 기회가 된다면 필요한 상대를 만나볼 수도 있고요. 저 같은 경우에는 링크드인에서 '초인 마케팅랩'이라는 클럽을 운영하면서 도움 되는 정보를 공유하고, 마케터와 기획자가 교류하는 공간으로도 활용하고 있습니다. 덕분에 좋은 분들을 만나고 교류할 수 있는 기회를 만들 수 있었죠. 링크드인이라는 유용한 비즈니스 채널을 꼭 무기로 활용해 보시길 바랍니다.

코멘토

취업 또는 이직 준비생을 위한 플랫폼입니다. 취업을 준비하거나 혹은 새로운 직무를 탐색하고 싶을 때 그리고 이제 막 어떤 일을 맡아 처음 시작해 일을 더 잘 알고 싶을 때 요긴하게 활용하실 수 있습니다. '시작하는 사람들의 커리어 커뮤니티'를 지향하는 만큼 좀 더 신입사원에 포커스되어 있고 개발자나 마케터, 기획자, 디자이너, 인사 등 다양한 직무의 현직자들이 직접 소규모로 온라인 멘토링을 진행합니다. 여러 프로그램을 제공하고 있는데 그중 시그니처는 '직무부트캠프'로, 해당 직무에서 일하는 현직자가 실제 프로젝트에 기반해 만든 과제를 중심으로 진행됩니다. 취업준비생의 경우 이 과제를 잘 완성해 취업을 위한 포트폴리오로 활용하기도 합니다.

코멘토를 활용한 레벨업

'직무부트캠프'의 경우 멘토가 직무 기반으로 만든 과제를 약 4주에 걸쳐 완성하게 됩니다. 매주 잘 참여하고, 또 실무에서 필요한 이야기들을 잘 담아 간다면 취업이나 이직을 준비하는 입장에서 많은 것을 배워 갈 수 있습니다. 여기에 더해 온라인으로 진행하기 때문에 접근성이 어려운 사람도 유용하게 활용하실 수 있습니다.

코멘토 TIP

- 과제와 함께 직무에 대한 일을 체험해 보고 싶다면 추천
- 과제 없이 현직자의 직무 이야기만 듣고 싶다면 비추천
- 본 과정을 통해 만든 과제를 취업을 위한 포트폴리오로 활용할 수 있음
- 과정에 참여하게 되면 적극적인 질의응답으로 필요한 답을 얻어 가기를 추천

직무 VOD

요즘 다양한 클래스 플랫폼을 만나볼 수 있습니다. 여러 취미나 관심사 클래스들이 있는데 일과 관련된 직무 과정들도 많이 확인해 볼 수 있습니다. 〈클래스101〉, 〈탈잉〉, 〈패스트 캠퍼스〉, 〈휴넷〉 등에서 다양한 직무 클래스를 만나볼 수 있는데, 특히 VOD로 원하는 시간에 필요한 커리큘럼을 이용할 수 있습니다. 초반에는 코딩이나 디자인 등 기

술 중심의 과정이 많았다면 점점 마케팅이나 기획, PM 실무 등 다양한 유형의 직무 과정으로 확대하고 있습니다. 직무 과정을 잘 찾아서 활용한다면 빠르게 필요한 정보와 노하우를 습득하는 무기가 될 수 있습니다.

마케팅 VOD를 활용한 레벨업

클래스를 고를 때 먼저 관심 직무를 검색하거나 관련 카테고리에 들어가 몇 개의 과정을 탐색합니다. 그리고 클래스의 목차로 커리큘럼을 확인하고, 앞선 수강생의 후기를 확인하여 원하는 직무와 관련성을 체크해 본 후에 이용하기를 추천드립니다. 필요하실까 싶어 제가 준비한 마케팅 과정도 소개드립니다. 마케팅 입문 과정으로는 〈탈잉〉의 '마케터의 실제 현장 프로젝트'가 있고, 콘텐츠 마케팅을 키우고 싶다면 〈패스트 캠퍼스〉의 초인 마케팅 과정을, 콜라보와 미디어 전략이 필요하시면 〈가인지〉에서 저의 영상을 추천드립니다. 마케팅 커뮤니케이션을 키우고 싶다면 〈휴넷〉의 '브랜딩 커뮤니케이션 전략'을, 비즈니스 글쓰기를 키우고 싶으시면 〈클래스101〉에서 '무기가 되는 비즈니스 글쓰기'를 만나보실 수 있습니다.

멘토와 멘티를 잇는 무기

지금까지 성장하고 레벨업할 수 있는 플랫폼 활용법을 담아보았습니다. 이들 플랫폼의 성격은 조금씩 다르지만 결국 멘토와 멘티를 잇는 성장 채널이라는 공통점이 있습니다. 시간이 지날수록 요긴한 성장 플랫폼들이 앞으로도 더 계속 생겨날 것으로 생각합니다. 이 플랫폼을 무기로 활용해 일을 더 잘 알거나 배울 수 있고, 현직자와 소통의 과정을 통해 면접 준비나 포트폴리오까지도 준비할 수 있습니다. 또 누군가는 반대로 현직자의 입장에서 멘토로 도움을 주며 퍼스널 브랜딩을 만들 수 있는 기회가 있으니 놓치지 말고 잘 활용해 보시길 바랍니다. 앞서 소개드린 플랫폼은 모두 제가 참여하고 진행하면서 알게 된 요긴한 것들이니 기억해 두었다가 필요할 때 무기로 잘 만들어보시면 좋을 것 같습니다.

무기의 비밀

브런치 –   관심 있는 일이나 직무의 글을 보는 무기로 활용 〉 내 일의 글을 담는 무기로 활용

링크드인 –   관심 있는 회사의 정보를 얻고, 비즈니스 관계를 쌓는 무기로 활용

코멘토 –   취업이나 이직, 직무이동 등을 목적으로 직무를 체험해 보기 좋은 무기로 활용

직무 VOD –   궁금한 일이나 스킬에 대해 원하는 시간에 원하는 장소에서 배우는 무기로 활용

다양한 채널들을 구독하고 출퇴근 길에 봐야겠다.
이번에 콜라보해야 되는데,
강의 한번 들어볼까?

그거 다 돈 낭비야!
유튜브에 다 있는데 뭘 그런 걸 봐.
다 뻔한 이야기들이고만.

17

상사
윗사람을 무기로 활용하는 법

일을 하다 보면 누구나가 마주하는 것이 있습니다. 바로 '상사' 라는 존재죠. 사람들은 일할 때 보통 상사는 기피해야 할 대상으로 여 깁니다. 어렵고 불편하고, 때로는 실제로 힘들게 하기도 하죠. 그런데 상사의 역할을 이해하고 이를 활용하면 내 일의 완성도를 높여주고, 내 커리어를 빛나게 만들어줄 무기가 될 수도 있습니다. 여기서는 상사를 활용해 일을 잘 풀어가는 유용한 방법에 대해 담아봅니다. 특히나 회 사에서 윗사람과 어려움이 있는 분들이라면 이번 무기를 놓치지 마시 길 바랍니다.

상사를 잘 활용하는 것은 일을 잘 만드는 무기가 될 수 있다

어딘가에 속해 일하는 이들 중 대표가 아닌 모든 사람들에게는 상사가 존재합니다. 인턴부터 신입은 물론 중간관리자, 부서장, 사업부의 리더까지 모두 각자의 상사가 있죠. 포지션별로 입장은 조금씩 다르지만, 자신의 상사가 어렵고 조심스럽고 때론 불편한 것이 아마 모든 이들에게 같은 마음일 것입니다. 그런데 여기서 이 불편함을 '회피'로 가져갈 것인지, 나의 '리소스'로 활용하는지에 따라 일의 결과물이 달라집니다. 더 나아가 승진이나 인센티브, 커리어의 결과까지도 달라질 수 있습니다. 회피와 리소스, 당신은 어떤 길을 선택할 것인가요?

먼저 일은 기본적으로 쉬운 게 아니죠. 일은 본질적으로 힘든 겁니다. 그래서 그 일을 위해서 '나'라는 일하는 사람이 존재합니다. 그럼 상사의 존재 이유는 뭘까요? 나를 편하게 해주는 사람? 아닙니다. 바로 내가 일을 잘하게끔 하는 사람입니다. 그래서 일이 더 잘되게 하기 위해 독려를 하거나 때론 성과로 이어지게끔 일을 밀어붙이는 것은 상사의 의무 중의 하나죠. 선한 얼굴과 따뜻한 말로만 일관하며 일을 밀어붙이지 않고, 일이 잘못되어도 방치만 한다면 회사라는 곳에서 상사가 존재할 이유가 없습니다. 하지만 일을 하는 많은 이들이 상사라는 존재를 오직 컨펌을 위한 감시자의 존재로 받아들여 어려워하고 회피하려 합니다. 이렇게 되면 회사에서 가질 수 있는 강력한 무기를 놓치게 됩니다.

상사는 일을 더 잘되게 하기 위해 도움을 주는 사람이다

상사가 그 자리에 앉아있는 이유는 무엇일까요? 단순히 운이 좋아서일까요? 상사는 더 많은 업무 경험, 더 큰 인사이트를 가지고 더 큰 권한을 가진 경우가 많을 것이고, 이들의 존재 이유는 구성원들의 성과를 더 크게 만들어주기 위함입니다. (물론 현실세계의 모든 상사들이 전부 이상적인 모습을 하고 있지는 않지만요.) 상사가 가진 리소스를 나의 목적에 맞게 활용하면 일의 크기를 키우는 데 도움을 받고, 내부에 더 알려지도록 보태줄 수도 있습니다.

영화 〈스타워즈〉 혹은 드라마 〈오징어게임〉을 보셨나요? 〈스타워즈〉의 '요다'나 〈오징어게임〉에 나오는 '할아버지'처럼 주인공이 어려움에 빠졌을 때 조력자로부터 도움을 받아 성장하는 순간들을 많이 보게됩니다. 현실은 영화나 드라마 속 장면처럼 극적이지 않을 수 있지만, 상사를 내가 주인공인 드라마의 해피엔딩을 위한 조력자로 생각해 활용한다면 반드시 도움이 될 수 있을 것입니다.

상사를 빛내는 것은 나를 빛내는 것이다

자, 그럼 상사의 존재 이유에 대해서 알게 되었습니다. 이제 마냥 미운 존재만은 아닌 거 같죠? 그럼 상사와 나는 어떤 관계를 만들어가야 할까요? 친한 관계? 함께 자주 밥 먹고 이야기하는 관계? 그걸 넘어 좀 더 본질적인 이야기를 해보려 합니다.

'리더십'이라는 말이 피어오르던 시기가 있었습니다. 그런데 여기서 말하는 리더십은 리더만 빛나는 것이 아닙니다. 구성원의 일을 빛내고 성공을 만들면 그로부터 자연스럽게 리더가 빛나게 된다는 것이죠. 이제 이 시대의 리더는 구성원의 성공을 위해 함께 고민하고, 문제를 해결하고, 필요한 순간에 힘을 실어줘야 합니다.

그런데 리더십이라는 이름에 감춰져 잘 드러나지 않는 것이 하나 있습니다. 바로 '팔로워십'입니다. 액션이 있으면 리액션이 있고, 인풋이 있으면 아웃풋이 있는 것과 같이 리더십의 맞은편에 팔로워십이 자리 잡고 있습니다. 팔로워십의 본질은 뭘까요? 리더가 리더십을 발휘할 때 구성원은 반대로 본인의 일로 상사가 빛날 수 있게 방향성을 맞춰갑니다. 그리고 일의 결과로 상사의 상사로부터 상사가 더 인정받을 수 있게 한다면, 상사와 내가 함께 의미 있는 성과의 결과를 맞이할 수 있게 됩니다.

'내가 빛날 생각은 하지 않고 상사를 빛내기 위해 노력해야 한다고?' 반문할지도 모릅니다. 하지만 상사의 일에는 나의 일이 포함되어 있다는 것을 기억하는 게 좋겠습니다. 상사가 지금 시기에 집중하는 일과 관심사가 무엇인지, 앞으로 만들어가려는 것이 무엇이고, 상사의 상사에게 보여주고자 하는 것이 무엇인지를 정확하게 캐치하는 것이 중요합니다. 그리고 그 방향성에 맞춰 일을 한다면 상사와 본인 모두의 성과(achievement)와 인정(recognition)을 동시에 만들어낼 수 있을 것입니다.

상사와의 접점은 성공의 가능성을 높여준다

그 과정에서 필요한 건 뭘까요? 상사와의 접점을 잘 활용하는 것이 필요합니다. 일을 '0에서 1로 만들어가는 과정'이라고 해볼까요? 여기서 0.8에서 0.9까지 거의 완성을 시키고 이를 한 번에 공개하는 것보다 0.2, 0.4, 0.7 등의 과정에서 중간중간 짧게라도 공유하여 상사와 싱크(synchronization, 동기화)를 맞추는 것이 필요합니다. 이때 시기적절하게 질문을 해서 필요한 것을 얻고, 대화로 필요한 정보를 채우는 과정이 중요합니다.

질문을 많이 하고, 공유를 많이 한다고 싫어하는 상사는 많이 없을 것 같습니다. 있다면 나의 방식이 서툴렀거나, 어쩔 수 없는 빌런 상사이거나 둘 중 하나겠죠. 혹시나 하려는 질문이 바보 같아 보일까 봐 할까 말까 고민이 된다면, 바보 같은 결과를 만드는 것보다는 바보 같은 질문이 훨씬 낫다는 것을 기억하시면 좋겠습니다. 만약 공유나 질문 없이 구성원 자체적인 판단으로 일의 끝까지 만들고 나서 공유를 하면, 그 타이밍에는 이미 상사의 역할이 의미가 없어질 수 있습니다. 심지어 그게 잘못된 방향이라면, 이미 상사와 나의 싱크는 멀어지게 되는 거죠.

일을 더 단단하게 만들어주고, 회사의 방향에 맞게끔 잡아주는 조력자의 역할이 바로 상사의 일입니다. 조력자의 역할을 하지 못하게 만들어 상사의 일의 기회를 빼앗게 되면, 구성원은 일을 열심히 하고도 제대로 된 성과와 인정을 받지 못할 수도 있습니다. 상사와 일에 대하여 다음 두 가지를 꼭 기억해 주세요.

- 상사와의 접점을 활용해 질문하고 대화하여 정보를 얻고 방향을 맞추는 것
- 중간중간의 진행 상황을 공유하여 싱크를 맞추는 것

이렇게 두 가지부터 잘할 수 있다면 상사를 '내 일을 빛내주는 존재'로 만들 수 있습니다.

지금까지 상사를 무기로 활용하는 법에 대해 이야기했는데요. 이것을 똑똑하게 활용한다면 상사도 기꺼이 필요한 순간에 필요한 무기가 되어줄 수 있습니다. 반대로 이 무기를 활용하지 못하고 회피만 한다면 총으로 싸울 수 있는 것을 맨손으로 힘겹게 싸우게 될 수 있습니다. 그럼 힘 빠진 공격에 그치거나, 잘못된 방향으로 나아갈 수도 있겠죠? 상사라는 무기에 대해 기억하시고, 회사 안에서 나의 든든하고 강력한 무기로 만들어 가시길 바랍니다.

디즈니 마케터 초인의 탄생 비하인드

이번 무기는 특별한 의미가 있습니다. 이 '상사와 일'이라는 본질을 늦게야 깨달았기 때문이죠. 저의 이야기를 낯설어하실 분이 많을 것으로 생각합니다. 나를 이렇게 힘들게 하고 괴롭히는데, 상사가 어떻게 일의 무기로 활용될 수 있겠냐고 말입니다. 솔직히 저 역시 꽤 오랫동안 상사는 보고하기 위한, 때론 방패가 되기 위한 존재 정도로 생각을 해왔습니다. 그런데 그걸 바꾸게 된 것이 바로 디즈니에서였죠. 제가 디즈니에 갔을 때 처음 모신 상무님이 계셨습니다. 일을 할 때 접점이 많지는 않았지만 한 번씩 대화를 통해 많은 인사이트를 얻을 수 있었고, 그 인사이트를 업무에 적용하기 위해 많이 노력을 했죠. 그리고 성과로 기여할 수 있었습니다.

그런데 어느 날 그분께서 저를 다른 사업부에 보내게 됩니다. 방송 마케팅만 계속 해오던 저는 하루아침에 소비재사업부에서 IP라는 곳에 가서 마케팅하게 되었습니다. 낯선 순간이었습니다. 어떤 의미인지 알지 못했죠. 이 상황에 대해 누군가는 위로를 해주기도 했습니다. 마치 홀로 저 멀리 보내진 〈시그널〉처럼요. 그런데 얼마 되지 않아 그분이 제가 옮긴 IP사업부의 총괄로 오시게 되었습니다. 새로운 사업부에 옮겨 가시기 전에 저를 먼저 보내고, 이어서 함께 오셨던 거였죠. 저를 믿어주고 선택해 주심에 감사했고 상사에 대한 더 단단한 신뢰를 가질 수 있게 되었습니다.

그렇게 함께 새로운 산업군에서 리더로, 구성원으로 프로젝트를 하나씩 키우고 만들어갑니다. 제가 계속 이전에 하지 않았던 새로운 일을 벌이면 이것들을 과감하게 밀어주셨고, 저는 성과로 보은하며 사업부를 빛내며 그렇게 수년을 보냈습니다. 바로 그분이 현재 디즈니 코리아의 김소연 대표님입니다. 디즈니 마케터 초인을 만들어주신 가장 고마우신 분이죠. 그리고 그 과정에서 알게 되었습니다. 상사를 빛나게 만들어주는 것은 나를 빛나게 하는 것과 같다고요. 여러분도 상사와 여러분의 빛을 함께 빛낼 수 있게 좋은 무기 관계로 만들어가시기를 응원드립니다.

무기의 비밀

상사의 무기 사용 TIP

· 상사를 나의 강력한 리소스로 활용하여 일의 성과 높이기
· 상사를 ' + '로 만들어주는 일을 하여 나도 함께 빛나게 하기
· 상사와의 접점과 질문을 활용해 일의 완성도 높이기

상사가 나의 일을 빛내줄 수 있구나.
지금 어려운 부분을 내 의견과 함께
상의를 드려봐야지!

상사는 피하는 게 답!
왜 자꾸 이것저것 묻지?
내 일 하기 바쁜데, 본인이 알아서 하시지.

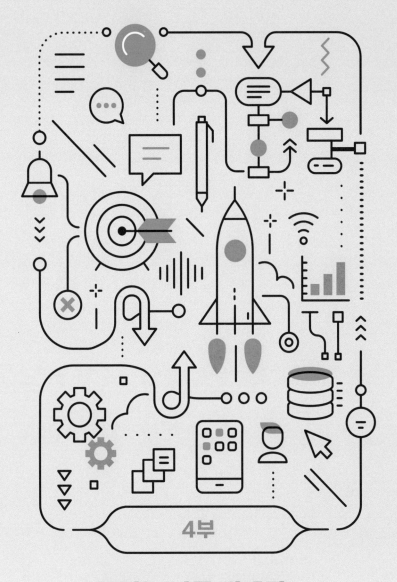

4부

무기는 나를 바꾼다 :
나의 무기를 어떻게 강화할까?

18

중독
나를 변화시키는 몰입의 무기

'중독'이라 하면 보통은 부정적인 말에 붙게 되죠. '도박', '술', '담배', '명품'까지. 그런데 여기에 좋은 단어를 붙이면 어떻게 될까요? '일' 중독, '운동' 중독, '재테크' 중독. 이렇게 보면 좋아 보이기도 하고, 약간은 과해 보이기도 합니다. 그런데 여기서 중독을 무기로 활용하면 어떻게 될까요?

중독이란 의미에서 긍정적인 부분만 들춰내면 '나를 변화시키는 몰입'으로 끌어낼 수 있습니다. 무언가에 푹 빠져서 빠른 기간 내에 배우고 성장해서 그 분야의 전문가가 될 수도 있죠. 한 달 만에 1~2년 레벨의 시간을 따라잡기는 어렵겠지만, 제대로 1년 바싹 몰입하면 느슨한 2~3년의 레벨은 뛰어넘을 수 있습니다.

사전에서는 중독이라는 말을 이렇게 정의하고 있습니다. "중독은 크게 유해 물질에 의한 신체 증상인 중독(intoxication)과 알코올, 약물

남용에 의한 정신적인 중독이 주로 문제 되는 중독(addiction)을 동시에 일컫는다." 이 말에서 보면 중독은 나의 의지가 아니라 강제적인 주입이고 끌림입니다. 그런데 여기에는 그 어떤 것에도 비견할 수 없는 강력한 흡입력이 담겨있습니다. 그리고 이런 생각을 하게 됩니다.

'중독이 나를 지배하는 것을 넘어, 내가 중독을 지배하면 어떻게 될까?'

'중독이 나를 끌어당기는 것이 아니라, 내가 중독을 끌어당길 수 있을까?'

'중독을 무기로 사용하면, 어떤 일이 일어날까?'

'중독은 나를 더 강하게 만들 수 있을까?'

인생을 살면서 저에게도 몇 가지 중독이 있었습니다. 그중 세 가지를 꺼내 어떻게 중독을 무기로 만들 수 있었는지, 어떤 변화를 만들 수 있었는지 담아봅니다.

콘텐츠 중독

저의 10대 시절을 되돌아보면 매일 만화를 보고, 게임에 빠져 지냈습니다. 친구랑 밖에서 어울려 놀기보다는 집에서 혼자 노는 방구석 덕후였죠. 하루 많을 때는 16시간을 넘게 만화와 게임과 함께했으니 혼자 노는 것을 넘어 콘텐츠 중독의 수준이었습니다. 그런데 여기서 특이한 것이 하나 있었습니다. 단순히 보는 것을 넘어 직접 무언가를 만들어보는 행동을 했던 것이죠. 중독자의 기현상이었습니다. 스토리에 담아 만화를 그리고, 보드게임을 만들어 친척 동생과 갖고 놀았습니다. 무언가를 볼 때 희열이 10이라면 직접 만들 때의 희열은 30, 그걸 갖고 놀 때의 희열은 100 그 이상이었습니다. 콘텐츠를 보고 즐기는 것을 넘어, 콘텐츠를 만들고 그 안에 들어가 놀기 시작했던 겁니다. 그렇게 만들어낸 콘텐츠의 독자들이 보내는 작은 반응에 희열을 느낄 수 있었습니다. 주로 친척 동생과 학교 친구 한두 명이 전부였는데도, 무언가를 만드는 것은 즐기는 것을 넘어선 또 다른 중독의 맛이었습니다.

시간이 지나 성인이 되었습니다. 대학교에 들어가서는 이전과 달라지기 시작했죠. 세상 밖으로 나가 사람들과 교류하기 시작했고, 사회의 자아를 조금씩 만들어갔어요. 이때 다양한 콘텐츠를 알고 말할 수 있는 이야기가 무기가 되었습니다. 어릴 적 봐온 수많은 영화와 만화가 대화의 중요한 소재가 될 수 있었거든요. 그러다 보니 이제는 혼자노는 시간보다 바깥에서 머무는 시간이 더 많아졌습니다. 저는 바깥현실세계에서 일어나는 에피소드를 만화로 그려 온라인 커뮤니티에올리기 시작합니다. 과거에 하루 십수 시간씩 빠져 지내던 콘텐츠를, 이제는 직접 창작하고 세상에 꺼내기 시작했습니다.

대학교 졸업 후 가게 된 첫 회사는 CJ ENM이었습니다. 한국의 대표적인 미디어 & 엔터테인먼트 회사로, 콘텐츠로 가장 잘 노는 곳이었죠. 그곳에서 영화와 예능, 드라마로 일을 하며 과거에 즐겨 보던 콘텐츠는 어느새 취미를 넘어 하나의 커리어가 되었습니다. 다음 향하게 된 곳은 월트디즈니컴퍼니 코리아였습니다. 이곳은 만화와 캐릭터가 뛰어노는 가장 대표적인 곳이죠. 어릴 때부터 콘텐츠에 빠져 만화적 상상력을 키워온 저로서는 미키부터 마블, 픽사와 프린세스까지 온갖 다양한 캐릭터를 꺼내 세상에 펼치는 것이 하나의 놀이였습니다. 때로는 팝업으로, 때로는 패션쇼로, 때로는 리빙페어로 다양한 방식으로 사람들과 만나게 할 수 있었습니다. 어린 시절의 덕질을 넘어 덕업일치가 되는 시간이었죠.

이렇게 콘텐츠 중독자는 콘텐츠를 커리어로 만들어갑니다. 어릴 적 콘텐츠 중독은 콘텐츠의 DNA를 심어주었죠. 이렇게 말할 수 있겠네요.

"콘텐츠는 나의 중독이었고, 이제는 나의 무기다."

중독을 무기로 만드는 TIP

나만의 생각으로 무언가를 상상하고 만드는 것, 세상과 그것을 섞어 키우는 것이 중독을 무기로 싸우는 비결입니다.

일 중독

디즈니에 합류하고, 디즈니의 IP로 제품을 만드는 소비재사업부에서 마케터로 일을 하게 되었습니다. 300개에 이르는 파트너사와 함께 패션, 가전, 홈, 액세서리, 출판 등 다양한 분야에 걸쳐 디즈니 캐릭터를 입힌 제품을 만들고 그것을 온/오프라인 채널과 브랜드 캠페인을 통해 마케팅하고 비즈니스를 키우는 일이었습니다. 워낙 일의 범위가 넓고 동시다발적인 커뮤니케이션이 많이 필요한 일이었고, 그 업무를 하는 사람은 저까지 세 명이었습니다. 그런데 갑작스레 두 사람이 나가게 되고 홀로 남겨지게 되었습니다. 그리고 인원 충원은 없었죠.

심지어 그 당시 전 세계적으로 주목을 받는 대작 〈겨울왕국 2〉의 개봉을 앞두고 있었습니다. 1천만 명이 넘는 관객을 모으고 디즈니 영화의 역사를 만들며 새로운 동력이 된 〈겨울왕국〉의 후속편답게 모두가 기대하고 있었습니다. 제가 속한 IP 사업부에게도 〈겨울왕국 2〉는 몇 년 만에 찾아온 커다란 비즈니스의 기회였습니다. 이 기회에 다양한 제품으로 소비재 시장을 장악하고, 모든 제품군을 〈겨울왕국〉으로 물들여야 했습니다. 본사에서도 엄청난 기대감과 푸쉬가 있었죠. 그런데 그런 중요한 캠페인의 마케팅을 '혼자' 하게 되었으니 대위기였습니다.

그때가 지나서 지금 하는 말이 있습니다. 위기 속에 기회가 있고, 위기 속에서 가장 크게 성장한다고. 어쩔 수 없이 혼자 프로젝트를 리드해야 했고, 눈앞에 놓인 사업부의 기회를 최대한 살려야 했습니다.

이왕 할 거 제대로 해보겠다고 뛰어들어 3개월에 걸쳐 캠페인을 기획하고 키우며 만들어나갔죠. 힘에 부치고 해야 할 일들이 정말 많았습니다. 다른 부서, 파트너사의 담당자분들과 협력해서 프로젝트를 점점 더 완성도 있게 만들어갔고, 이제껏 펼쳐보지 못한 큰 스케일의 캠페인으로 채워나갔습니다. 매일 새벽 1시, 2시까지 일을 하며, 꼭두새벽마다 연이어 열리는 팝업을 챙기면서 생기는 문제들을 해결해야 했습니다. 새벽마다 이곳저곳 통화를 하면서 문제를 해결하고 조율해야 했습니다. 그때는 이런 생각이 들었습니다. '왜 모두 다 나만 찾는 거지?' 이유는 간단했습니다. 이 초대형 프로젝트의 총괄 디렉터가 저였으니까요. 무거웠던 자리인 만큼, 일하는 시간과 몰입감도 점점 더 깊어져 갔습니다.

다행히도 많은 분들의 도움과 긴밀한 협업 속에 〈겨울왕국 2〉는 영화의 흥행과 더불어 소비재 제품까지 성공을 거두며 잘 마무리할 수 있었습니다. 꿈에서도 일을 하고, 눈을 뜨고 자기 전까지 온통 〈겨울왕국〉 생각으로 채우며 지냈던 몇 개월의 시간은 일 중독 그 자체였습니다. 매일 기획안을 만들고, 캠페인을 알리며 일을 벌이고, 온라인에서 캠페인을 꺼내고, 오프라인에 팝업과 매장을 꾸미며 그렇게 살았습니다. 이제껏 지내오면서 가장 힘겹게 일했던 시간이었지만, 한편으로 그 기간 동안 가장 빠르게 성장할 수 있었습니다. 그리고 이 프로젝트를 계기로 마케터에서 프로젝트를 총괄하는 역할로 진화하게 될 수 있었습니다.

이렇게 일의 중독은 일의 역량을 단기간에 끌어올려 주었습니다. 그 시간의 경험 이후에 다음 프로젝트도 좀 더 단단하고 탄탄하게 만들어갈 수 있었죠.

"일의 중독은, 일의 성장을 만든다."

중독을 무기로 만드는 TIP

커다란 일을 마주하고 있는 마케터분들께 이렇게 말씀드리고 싶습니다. 지금의 힘겨운 시간을 지나고, 이 큰 일을 해내면 더 강해져 있을 거라고, 더 단단해져 있을 거라고. 세상이 만들어준 힘들고 어려운 환경, 거기에 나의 강렬한 의지가 만나면 '일의 중독'은 '일의 성장'이 될 수 있습니다.

글쓰기 중독

여러분은 글쓰기를 좋아하시나요? 저는 태어나서 제대로 마음먹고 글을 써본 적은 없었습니다. 몇 달에 한 번씩, 생각날 때마다 브런치에 생각을 담는 것이 전부였죠. 그런데 어떤 계기가 찾아오게 됩니다. 글쓰는 채널이 하나 새로 생겨났는데, 그곳에서 정기적으로 짧은 글을 담아달라고 요청을 받은 거죠. 저는 작가도 아니고, 인플루언서도 아니었습니다. 글을 써달라뇨? 마케터로서, 마케팅과 관련된 이야기를 무엇이든 써달라는 요청이었고, 그것이 글 쓰는 첫 콜라보의 시작이었습니다. 하나의 약속이었죠. 처음엔 어색했죠. 무슨 이야기를 담아야 하나. 내가 이런 이야기를 담는 게 맞나. 그렇게 하나둘 어색한 글들을 쓰기 시작했고, 시간이 지나 조금씩 쌓이기 시작했습니다. 그렇게 글을 쓰고 있자니 또 다른 채널에서 찾아옵니다. 그렇게 저라는 마케터에게 글을 써달라고 찾는 기업과 채널들이 하나둘 늘기 시작합니다. 정신을 차려보니 1년 새 어느새 열 곳이 넘는 채널에 글을 담고 있었습니다.

저를 찾는 곳들에서 기대하는 소재는 '일'과 '마케팅'과 관련된 것이었습니다. 일을 잘하고 싶은 욕망, 성장해서 더 의미 있는 성과를 만들고 싶다는 바람은 일을 하는 모든 사람들의 같은 마음이기 때문이죠. 저는 일을 하고 세상을 바라보며 느낀 인사이트와 노하우를 꺼내기 시작했습니다. 그렇게 글을 담는 힘이 점점 강해지더니 저의 강력한 무기가 될 수 있었습니다. 그때부터 일의 성장을 돕는 글을 무기로 전하는 '마케터 초인'이 탄생할 수 있었습니다.

무기는 강력해야 합니다. 때론 어떤 무기는 아무나 다룰 수 있는 것이 아닐 수도 있습니다. 그런데 제대로 사용할 줄 알면 세상과 싸워 살아남을 수 있는 강력한 아이템이 되기도 하죠. 저는 세상에 일의 성장을 돕는 글의 무기를 던지기 시작했습니다. 쉽기보단 어렵게 담았고, 짧지 않고 길게 담았고, 때론 익숙하지 않은 낯선 소재를 꺼내 왔습니다. 그것도 자주요. 출근길에, 퇴근길에, 야밤에, 주말에. 졸면서 쓴 적도 있고, 술 마시고 쓴 적도 있었습니다. 조회수는 두 자리부터 수만까지 다양했죠. 많은 사람들이 이야기하던 기존 글쓰기 공식의 정석과는 다른 방식이었습니다. 그랬더니 어떤 일이 일어났을까요?

인사이트 무기를 욕망하는 사람들이 하나둘 글을 찾아주기 시작했습니다. 저의 성장 이야기는 많은 사람들을 대상으로 하는 쉽고, 따뜻하고, 아름다운 이야기가 아닐 수 있습니다. 성장을 위한 불편하고 진지한 이야기에 가깝죠. 하지만 글을 찾는 이들은 제가 던지는 무기로 또 다른 자신만의 무기를 만들어가고 있습니다. 그들은 자신들의 무기를 만들고 저에게 다시 전해줍니다. 그래서 그동안 꺼낸 이야기로 세상에 던지는 강력한 하나의 무기, 이 책《마케터의 무기들》이 세상에 나오게 됩니다.

글을 곳곳에 담았더니 세상과 닿을 수 있었습니다. 글은 저를 성장시켰고, 더 나아가 세상을 성장시킵니다.

"글의 중독은, 나의 세계를 키울 수 있다."

중독을 무기로 만드는 TIP

글쓰기를 시작해 생각을 담고, 정리하고, 표현해 보면 어떨까요? 처음엔 어색하고 낯설 수 있습니다. 그런데 그 힘이 점점 자라나 생각을 단단하게 만들고, 이제껏 만날 수 없었던 또 다른 기회들을 세상이 던져줄 것입니다.

중독은 모두의 무기가 될 수 있을까?

이렇게 세 가지 키워드를 통해 '중독'을 무기로 만드는 방법에 대해 담아보았습니다. 콘텐츠 중독, 일 중독, 글 중독까지 지나 어떤 변화들이 있었을까요?

콘텐츠 중독, 일과 커리어의 무기가 되었습니다.
일 중독, 짧은 기간 성장을 끌어올릴 수 있었습니다.
글 중독, 나의 세계를 만들고 세상과 만날 수 있었습니다.

중독의 대상은 저의 시간과 관심을 앗아 갔고, 저는 그 안에 들어가 중독을 나의 무기로 만들 수 있었습니다. 여러분도 중독을 무기로 만들어보시면 어떨까요?

중독을 저 멀리 둘지, 내 무기로 만들어 나의 세계와 함께 키워낼지는 선택입니다. 만약 과거의 나를 마주한다면 저는 이렇게 말하고 싶습니다. 기꺼이 중독의 순간을 받아들이고, 더 깊이 들어가도 된다고. 다만 그 과정이 녹록지 않을 것이라고. 굉장히 많은 에너지가 들어갈 것이라고. 적지 않은 시간이 소요될 것이라고. 때로는 뭔가를 포기하고 달콤한 유혹들을 물리쳐야 한다고.

그렇지만 중독의 시간 끝에 놀라운 결과를 만날 수 있습니다. 중독을 무기로 잘 사용하면 앞으로의 미래를 더 거대하게 만들어줄 것입니다. 모쪼록 중독을 무기로 새로운 세계를 키워내 그 이야기를 언젠가 세상에 꺼내 들려주시길 바랍니다. 중독자의 무기는 서로 연결되어 있고, 그 세계는 서로 만나 더 큰 힘이 될 수 있습니다. 기다리겠습니다. 여러분의 이야기를요.

무기의 비밀

중독을 무기로 만들기 위해 생각해 볼 질문들

· 중독을 무기로 싸워가고 싶은가요?

· 어느 것에 중독되어 세상에 휘두르고 싶은가요?

· 그걸 세상에 휘둘러서 어떤 변화를 만들고 싶은가요?

· 그 변화로 인해 자신의 세계를 어떻게 만들고 싶은가요?

"중독은 성장을 위한 몰입이다.

중독은 변화를 만든다."

이번 프로젝트는 콘텐츠 중독인 나한테 딱이네!
밤낮없이 일해서 한 달 안에
최고의 성과로 만들어보자!

그냥 적당히 일하자.
집에서는 넷플릭스나 보면서
누워있는 게 최고지!

19

단순함 × 복잡함
문제를 해결하는 강력한 무기

일을 하다 보면 누구나가 마주하는 것이 있습니다. 바로 '일의 문제'에 부딪히게 되죠. 이것은 특별한 현상이 아니라 신입사원부터 팀 리더, 조직장까지 모두가 똑같습니다. 기본적으로 '문제'를 풀어가고, 해결해 가는 과정이 바로 '일'이기 때문이죠.

어떤 문제를 마주했을 때 이를 해결하기 위해 무엇이 필요할까요? 먼저 문제를 풀기 위해 사람이 필요하고, 사람과 사람이 모여 논의를 하고, 해결 방안을 찾아갑니다. 문제를 해결하는 과정에서 커뮤니케이션과 문제 접근 방식, 문제를 풀어가는 실질적인 방법에서 개개인의 역량과 실력이 가늠이 되고, 이 문제 해결 능력에 따라 더 높은 직급이 주어지고 더 유능한 사람으로 인정받게 됩니다.

문제를 잘 해결하는 것은 곧 일을 잘하는 것과 같습니다.

문제 해결의 무기 사용법

지금까지 일을 하며 수많은 사람들을 보게 되고, 여러 문제를 마주해 왔습니다. 그 과정에서 문제를 해결하는 사람들의 방식을 지켜보았고, 제가 직접 해결한 적도 있었습니다. 그러면서 알게 된 문제 해결 노하우에 대해 말씀드리겠습니다. 이 방식은 실제로 제가 사용해 온 방식이기도 하고, 실무 레벨부터 리더까지 모든 사람이 문제 해결에 적용할 수 있는 유용한 방식입니다. 잘 기억해 두었다가 현실에 적용해 보시길 바랍니다.

(1) 문제를 정의하기 : 이해관계 파악

문제가 생겼을 때 가장 먼저 뭘 해야 할까요? 답부터 최대한 빠르게 찾아야 할까요? 그럴 수도 없을뿐더러, 무엇보다 문제가 무엇인지 정의하는 게 우선되어야 합니다. 현재 어떤 상황이고, 어디서부터 꼬이게 되었는지, 핵심 문제가 무엇인지를 파악하는 과정이죠. 문제에 대한 정확한 파악과 정의 없이 해결책을 찾으려 한다면 오히려 혼선에 빠질 수 있습니다. 문제를 정의할 수 없다면 문제를 해결할 수 없습니다.

현실에서 일어날 수 있는 하나의 예시를 들어보겠습니다. 속해있는 부서(예로 마케팅팀)와 함께 일하고 있는 부서(예로 영업팀) 간에 일의 역할이 겹치는 영역이 있다고 해볼까요? 양 팀의 누가 뭘 해야 하는지 명확히 정리되어 있지 않아 일이 제대로 나아가질 않습니다. 이 상황에서 양 부서의 역할을 정리해 발생한 문제를 해결해야 합니다. 즉시 팀 구성원들의 의견을 모으고 가장 다수의 주장을 모아 다른 부서에 해결책을 제안해 볼 수도 있겠죠. 그런데 그 과정은 상대 부서의 입장이 고려되지 않은 솔루션이기 때문에 자칫 상대 부서의 반발심을 낳고, 양 팀이 갈등의 단계로 가게 될 수도 있습니다. 그럼 어떻게 해야 할까요?

문제를 정의하기 위해 먼저 '이해와 탐색의 과정'이 필요합니다. 이제껏 양 부서에서 해왔던 일의 영역을 파악합니다. 구성원들 각각 그 일을 어떻게 해왔는지, 누가 많이 해왔는지를 검토하고 나서 그 과정에서 어려움이 뭐였고, 상대 부서와의 모호한 부분이 무엇인지를 파악하는 과정이 필요하죠. 그 이유는 실제로 일을 하는 담당자와 어려움을 풀어가야 할 책임자가 대개 나뉘어져 있기 때문입니다. 여기에 더해 상대 부서의 입장을 충분히 듣고 이해하는 과정까지 더해지면 좋습니다. 문제를 풀어가면서 이 단계를 빠뜨리는 경우가 많습니다. 여기서 또 주의해야 할 것은 이렇게 소통하는 과정에서 선을 긋고 바로 일을 나누기 시작하기보다는, 문제를 해결하기 위한 이해의 과정임을 분명히 밝히고 이야기를 풀어가는 것이 좋다는 것입니다.

(2) 문제를 단순하게 만들기 : 핵심 탐색

이렇게 문제를 정의하고 난 후에는 어떤 걸 해야 할까요? 다음으로 현상을 단순하게 만듭니다.

- 이 일은 꼭 필요한 일인가?
- 이 일은 누구를 위해 존재하는가?
- 이 일이 정리되면 누구에게 가장 의미가 있는가?
- 우리 부서와 상대 부서의 핵심 역할은 무엇일까?

그리고 나서 방향성을 잡고 문제 해결의 판단 기준으로 삼습니다. 앞서 부서 간 역할 갈등을 겪는 예시로 다시 가볼까요? 먼저 질문을 던지면서 핵심을 찾아가며 문제를 단순하게 만들어봅니다. 두 부서에서 다 원하지 않거나 꼭 필요치 않은 일이라면 조정하는 것보다 최소화하거나 없애는 방향으로 접근을 하는 것이 좋습니다. 하지만 일이 필요하다면 누구를 위해 존재하는지, 누구에게 플러스가 될 수 있는 부분인지 판단하고 더 필요로 하는 곳으로 역할을 보내면 됩니다. 이렇게 핵심을 파악하고 나면 관련 구성원들을 설득하고 커뮤니케이션하는 과정을 더 매끄럽게 나아갈 수 있습니다.

이번에는 더 어려운 상황으로, 중복되는 업무를 두 부서 모두 주도하기를 원하지 않는다고 해볼까요? 이럴 땐 양 부서의 핵심 역할에 대해 정의해 봅니다. 마케팅의 영역, 영업의 영역을 회사 내에서 부서의 존재 이유로 접근해 보는 거죠. 부서의 존재 이유가 그 일에 가깝다면 때론 약간의 손해를 보더라도 해야 할 수도 있고, 이와 반대라면 논쟁의 과정을 거쳐서라도 설득하고 그 일을 정리하고 상대 쪽에 보내주어야 합니다. 두 개의 부서 위에는 회사라는 큰 단위가 있기 때문에 정리의 기준점을 회사로 만들면 좀 더 문제를 풀기 좋습니다.

이렇게 문제를 단순하게 하면 더 명확한 기준으로 의사결정을 할 수 있고, 또 부서 간의 협의 과정에서 비즈니스의 본질에 가까운 판단을 내릴 수 있습니다. 이렇게 결정하고 정리하고 나면 때로는 단기적으로 약간 손해 보는 거래로 보일 수 있지만, 장기적으로는 더 플러스가 될 수 있습니다.

(3) 문제를 복잡하게 만들기 : 시행착오 대비

이렇게 문제를 정의한 후에 단순하게 하여 1차 판단을 했습니다. 그럼 다음은 어떻게 나아가야 할까요? 실제로 일의 변화를 적용하는 상황으로 넘어갑니다. 실행의 영역이죠. 이때 실제로 실행단에 일어날 모든 것들을 상상하고 가정합니다. 즉, 변화의 과정에서 생겨날 혼란을 최소화하고 현실화하기 위한 단계입니다.

- 이 일의 역할을 어디부터 어디까지 나누어야 할까?
- 이 일을 나누고 나서 언제부터 적용해야 할까?
- 이 일을 나누는 과정에서 누가 주도를 해야 할까?
- 이 일을 나누고 나서 어떻게 루틴을 만들어야 할까?
- 이 일을 나누는 과정에서 발생하는 문제는 무엇일까?
- 이 일을 나누고 나서 누구에게 가장 많이 업무가 가중될까?
- 이 일을 나누고 나서 어떤 방식으로 공표해야 할까?

가능한 한 많은 질문에 대한 답을 내려보면 좋습니다. 다시 예시로 돌아가 두 부서 간 혼재된 일을 정리하는 케이스로 가보겠습니다. 앞서 단순화한 질문을 기준으로 문제 해결의 핵심을 파악하고, 마케팅이 주도하는 것으로 방향성을 잡았습니다. 그에 따라 일을 보내든 받든, 혹은 함께 나누기로 했든, 현실화 과정에서 시행착오를 최소화하고 문제 없이 나아가는 것이 필요합니다. 이렇게 문제를 복잡하게 해보는 것은 다양한 시나리오를 통해 생겨날 수 있는 모든 변수를 미리 파악하고 하나씩 대비하여 조정해 가는 과정입니다.

모든 시나리오와 가능성이 그려져 변화의 과정을 구체적으로 미리 떠올릴 수 있다면, 그 변화의 과정을 보다 매끄럽게 진행할 수 있습니다. 실제로 변화를 만들어가는 양 부서의 구성원들이 보다 명확한 기준으로 혹시라도 생길 일의 잡음과 버퍼링(buffering, 지연 또는 지체)을 최소화할 수 있습니다. 이렇게까지 구체적으로 가정해야 할까 싶으시죠? 하지만 번거롭고 귀찮아하지 마시기 바랍니다. 이 과정에서 구체적으로 자세히 대비할수록 더 명확하고 빠르게 문제 해결을 마무리할 수 있다는 걸 기억하세요.

단순함과 복잡함의 무기

정리해 보면, 먼저 문제를 해결하기 이전에 이를 객관적으로 파악해서 정의하며 시작합니다. 그다음 문제를 단순하게 만들어 핵심을 파악합니다. 그리고 문제 해결의 방향성을 잡고 나서, 다음 과정을 복잡하게 펼쳐내 일어날 수 있는 모든 시나리오를 그려보고 빠르게 진행해 갑니다.

1. 문제를 정의하여 현상을 파악하기
2. 문제를 단순하게 만들어 솔루션 찾기
3. 문제를 복잡하게 만들어 해결 방안 만들기

여기에 담긴 '문제를 단순하게 만드는 것' 그리고 '문제를 복잡하게 만드는 것' 이 두 가지 스킬은 어떤 문제에도 활용할 수 있습니다. 프로젝트를 기획하고, 새로운 일을 벌이는 과정에서 발생하는 대부분의 문제를 해결해 가는 데 도움이 될 수 있습니다. 이 과정에서 다음 사항들을 주의해야 합니다.

- 문제를 정의하지도 않았는데 해결책을 내려 하는 것
- 문제 해결에 접근할 때부터 복잡하게 접근하는 것
- 문제 해결의 방향성을 잡고 나서 단순하게 접근하는 것

일을 잘하고 싶은 것은 모두가 가진 바람입니다. 그런데 이러한 문제 해결을 위한 무기 없이 의지와 열정만으로는 시행착오를 겪고 멀리

돌아가게 됩니다. 먼저 일을 정의하고, 단순화하고, 복잡하게 해야 합니다. 이렇게 문제를 푸는 유용한 무기를 내 것으로 만들어 앞으로 마주할 다양한 문제들을 잘 해결하는 데 활용하시길 바랍니다.

단순함과 복잡함이라는 무기, 어떠신가요? 새로운 무기가 하나 더 생긴 것을 축하드립니다.

무기의 비밀

일을 하면서 사람들이 가장 스트레스를 받는 것 중 하나가 바로 문제를 해결하는 과정입니다. 여기서 서로의 입장이 부딪치고, 풀어가는 과정이 매끄럽지 못하다면 누군가는 크게 다칠 수도 있죠. 그래서 단순함과 복잡함을 무기로 사용한다는 것은 서로의 감정을 지키기 위해 필요한 부분이기도 합니다.

먼저 단순하게 문제의 핵심을 바라보고,
다음 복잡하게 대비해서 문제를 해결해 보자.

됐고! 나는 절대 물러날 수 없어.
저기가 죽든 내가 죽든, 끝까지 한번 가보자고.

20

밸런스
단단함을 만드는 무기

일로 싸우기 위해 가장 먼저 뭘 해야 할까요? 먼저 자신의 캐릭터, 성향, 스타일에 맞는 무기를 찾아야 합니다. 무기를 찾아 키워야 하죠. 그럼 뭐가 무기가 될 수 있을까요? 자기계발서에서 많이 볼 수 있는 '끈기, 열정, 노력' 등은 무기로 보기 어렵습니다. 마치 살아가는 방식에 있어서 '착하게 살아야 한다'처럼 당연히 어디에서나 필요한 것이기 때문이죠. 아이디어가 좋다는 점도 무기라고 하기엔 애매할 수 있습니다. 아이디어라는 것은 주관적일 수 있고, 상대적일 수 있는 개념이거든요.

무기로 싸워 일에서 이기는 법을 전해드리는 과정에서 많이 듣게 되는 질문이 있습니다. "저는 뭘 잘하는지 모르겠어요" 또는 "뭘 무기로 해야 할지 고르기 어려워요" 같은 것입니다. 일로 싸우기 위해 어떤 무기로 나를 만들어야 할까요?

여기서 이런 고민이 드실 거예요.

"나를 어떻게 만들어가야 할지 모르겠어요."

"마케터는 하나의 캐릭터가 되어야 한다는데, 그럼 어떤 캐릭터가 되어야 하나요?"

이런 고민에 도움을 드리고자 이번 글에서는 저라는 마케터를 만들어간 무기 하나를 꺼내보려 합니다. 보고 나면 '이게 진짜 무기라고?' '이걸로 싸운다고?' 싶을 수도 있습니다. 무기는 특별한 곳에 있는 게 아니라 바로 우리 일상에, 내 안에 있으니까요. 저의 이야기를 통해 자기만의 무기를 찾고 발견하고 키워가는 데 도움이 되셨으면 합니다.

술에 술 탄 듯, 물에 물 탄 듯한 마케터

일을 처음 시작할 때로 가볼까요? 사회 초년생의 저라는 마케터는 색깔이 진한 타입의 마케터는 아니었습니다. 고유의 캐릭터가 강한, 소위 센 유형은 아니었던 것 같아요. 엄청난 아이디어를 쏟아내는 크리에이터도, 여기저기 다양한 네트워크를 가진 마당발도, 회사 내부적으로 다양한 관계를 잘 만들어가는 유형의 정치가도 아니었죠. 게임처럼 각각의 능력치를 최대 10으로 봤을 때 9를 넘기는 것은 하나도 없었던 것 같습니다. 누군가로부터 이런 말도 들었었어요. 저를 보면 술에 술 탄 듯, 물에 물 탄 듯하다고요. 당시 팀에는 개성 넘치고 의견이 뚜렷한 마케터들이 많았습니다. 그 안에 있는 저는 흐릿한 캐릭터처럼 보였나 봐요. 그렇게 뭐 하나 강렬한 건 없었지만 다행히도 5~6 아래로 내려가는 건 딱히 없었던 것 같습니다. 특별히 내세울 건 없지만 기획력, 카피력, 협상력, 운영업무 등 전반적으로 크게 빠지지는 않는 테두리의 범주였던 것 같습니다.

시작은 '존재감'보다 '밸런스'

한마디로 저는 존재감이 강한 마케터는 아니었어요. 떠올려 보면 캐릭터가 강한 누군가가 같은 말을 하면 그 순간 먹히는 것이, 제가 말하면 다들 듣고 가만히 생각하는 분위기가 있었던 것 같습니다. (제 화법이 생각을 유도하는 무기 스타일이었던 것도 같습니다.) 달리 말하면 '색깔이 진하지 않다는 것'(=강하지 않은 존재감)이 저라는 마케터의 캐릭터 특징이었던 것 같아요. 그런데 한편으로는 그 안에 좋은 말로 '밸런스'(=여러 분야의 균형감)가 함께 있었던 것 같습니다. 그렇다 보니 기본 업무 외 다른 영역을 곧잘 맡게 됩니다. 대학생 마케터 그룹을 운영하거나, 막내 인턴을 맡아 일을 시키거나, 사람과 관련된 업무들을 맡아 무난하게 잘해나갔습니다. 인사팀에서 왔으니까 사람 보는 업무를 잘하겠지 하는 부분도 조금은 있었던 것 같습니다. 어떤 말로는 날카로운 '공격력'보다는 안정적인 '방어력'이 더 강점이었고, 한편으로는 공격력이 강한 마케터들 사이에 감춰져 크게 부각되지는 않는 부분이 있었습니다. 이것이 사회 초년생의 '초인'이라는 마케터였습니다.

여러분은 일하는 여러분의 어떤 캐릭터가 떠오르시나요?

다른 사람들은 여러분을 어떻게 생각하나요?

'밸런싱'을 키워 만든 '존재감'

그렇게 처음에는 존재감이 크지 않았습니다. 보통 수비수는 공격수보다 잘 눈에 띄지 않고, 화려하고 저돌적인 언변에 대비해 생각을 유도하는 화법은 잘 드러나지 않죠. 그런데 시간이 지나 커리어가 쌓일수록 중요성이 커지는 하나의 영역이 생깁니다. 바로 '밸런싱'이라는 것이요. 하나의 콘텐츠를 맡던 마케터에서 연차가 쌓여 프로젝트를 리드하는 '프로젝트 매니저'로서 역할이 확장합니다. 동시에 여러 프로젝트를 진행하고 다양한 에이전시(대행사)와 함께 일하면서 조정자(coordinator)의 역할을 하게 됩니다. 여기서 '일의 밸런싱'은 무기가 됩니다.

프로젝트를 총괄하는 디렉터는 온전히 A부터 Z까지 다 맡아서 하지 않습니다. 그것을 잘하는 파트너사와 함께 협업을 하고, 프로젝트가 더 잘되게끔 조율하고 리드하는 역할을 하게 되죠. 그 과정에서 이전에 쌓아온 밸런싱이 프로젝트를 만드는 과정에 시너지를 만들며 PM(project manager)으로서 성장할 수 있었습니다. 이렇게 밸런싱을 무기로 조금씩 저의 존재감을 키워갈 수 있었습니다.

'일'의 밸런싱에서 '조직'의 밸런싱으로

시간이 지나 저는 마케팅 전체를 총괄하는 마케팅 디렉터가 됩니다. 이제는 사람을 채용하고, 일을 키우고 만들면서 프로젝트 매니징을 하는 분들을 디렉팅하는 역할로 확장을 하게 됩니다. 이 일은 하나의 일을 잘하는 것 이상으로 조직과 시스템을 구축하는 일이 더 중요합니다. 여기서 초년생 시절 마케터 그룹을 운영했던 경험과 인사팀 일을 하며 쌓은 경험들이 조직의 밸런싱으로 이어집니다. 일을 하다가 에너지나 시선이 어느 하나에만 쏠리게 되면 자칫 거기에 갇혀 '일의 언밸런싱'이 되기도 하고, 하나의 사람에만 집중을 하게 되면 '사람의 언밸런싱'이 펼쳐집니다. 이 부분은 모든 리더가 조심해야 할 부분입니다. 저에게는 밸런싱이라는 무기가 본부를 구성하고 구성원들과 함께 나아가는 데 유용하게 활용이 됩니다. 마케터 주니어 때 술에 술 탄 듯, 물에 물 탄 듯한 마케터가 만들어온 밸런싱이 어느새 강력한 무기가 된 거죠.

밸런싱이 무슨 무기냐 싶을 수도 있을 것 같습니다. 누군가에게는 낯선 이야기일 수 있을 것 같아요. 그런데 누군가 디렉터로서 가장 큰 유용한 무기가 뭐냐고 묻는다면 저는 밸런싱이라고 이야기하고 싶습니다. 밸런싱을 무기로 마케팅 조직을 만들고, 외부와 내부를 조율하고, 일의 성과를 만들 수 있었다고 말입니다. 사수와 부사수, 파트장과 파트원, 팀장부터 본부장까지, 더 나아가 대표까지, 누군가와 함께 일을 하시는 모든 분들께 꼭 추천드리고 싶은 무기입니다. 그리고 이 무기는 시간이 지나 일의 크기가 커질수록, 일의 범위가 넓어질수록 더 빛을 발하는 강력한 무기가 될 수 있다고 말씀드리고 싶습니다.

밸런싱을 무기로 싸웁니다

그럼 밸런싱을 더 단단하게 만들어가는 방법은 뭘까요?

밸런싱을 무기로 키우는 세 가지 방법
- 자신의 밸런싱을 정확히 파악하기
- 부족한 부분을 인지하고 더 나은 방향으로 탐색하기
- 피드백을 받아들이고 반영하여 채우기

모든 것을 다 골고루 키우기 위해 애쓰는 것보다 먼저 해야 할 것이 자신의 밸런싱을 정확하게 파악하는 것입니다. 전략, 인력 운영, 예산, 외부 네트워크, 내부 협업, 일정 관리, 팀 빌딩 등 리더로서 필요한 영역 전반에 걸쳐 빠짐없이 가고 있는지 먼저 들여다보는 거죠. 그 과정에서 부족한 부분을 인지하고, 더 나은 방향으로 탐색을 고민하는 것.
그리고 누군가의 피드백을 놓치지 않고 받아들이고 반영하여 채우는
것. 이것이 더 나은 밸런싱을 만들어가는 방법이라고 생각합니다.

무기의 비밀

이렇게 커리어에 걸쳐 쌓아온 '밸런싱'이라는 무기에 대해 꺼내봤습니다. 마지막으로 밸런싱을 무기로 키우기 위해 다음 질문에 대한 대답을 해보시고, 앞으로 더 밸런싱을 무기로 만드는 데 도움이 되시길 바랍니다.

· 나의 가장 특출난 영역과 부족한 영역은 어떤 것인가요?
· 나의 밸런싱이라는 무기는 어떤 모양을 하고 있나요?
· 나는 내 밸런싱에서 부족한 부분을 알고, 앞으로 더 키울 준비가 되어 있나요?

많은 것 중에 내가 보완이 필요한 부분이 뭘까?
어떻게 보완할 수 있지?

잘하는 것만 잘하면 돼.
남들이 이야기하는 사소한 부분은
신경 쓰지 말자.

21

철학
나를 만드는 생각의 무기

🚀　세상에 싸워 살아남는 다양한 무기들을 소개해 드렸습니다. 글쓰기를 무기로, 취향을 무기로, 상사를 무기로, 중독을 무기로 다양한 것들을 꺼내왔는데 이번에는 또 하나의 강력한 무기를 하나 담아볼까 합니다. 이 무기는 낯설 수 있습니다. 하지만 잘 마주하고 활용하면 그 누구보다 단단한 내면을 가질 수 있는 힘이 됩니다. 이것은 어떤 무기일까요? 이 무기는 '초인'이라는 저의 세계를 만들고 키워준 무기입니다.

사람은 저마다 머릿속 회로가 다를 것 같습니다. 누군가는 숫자로 이뤄져 있고, 누구는 감성으로 가득하죠. 저의 머릿속은 뭘로 그려져 있을까요? 저의 생각 회로는 '철학'으로 채워져 있습니다. 대학교 때 우연히 니체의 책을 보게 되었습니다. 처음 보았을 때 낯설었지만 그 안의 이야기가 맴돌았고, 시간이 지날수록 니체의 철학은 점점 저의 머릿속에 채워지게 되었죠. 니체 철학에서는 가장 이상적인 인간상으로 '위버멘쉬'를 이야기합니다. '위버멘쉬'는 나를 뛰어넘은 자, 나를 더 나은 나로 만들려고 하는 자로 '초인'이라는 말로 담습니다. 이 말에 매료되어 저는 '위버멘쉬'를 타투로 몸에 새기고, '초인'을 저의 또 다른 자아로 만들기로 합니다.

초인과 슈퍼맨

그때가 2015년이었을까요? 회사에서 팔에, 그것도 잘 보이는 곳에 타투를 한 사람이 많지는 않았습니다. 제가 기억하기로는 회사에서 아는 사람 중에서는 제가 최초였습니다. 처음에는 민망함에 긴소매 셔츠를 입고 다니며 애써 드러내지 않으려 했는데, 어느 순간 그냥 내려놓고 드러내게 되었죠. 저를 만난 많은 사람들은 제게 물었습니다. 팔에 새겨진 글씨가 어떤 의미냐고요. 진지한 자리에서는 뜻을 밝혔고, 가벼운 자리에서는 독일어로 '슈퍼맨'이라고 하며 웃어 넘기고는 했습니다. 그것이 초인의 시작이었습니다. 이야기를 꺼낼 때마다 다시금 니체의 메시지를 새길 수 있었고, 제게는 점점 더 초인이라는 아이덴티티가 새겨지기 시작했습니다. 이렇게 저를 만들어준 생각의 무기로 '철학'이 자리 잡고 있습니다. 그렇게 철학은 저를 브랜드로 만드는 아이덴티티의 무기가 되어주었습니다.

사실 어떤 글에서도 이런 이야기를 꺼내본 적은 없습니다. '철학'이라는 단어를 담자마자 벌써 관심도가 떨어지고, 그런 내용을 쓴 글이라면 조회수가 낮아질 것이 보이기 때문이죠. 그리고 철학을 내면의 무기로 활용하는 이야기를 흥미롭게 담는 것도 쉽지 않습니다. 그런데 어느 누군가에게는 철학이 강력한 무기가 될 수도 있기 때문에 처음으로 제 안에 있는 '철학'이라는 무기를 꺼내봅니다.

초인과 예언자

저는 니체 철학의 신봉자입니다. 제가 생각하고 경험하고 느낀 것들을 글로 세상에 전해서 도움을 드리는 이유와 배경도 니체의 책, 《짜라투스트라는 이렇게 말했다》를 인상 깊게 봤기 때문이죠. 그 책에서는 짜라투스트라라는 예언자가 세상 사람을 향해 외치죠. 세상의 진실을요. 많은 이야기가 불편한 진실입니다. 누가 듣는지는 모르겠지만 그는 계속 외칩니다. 누군가는 들을 테고, 누군가는 외면할 테죠. 저는 읽으면서 생각했습니다. '짜라투스트라가 무슨 말을 하는지 정확히 잘 모르겠어. 낯설어. 그런데 뭔가 강렬해. 저 사람은 왜 저 이야기를 저렇게 주야장천 외치는 거지? 멈추지 않고?' 어느새 보니 제가 글을 쓰며 세상에 '무기'라는 메시지를 던지고 있었고, 그 글로부터 반응하는 이들이 나타나기 시작했습니다. 저 역시도 때로는 불편한 진실에 대해 많이 담았죠. 그리고 과거보다는 앞으로 다가올 미래를 이야기합니다. 저는 저도 모르는 사이에 니체의 글에 나오는 인물의 모습을 닮으려 하고 있었습니다.

초인과 어린아이

니체 철학의 핵심은 '어린아이'와 '영원회귀'입니다. 어린아이를 먼저 쉽게 말씀드릴게요. 누군가 짜놓은 그림 속에서 살아가는 '낙타', 그리고 그 낙타를 지배하는 '사자'가 있습니다. 그리고 그 사자를 뛰어넘는 존재가 바로 '어린아이'입니다. 어린아이는 상상을 하고, 자신의 생각과 욕망에 순수한 존재죠. 그리고 더 나은 세상을 만들어가고 변화시키는 존재입니다. 여기서 저는 낙타와 사자가 지배하는 세상에서 어린아이가 되기로 합니다. 그다음, '영원회귀'는 뭘까요? 지금 살고 있는 모습, 지금 살아가는 그 순간을 다음 생애에 똑같이, 동일하게 살아도 괜찮을지에 대한 질문입니다. 많은 사람들은 그렇게 살아가고 있지 않다고 하죠. 그럼 다음 질문은 이렇습니다. 그렇다면 왜 동일하게 반복해서 살아도 좋을 순간으로 지금 살아가지 않느냐고. 이 두 가지 개념은 저에게 신선한 충격이었습니다.

그래서 어린아이의 꿈을 꾸기로 합니다. 후회하지 않도록 하고 싶은 것들을 시도해 나갑니다. 여담이지만 '마케터 초인' 이전에 만들었다가 사라진 부캐가 수도 없이 많았습니다. 베트남 문화를 다루는 유튜버가 되기도 했고, 취미 부자를 테마로 하는 유튜버, 부동산 업데이트를 전하는 팟캐스트, 혼자 밥 먹는 남자를 그리는 웹툰까지 많은 시도가 있었고, 이들 모두 존재감 하나 없이 말끔하게 다 사라졌죠. 누군가는 조롱을 했습니다. 맨날 해도 잘 안 된다고. 회사에서는 대놓고 놀리는 이들도 있었죠. 하지만 해왔던 모든 것들에 후회는 없었습니다. 저는 어린아이가 되기로 했거든요. 하고 싶은 것에 충실하기로요. 그리고 이 순간을 다시 살아도 후회 없게 해보고 실패했기 때문에 아무런 미련이 없습니다.

초인의 대화법

그러다 탄생한 것이 글 쓰는 마케터 초인이었습니다. 니체로 시작해 글을 쓰고, 세상에 나를 꺼내준 이름이 '초인'이었다니, 신기할 따름입니다. 여기서 전해드리고 싶은 말은, 할까 말까 망설이는 것을 왜 하지 않는지에 대한 질문입니다. 생을 마감하여 잠들기 직전, 가장 아쉬운 순간이 바로 지금 하지 않았던 그거라면 어떨까요? 후회 없이 해보고 싶은 것을 해보시길 바랍니다. 철학으로 무장한 생각의 무기는 저를 저의 의지대로 끌고 가줄 수 있었고, 어려운 결정도 선뜻 할 수 있게 해주었습니다.

시골 군인이 미디어 회사에 가겠다고? 국내파가 외국계 회사에 간다고? 십수 년 미디어 산업에 있다가 하루아침에 F&B 산업으로 가겠다고? 마케터가 부동산 책을 쓰겠다고? 노티드를 디즈니처럼 만들어보겠다고? 본부장 그만두고 무기를 만들기 위해 떠나겠다고? 저는 살아가면서 이 모든 세상의 질문에 마주했을 때, 저의 생각의 무기와 충분한 대화를 나누면서 앞으로 나아갈 수 있었습니다. 마치 소크라테스가 끊임없이 누군가와 대화를 이어가며 몰랐던 것을 하나씩 알게 해주는 과정처럼요. 철학은 나의 가장 좋은 대화법을 만들어줍니다.

어린아이가 되어 영원회귀 속으로 들어가 내 마음속 간절히 바라는 것을 할 때는 이왕 해볼 거 빠르고, 작게 시작해 보시는 것을 추천드립니다. 하던 모든 일들을 멈추고, 일상의 모든 것을 내걸고 할 필요는 없습니다. 일상의 여분을 모으고 쪼개서 약간의 시간과 에너지를 가지고 도전해 보세요. 다만 조금 더 진지하게 내면의 목소리에 귀 기울여 해보시길 바라고, 그 결과를 실패든 성공이든 온전히 마주하시기 바랍니다. 실패하면 어떻습니까? 죽을 때 후회하지 않게 지금 해보는 것, 그것만으로도 해야 할 이유는 충분하지 않을까요?

할까 말까 망설이다가 여전히 내면에 품고 있는 것, 그건 어떤 것인가요? 어린아이처럼 꺼내서 영원히 지나도 후회하지 않을 실행을 저질러 보시기를 권해드립니다.

철학, 삶의 변화를 만드는 시작의 힘

저에게 철학은 '나를 만드는 생각의 무기'입니다. 생각이기 때문에 겉으로 드러나진 않습니다. 이 무기는 여러모로 쓸모 있습니다. 먼저 쉽게 카피되지 않습니다. 한번 단단하게 만들어놓으면 오래갑니다. 유행을 타거나 소모되거나 변화하지 않습니다. 철학은 삶을 대하는 태도이기도 하니까요.

철학에 정답은 없습니다. 누군가는 어린아이를 추구하지만, 누군가에게는 사자가 동경의 대상이기도 하고, 누군가는 낙타의 삶을 좋아할 수도 있습니다. 중요한 것은 그것들을 '내가 선택한 삶인지 아닌 것인지' 마주하는 것입니다. 그것이 철저하게 아니라면 바꿀 수도 있다는 생각부터 만들어야 합니다.

그렇게 삶의 변화를 만드는 시작의 힘에는 철학이 있습니다. 어렵고, 낯설고, 복잡한 것이 철학이 아닙니다. 내 생각을 만들고, 내 인생의 태도를 만들어주는 것, 그것이 철학입니다. 철학이 무기라니요, 이 낯선 말의 의미가 조금은 전달이 될 수 있길 바라보며, 내면에 철학 한 스푼 담아보시는 건 어떨까요? 꽉 찬 미래를 만들어줄 생각의 무기, 바로 철학입니다.

나를 만드는 생각의 무기는 뭘까?
나는 심리학을 좋아하지! 이걸 좀 더 파볼까?

세상 가장 쓸데없는 게 뭔지 알아?
철학 같은 거. 그런 거 다 말장난 아니야?

22

비주류
나만의 차별화로 오래 살아남는 비결

여러분은 주류인가요, 비주류인가요?

여기, 큰 배와 낡은 보트배가 있습니다. 큰 배에 타고 있는 사람들이 있습니다. 그 안에 여러 무리가 보이죠. 그리고 낡은 보트배에 타고 있는 사람이 있습니다. 그 배는 한 명만 타고 있는 보트입니다. 지금 여러분은 어디에 타고 계신가요? 앞으로 어디에 타고 바다의 항해를 나아가실 건가요?

이번에는 주류와 비주류에 대해 담아보려 합니다. 그중에 특히 세상에 감춰진 '비주류'에 대한 이야기를 낱낱이 꺼내보려 합니다. 누군가의 머리를 뒤흔들어 놓을 수 있고, 누군가에게는 불편할 수 있는 이야기일지도 모르죠. 만약 주류에 있다면 계속 이어갈 수 있는 기회를, 비주류라면 판을 뒤엎거나 단단하게 만들 기회를 찾고자 합니다.

주류 VS 비주류

　주류와 비주류가 뭘까요? 주류는 사람 관계, 맡고 있는 역할, 운 등 복합적인 요인으로 자신의 세계에서 빛을 받고 있는 자입니다. 비주류는 이와 다르게 빛이 아닌 다른 어딘가에 존재하는 자입니다. 세상에는 주류와 비주류가 함께 존재합니다. 대학교, 모임, 회사, 친척, 가족, 친구 그룹까지도 어디에나 주류와 비주류는 존재하고 구분됩니다. 사람은 구별 짓기를 하는 사회적 존재이기 때문이죠. 말을 대놓고 하지 않아도 모두가 느낄 수 있습니다. 이렇게만 보면 주류가 좋은 것, 비주류가 안 좋은 것처럼 느껴질 수 있습니다. 그럼 정말 주류가 좋고, 비주류가 나쁜 걸까요?

　마케터의 여정으로 가보겠습니다. 과거, 초인이라는 마케터는 어땠을까요? 모든 커리어 생애에 걸쳐 비주류로 살아왔습니다. 그 어느 때도 '절정'을 달려본 적도, 한순간도 '모두'에게 인정을 받은 적이 없었습니다. 그럼 실패한 마케터이고 망한 커리어였을까요? 말을 바꿔보면, 절정을 달려본 적은 없지만 꿋꿋이 커리어의 길을 하나하나 걸어왔고, 동시에 누군가에게는 '지지'를, 누군가에게는 '공격'을 받는 복합적인 존재였습니다. 왜였을까요? 애초부터 모두에게 마음을 얻는 것이 불가능하다는 것을 깨닫고는 아예 저만의 노선을 정하고 가기 시작했기 때문입니다. 저는 할 말을 하는 캐릭터가 되기로 합니다. 그 말은 누군가의 불편함을 안고 가겠다는 의미이기도 했죠. 안티의 마음을 되돌리기 위한 정치적 행위를 할 시간에 더 나은 일의 결과물을 위해 달렸죠. 달콤한 말만 내뱉는 캐릭터가 되기 어렵다는 것을 알았기에, 진실을 말하고 일의 결과에 집중하기 시작한 겁니다.

처음부터 그랬던 것은 아니었습니다. 그런데 일이라는 것은 하다 보면 모든 사람들에게 사랑받는 것이 본질적으로 어렵다는 것을 알게 되었습니다. 선택은 두 가지였습니다. 사랑받는 존재가 되기 위해 노력을 쏟거나, 그 시간에 일에 집중하거나. 제 선택은 후자였고, 비주류 노선으로 가게 되었죠. 다른 한편으로 초인이라는 마케터의 아이덴티티가 만들어지는 순간이기도 했습니다. 실제 현실세계에서는 어땠을까요? 신기한 일들이 일어납니다. 일을 추진할 때나 아이디어를 밀어붙일 때, 부족함에도 항상 지지해 주는 세력이 존재하게 됩니다. 동시에 열심히 일해 성과를 만드는 순간에도 언제나 깎아내리는 세력이 존재합니다. 이렇게 전 커리어에 걸쳐 초인이라는 마케터에게는 항상 두 가지의 상반된 세력이 공존했습니다.

그런데 여기서 하나의 현상을 발견합니다. 부정적 평을 내리는 이들은 언제나 주류에 존재하는 이들이었다는 것입니다. 그들에게는 저라는 캐릭터가 공격하기 좋은 존재였던 거죠. 쉽게 말해 먹잇감이었습니다. 왜일까요? 저라는 비주류의 마케터는 기존의 것이 아닌 새로운 무언가에 집중하고 있었기 때문이죠. 계속 새로운 것을 시도하고 실패하는 실험처럼 보였을 수도 있고요. 주류가 주류의 자리를 유지하기 위해 쓰는 스킬이 있습니다. 누군가를 깎아내림으로써 자신을 돋보이는 스킬을 사용하곤 하죠. 그리고 그 대상이 비주류에 있던 저였던 거죠. 일의 결과물로 정치적 공격을 막아왔고 그렇게 그림자, 언더그라운드에서 주류 밑에 감춰진 비주류의 마케터로 십수 년을 살아왔습니다.

그런데 시간이 지나면서 신기한 변화가 나타납니다. 주류라는 자리에 있던 누군가가 어느새 다른 누군가로 바뀌어 있었습니다. 과거의 주류에 있던 이들은 하나둘 사라진 채 보이지 않는 세상의 어딘가로 가는 것을 목격하게 됩니다. 과거의 주류가 현재의 비주류로 넘어오게 된 거죠. 이렇게 주류가 시간이 지나 비주류가 되는 것은 흔히 볼 수 있는 익숙한 풍경입니다. 주류의 본질을 들여다보면 '주류'라는 자리가 변치 않는 것이지, 그 자리를 차지하고 있는 이들이 영원히 그 자리를 차지할 순 없습니다. 반대로 비주류는 정해진 자리가 없기 때문에, '자신의 본질'을 유지한 채 버티며 나아갈 힘을 가질 수 있습니다. 실제로 주위에서 봐오던 비주류였던 이들은 새로운 영역을 개척하고 시행착오의 반복을 거듭하며 자신의 세계를 단단하게 구축하며 나아가고 있습니다.

어떤가요? 주류와 비주류의 모습들이. 이것은 기존에 알던 대로 주류는 좋은 것, 비주류는 나쁜 것에 반하는 현상이죠. 주류는 주류의 포지션을 지키기 위한 행위를 하고, 비주류는 기존의 영역을 바꾸거나 새로움을 키우는 행위를 합니다. 다시 묻겠습니다. 주류는 좋은 것이고, 비주류는 나쁜 것일까요? 좋고 나쁨은 없는 것 같습니다. 주류는 지키는 것, 비주류는 바꾸는 것이라고 표현하는 게 더 적절할 듯합니다.

비주류의 생존법

그렇다면 제가 비주류로 살아남을 수 있었던 비결은 뭐였을까요? 어떻게 비주류 마케터는 커리어를 만들고 성장해 갈 수 있었을까요? 비주류의 길을 가고 있는 분들께 도움이 될 수 있는 비주류의 생존법을 다음 세 가지로 정리해 보겠습니다.

(1) 농부의 성실성 + 새로운 영역을 더하다

디즈니 코리아의 최초 공식 팝업스토어는 뭘까요? 바로 '에브리데이 푸' 캠페인으로부터 시작된 '꿀하우스'입니다. 최초로 자체 팝업을 시도해 이태원의 어느 골목길에 4만 명이 넘는 사람들을 모아 이색적인 시도를 인정받을 수 있었고, 그 결과 디즈니 글로벌 어워드를 수상하게 되죠. 또 글로벌에서 아무도 시도하지 않던 디즈니 빌런 캠페인을 한국에서 선제적으로 시도합니다. 그 결과 빌런의 비즈니스가 계속해서 커나갑니다. 미키와 친구들 캠페인을 하는데 글로벌 국가 중에 한국만 다른 비주얼과 아트워크, 다른 테마로 진행을 하죠. 이 캠페인은 파트너사와 함께 진행한 이벤트에서 가장 많은 고객 참여를 만들어 낼 수 있었습니다. 때로는 디즈니가 리빙페어에 나가고, 때로는 미키를 테마로 패션쇼를 하고, 때로는 마블의 브랜드로 초대형 건물에 레이저를 쏘기도 합니다. 이 모든 것들은 한 비주류의 디즈니 마케터, 초인이 시도했던 일들입니다.

물론 모든 시도가 빅히트였던 것은 아니었죠. 때론 아쉬운 결과와 함께 의미만을 만들 때도 있었고, 때론 놀라운 결과를 만들어내기도 했습니다. 그 과정에서 모내기를 하고 수확을 하며 해를 반복하는 농부처럼 조금씩 확장해 나갔습니다. 모두가 이전에 존재하지 않던 방식이었죠. 그 기간 동안 속했던 디즈니 소비재사업부의 마케팅이라는 일은 캐릭터를 제품화하는 것에서 고객의 라이프스타일을 만드는 것으로 확장해 나아갈 수 있었습니다. '농부의 성실성'을 더해 계속 새로운 것들을 시도하면서 이러한 변화를 만들어낼 수 있었죠. 시간이 지나고 나니 디즈니에서 개인의 고유한 영역을 가진 마케터로 커리어를 쌓을 수 있었습니다. 비주류가 살아남기 위해서는 기존 영역을 지키는 것이 아니라 새로운 영역을 계속해서 만들어내야 합니다. 그러지 않으면 죽게 됩니다.

(2) 바깥세상에 나를 던지다

이렇게 비주류로 커리어를 만들며 치열하게 살아남은 과정을 통해 알게 된 인사이트를 담아 글 쓰는 마케터 초인이 탄생했습니다. 성장에 도움이 되는 일과 인사이트의 이야기를 글로 담아 세상에 전하고 있습니다. 그런데 그 이야기가 쉽고, 감동적이고, 편안한 이야기는 아닙니다. 때론 메시지가 불편하고, 낯설 수 있습니다. 기존에 해왔던 이야기를 하지 않으니까요. 그런데 비주류 고유의 시선과 관점이 있습니다. 그러자 비주류 마케터의 인사이트를 발견하고 지지하는 이들이 하나둘 생겨나기 시작합니다. 그리고 비주류 마케터는 바깥세상에서 점점 고유의 존재감을 가진 마케터로 성장해 가게 됩니다. 이렇게 비주류는 본업과 일의 영역을 넘어선 존재감을 만들어내고 키우기도 합니다. 비주류가 살아남기 위해서는 세상과 차별화되는 또 다른 나를 상상하고 만들어가야 합니다. 그리고 세상에 꺼내야 합니다. 그러지 않으면 죽게 됩니다.

(3) 나만의 무기로 싸우다

마지막으로 비주류가 살아남을 수 있었던 비결은 뭘까요? 비주류만이 가질 수 있는 고유의 무기로 싸울 수 있었던 것이 포인트입니다. 그 무기는 뭐였을까요? 세상의 현상 밑바닥을 바라보는 고유의 시각과 그걸 글로 담아내는 것들이 무기가 될 수 있었습니다. 그렇게 '관점'을 만들 수 있었고, 글을 쓸 수 있었고, 마케팅의 본업에서도 스토리텔링을 만들고, 마케팅 캠페인을 기획하고, 네이밍과 카피를 만들어냅니다. 이렇듯 글과 관점은 초인이라는 마케터의 무기가 될 수 있었습니다.

여러분 각자가 품을 수 있는 무기의 종류는 주관식처럼 무궁무진하지만 뭐가 되었든 본인만의 무기 하나는 반드시 품고 있어야 합니다.

특히 저와 같은 비주류에 있다면요. 지금 이 순간에도 제가 인사이트를 탐색하며 끊임없이 세상의 무기를 찾고 연구하는 이유이기도 합니다. 저는 죽을 때까지 변화를 찾아다니는 비주류가 될 거 같거든요. 언젠가는 지키려 하는 주류가 될 수도 있겠죠. 다음 시대에는 또 다른 무기가 필요할지 모릅니다. 이렇게 비주류가 살아남기 위해서는 자신만의 무기가 필요합니다. 그렇지 않으면 죽게 됩니다.

빛의 주류 VS 어둠의 비주류?

다시 맨 처음 이야기로 가볼까요? 주류와 비주류는 어떤 모습을 하고 있을까요? 큰 배에 타는 사람들이 있습니다. 화려하고 그럴싸해 보입니다. 그런데 그 배의 주인이 계속 바뀝니다. 주류에 있는 자들은 영원히 그곳에 머무는 것이 아니라 잠시 주류라는 배에 타고 있는 사람들입니다. 반대로 낡은 보트배에 타는 사람이 있습니다. 작고 낡고 느려 보이기도 하죠. 그런데 그 배는 꾸준히 어디론가 계속 나아갑니다. 그리고 그 배에 머뭅니다. 그 배의 주인이기 때문에, 온전히 자신의 배에 타고 있죠. 비주류에 있는 자들은 배에 머물며 자기의 그림을 그립니다. 언젠가 주류의 자리로 가게 될 수도 있고, 자신의 영역에서 단단한 존재감을 만들 수도 있습니다. 이것이 초인이 바라본 주류와 비주류의 본질입니다.

주류와 비주류가 싸우는 법

이 이야기를 하는 이유는 뭘까요? 세상의 빛이 주류고, 어둠이 비주류라는 인식을 깨고 주류와 비주류의 의미를 다시 생각하고자 함입니다. 지금 각자 놓인 위치를 떠올려 볼까요? 주류에 있다면 그 자리를 지속하기 위해, 비주류에 있다면 자신의 정체성을 구축해 세상에서 살아남기 위해 각자의 위치에서 어떻게 나아가야 할까요?

주류라면 지금의 그 자리에 취해있지 말고 자신만의 고유의 영역을 만들어 구축해 가시길 바랍니다. 주류의 자리에 있다고 주류의 본질을 외면해서는 안 됩니다. 지금의 자리는 언젠가 사라질 수 있습니다. 비주류를 깎아내림으로써 자신을 빛내는 행위를 멀리하시기 바랍니다. 깎아내리는 뾰족한 날은 본인을 향해 그대로 돌아올 것입니다. 비주류라면 비교의 함정에 빠져 작은 자존감으로 스스로를 정의하지 마시기 바랍니다. 그리고 무기를 만들고, 새로운 영역을 만들어 단단함을 키워가시길 바랍니다. 무기 없이 싸운다면 주류의 먹잇감이 될 수도 있고, 자신만의 무기가 만들어진다면 나만의 영역을 구축하여 싸워나갈 수 있을 것입니다.

무기의 비밀

　　주류와 비주류, 세상은 둘 다 필요로 합니다. 세상을 키우는 것은 주류이고, 세상을 바꾸는 것은 비주류이기 때문이죠. 주류와 비주류를 나눠 어느 한 곳에만 녹아드는 것보다 가장 이상적인 것은 두 가지를 동시에 갖는 것입니다. 두 영역을 모두 넘나드는 거죠. 주류는 고유성을 가진 포지션을 갖춰야 하고, 비주류는 주류를 뛰어넘는 무언가를 품고 싸워가야 합니다. 이것이 비주류로 일생을 살아오면서 새로운 영역, 새로운 세계를 만들어오며 살아남은 저의 메시지입니다. 함께 살아남기 위해 제가 드리는 메시지가 여러분에게 도움이 되었기를 바라봅니다.

지금 주류와 비주류, 어디에 서있나요?
어느 길을 바라보고, 어디를 향해 가려 하나요?

주류의 영역은 세상을 키우고, 비주류의 영역은 세상을 바꿉니다.
주류와 비주류의 무기를 동시에 갖는 것이 가장 좋습니다.

어떻게 지금 있는 곳에서
나만의 차별화된 영역을 만들 수 있을까?

주류는 좋은 것, 비주류는 나쁜 것!
비주류를 피해 다니자!

23

빌런
빌런을 무기로 활용하는 법

회사 생활을 하다 보면 일의 과정에서 여러 빌런을 만나게 됩니다. 그 모수가 아주 많지는 않습니다. 대다수의 사람들은 친절하죠. 그러나 어쩌다 마주하는 한 명의 빌런은 잊을 수 없는 강렬한 기억을 선사합니다. 저도 그랬고 이 시대에 일을 하는 많은 이들이 회사에서 만나는 빌런으로 힘들어하고 괴로워하죠. 그런데 그거 아시나요? 그 빌런은 자신의 세계에서는 스스로가 정의를 구현하는 주인공이고, 그 누구보다 열심히 하는 사람인 것을. 나를 괴롭게 하는 빌런의 머릿속을 들여다보면 동의할 수 없는 정의감을 보고 나서 더욱 괴로우실 수도 있습니다.

저에게도 일을 할 때 만난 기억나는 몇몇의 빌런이 있습니다. 한 명, 한 명이 강렬했죠. 누군가는 신입사원으로 입사하자마자 회사를 떠날 고민을 하게 만들 정도였고, 누군가는 비상식적으로 일의 정보를 꼭꼭 숨겨서 국정원이 아닐까 진지하게 생각해 볼 정도였고요. 또 누군가는 제가 하는 잘되는 일을 모두 가져가려 하고, 험담의 끝을 달리며 감정적인 괴로움을 안겨주는 이도 있었습니다. 이야기를 풀자면 끝도 없지만, 그 빌런 모두는 각자 자신이 세상의 정의였을 것으로 생각합니다.

과거의 빌런들과 마주하기

그런데 그렇게 나를 괴롭고 힘들게 했던 빌런으로 그들을 기억하고 부정적으로만 남겨놓고 마무리 짓는다면 그야말로 가장 좋지 않은 기억이 됩니다. 그럼 어떻게 해야 할까요? 빌런과 함께했던 기억을 꺼내고 마주해서 무기로 활용해야 합니다. 물론 쉽지 않습니다. 끔찍했던 순간들을 떠올리며 그려보는 것 자체가 누군가에게는 고통의 반복 재생과도 같을 수 있으니까요. 하지만 그럴수록 더 꺼내서 직시해야 합니다. 그리고 기억에서 감정을 빼내야 합니다. 마치 치료를 위해서는 고통이 뒤따르는 수술이 필요한 것처럼요.

그럼 그 아픈 과정에서 무얼 해야 할까요? 빌런들이 했던 행동과 말들, 나를 정치적으로 감정적으로 힘들게 했던 순간들을 안 좋은 샘플로 삼아 나 자신은 절대 그렇게 되지 않겠다고 강한 다짐을 하는 것이죠. 빌런을 마주하고 나쁜 경험을 갖고 나서 생기는 가장 무서운 것이 뭘까요? 그건 빌런의 모습이 어느새 나의 몸에 배어 원치 않는 습관으로 나도 모르게 나오게 되는 것입니다. 나를 힘들게 하는 빌런은 대부분 나의 선임이거나 상사인데, 그 빌런의 면모를 닮으면 안 됩니다. 빌런이 나에게 한 것처럼 나도 누군가에 똑같이 빌런이 될 수 있다는 것을 기억해야 합니다.

그래서 저는 빌런이 하는 것들을 반대로 하기 위한 많은 노력을 해왔습니다. 첫 회사에 입사했을 때 만난 한 빌런은 일을 가르쳐주지 않아 힘들었습니다. 거기서 겪었던 괴로움에서는 뭘 배웠을까요? 회사에 누군가 새로 합류하고 조직과 일에 적응하는 과정을 '온보딩'이라고 하는데, 저는 누군가 같은 팀에 그리고 가까운 팀에 합류하게 되면 온보딩을 도와 빠르게 적응할 수 있도록 힘을 싣습니다. 함께하는 정기적인 시간을 가지며 새로운 곳의 불편함과 어려움, 앞으로의 바람까지 들어보며, 그의 이야기에 집중하고 도와줄 수 있는 부분에 힘을 보태곤 하죠. 제가 받았던 것의 반대로 했던 것이죠.

정보를 심각할 정도로 공유하지 않던 빌런으로부터는 뭘 배웠을까요? 저는 최대한 정보를 많이 공유하고 오픈합니다. 제가 알고 있는 최대한의 정보로 도움을 주고, 결코 정보의 독점을 무기로 활용하지 않습니다. 그리고 내 일을 호시탐탐 노리다가 알맹이만 가져가던 빌런으로부터는 일을 훔치는 것을 경계합니다. 일을 한 주역이 있으면 당사자가 그 프로젝트의 주역으로 빛날 수 있게 제가 할 수 있는 역할을 다하죠. 아직 완전하진 않을 수 있지만, 이렇게 제가 추구하는 원칙들은 빌런이 보여준 것들의 반대로 향해 가고 있습니다.

빌런은 나를 더 강하게 만들어주는 조연일 뿐

제가 좋아하는 말이 하나 있습니다.

"나를 죽이지 못하는 고통은 나를 더 강하게 만든다."

제가 좋아하는 철학자 니체의 명언입니다. 빌런으로부터 힘든 고통을 겪을 때마다 이런 생각을 하며 버텼습니다. 나는 영웅물의 주인공이고, 지금은 빌런으로부터 시련을 겪는 것이라고. 나는 분명 시간이 지나 더 성장하게 될 거라고요. 관계가 좋았던 상사분들께 이런 이야기를 이따금씩 하면 웃습니다. 한편으로 대단하다고 합니다. 어떻게 괴로움을 그런 영웅의식으로 이겨내냐고 말이죠. 그런데 그건 저의 선택이 아니라 살아남기 위한 유일한 방법이었습니다. 그런 의식으로부터 자존감을 간신히 지켜 정신을 온전히 버틸 수 있었고, 지금에 이르러 과거의 빌런들은 하찮은 악당으로 기억에 남아있습니다. 저를 성장시켜 준, 조금은 고마운 면도 있는 존재들로요.

지금 이 시간에도 빌런으로 인해 괴로워하시는 많은 분들이 계실 것이라 생각합니다. 중요한 것은 스스로 자책하지 마시고, 결코 자존감을 낮춰 스스로를 죽이지 않길 바랍니다. 영웅신화의 한 과정이라고 생각해 보세요. 빌런은 우리를 더욱 강하게 만들어줄 조연이나 주변인

물일 뿐입니다. 저에게 빌런은 하지 말아야 할 모습들을 몸소 보여준 고마운 반면교사가 되었습니다. 지금 머나먼 변방 어딘가에 머물고 있을 나의 지난 빌런님들! 빌런님들 덕분에 이 책을 위한 하나의 소중한 이야기가 잘 만들어질 수 있었네요.

무기의 비밀

지금 일하는 곳에서 생각나는 빌런이 있으신가요?
그 빌런의 어떤 점이 그 자신을 빌런으로 만들었나요?
그 행동에 대해 나는 앞으로 어떻게 할 것인가요?

기억하세요.
'나를 죽이지 못하는 고통은 나를 더 강하게 만든다.'
'나를 죽이지 못하는 빌런은 나를 더 강하게 만든다.'

저 사람은 저런 게 좋지 않구나.
절대로 나는 저렇게 하면 안 되겠다!

나를 힘들게 하는 빌런!
나중에 후배만 들어와 봐.
내가 당한 것, 두 배로 갚아줘야지.

24

부캐
마케터의 사이드 프로젝트

바야흐로 '부캐'의 시대입니다. 유명인뿐만 아니라 대중에게도 널리 알려져, 이제는 낯설지 않은 개념이 되었습니다. 본캐(본캐릭터)와 부캐(부캐릭터)로 노는 시대가 되었고, 부캐로 활동하는 부계정이나 부캐의 세계관이 본업을 넘어서는 사례도 등장합니다. 한 분은 회사원으로 일을 하다가 엑셀에 대한 강의를 만들고 그게 본업을 넘어서면서 부캐가 본업이 됩니다. 어떤 분은 회사원으로 일을 하면서 닉네임으로 뉴스레터를 만들어 무려 2만 명에 가까운 사람에게 전달하는 미디어를 만들어가고 있습니다. 이렇게 부캐의 현상은 단순히 유행처럼 지나가는 것이 아닙니다. 다음 시대를 맞이하는 최고의 놀이법이자, 내 세계의 영역을 넓히는 유용한 무기가 되고 있습니다.

저도 부캐가 있습니다. 바로 '글 쓰는 마케터'이죠. 글을 쓰기 시작해 이렇게 책까지 쓰게 되었습니다. 그럼 어떻게 부캐를 만들고 사이드 프로젝트를 키워왔는지, 그리고 그 과정에서 알게 된 것을 전해드립니다.

회사원, 나의 세계를 그리다

만약 제가 이전 시대의 학부모이고, 학교에서 부모 직업을 써 오라고 했다면 저는 이렇게 썼을 것 같습니다. '회사원'. 대한민국 대다수를 차지하는 가장 보통의 직업군이죠. 회사원이라는 세 글자는 새로울 것이 없습니다. 그다음 질문은 이렇겠죠. "어느 회사 다니시나요?" 그럼 그게 그 사람의 아이덴티티일까요?

회사의 브랜드는 온전히 개인의 아이덴티티가 될 수 없습니다. 개인은 회사라는 곳에 속해 잠시 그곳의 브랜드를 빌리고, 그 일을 잠시 맡아 하고 있는 것뿐이죠. 물론 그 일을 하는 동안에는 주인의식을 가지고 크게 키우는 데 집중해야 하겠지만, 그곳을 떠나는 순간 다시 온전하게 타인의 것이 됩니다. 그래서 어떤 일을 하고 있는 누구를 넘어, 나 자신을 표현할 수 있는 브랜드가 필요합니다. 그걸 만들기 가장 좋은 방법 중 하나가 바로 '부캐'죠. 부캐를 만들다가 잘되지 않더라도 위험성이 크지 않고, 잘돼서 키우면 그게 개인의 브랜드가 될 수도 있습니다. 저도 여기서 나만의 브랜드가 뭘까, 나는 회사 밖에서 뭘 만드는 누가 될 수 있을까를 생각하며 고민이 깊어졌습니다.

왜 마케터가 나만의 브랜드를 꿈꿨을까?

인기 있는 예능과 드라마를 맡아서 마케팅을 하였습니다.
시간이 지나서 보니 그 콘텐츠들이 제 것이 아님을 알게 되었습니다.
나만의 '콘텐츠'가 필요하다는 생각을 하게 되었습니다.

사람들이 좋아하는 캐릭터의 IP를 마케팅하였습니다.
한 발짝 물러나서 보니 그 캐릭터와 스토리는 내 것이 아니었습니다.
나만의 '스토리'가 필요하다는 생각을 하게 되었습니다.

사람들이 좋아하는 푸드 브랜드를 마케팅하였습니다.
사람들이 찾는 메뉴와 매장은 내 것이 아니었습니다.
나만의 '시그니처'가 필요하다는 생각을 하게 되었습니다.

본캐로 맡았던 브랜드들을 사랑하고 좋아했습니다.
그리고 그만큼 애정을 다해 일을 하고 키워냈습니다.
하지만 모두 내 것이 아니었습니다.
나만의 브랜드와 콘텐츠를 갖고 싶었고, 그렇게 부캐를 마음먹게 되었습니다.

부캐의 종말 – 연이은 사이드 프로젝트의 죽음

고민 끝에 저는 어릴 적 꿈꿔왔던 만화에 도전해 보았습니다. 웹툰 공모전에 도전했고, 인스타그램 계정도 운영을 했었죠. 결과는 모두 잘되지 않았습니다. 만화 그리는 회사원을 꿈꿨지만 스무 번 넘게 공모전에서 떨어지고, 계정도 별 반응이 없었습니다. 여기서 주저앉지 않고 이어서 유튜브를 했습니다. 다들 유튜브의 시대를 외치던 때였죠. 좋아하는 베트남 문화를 주제로, 관심 있는 재테크를 주제로 유튜브 콘텐츠를 기획하고 콘텐츠를 만들며 이어나갔습니다. 결과적으로 이 모든 채널들이 전부 잘되지 않았습니다. 마케터라는 직업이기에 기본적인 디지털 환경에 대한 이해도도 높았고, 트렌드도 밝은 편이라고 생각했기에 중간은 갈 줄 알았지만, 결과는 처참했죠. 이때 깨달았습니다. 회사에서 이미 만들어져 있는 브랜드를 마케팅하는 것과, 나의 브랜드를 담아 채널을 처음부터 키우는 것은 완전 다른 일이었습니다.

저는 다시 처음으로 돌아가 시작의 '이유'에 대해 집중해 보기 시작했습니다. 왜 나는 부캐를 가지려 했을까? 왜 사이드 프로젝트를 했던 걸까? 왜 내 채널을 키우려 했던 걸까? 먼저, 돈을 벌기 위한 목적만은 아니었습니다. 그 시간에 다른 부업을 했으면 돈이라도 벌 수 있었겠죠. 몇 년 동안 유튜브를 하고 웹툰을 해서 벌어들인 수익은 '0원'이었습니다. 바라는 것이 단순 유명세도 아니었습니다. 미치광이 전략으로 어그로를 끈 것도 아니었고, 무엇보다 마케터라는 본업이 있었기 때문에 부캐가 본캐를 위협에 빠뜨리는 리스크는 만들고 싶지 않았죠. 다만 회사의 브랜드 세계가 아닌, 나의 영역이라는 세계를 구축하고 키워내고 싶은 욕구가 가장 컸습니다. '어디에서 일하는 누구입니다'를 넘어선 정의를 갖고 싶었죠.

그러나 냉정하게 말해, 실패했습니다. 마케팅에서 실패는 고객의 선택이 만듭니다. 저 역시도 결과적으로 그동안 만들어왔던 것들은 모두 세상이 원하는 것들이 아니었던 것이죠. 그래도 하나는 얻을 수 있었습니다. 이제껏 시도했고 잘되지 않은 분야들이 나의 영역이 아닌 것을 충분히 해보고 알게 된 거죠.

글 쓰는 마케터, 부캐의 탄생

어느 날, 글을 쓰기 시작했습니다. 이전에도 글을 쓰지 않았던 것은 아닙니다. 생각을 정리하고, 기록을 하는 의미에서 나 자신을 위한 글을 썼었죠. 그런데 이번에는 새로운 형태의 글을 쓰게 됩니다. 어떤 글이었을까요? 바로 저의 실패담에 대해 썼습니다. 부캐로 이것저것 시도하다가 잘되지 않은 것들, 그 과정에서 알게 된 것을 담았습니다. 그러다 보니 실패를 마주하는 것이 점점 불편하지 않게 됩니다. 더 나아가 과거의 일을 떠올려 프로젝트에서 실패했던 일도 하나씩 꺼내서 담습니다. 과거에 대한 오답노트를 정리해 보는 의미였죠. 그랬더니 이상하게도 그런 실패의 글에 사람들이 하나둘 반응하기 시작합니다. 그렇게 실패에 대한 글로 조금씩 반응을 얻다가 다음은 어떤 걸로 이어갈까 생각합니다. 그러다 떠올려 보니 저에게는 무기가 있었습니다. 세상의 다양한 현상을 바라보고, 그 이면을 관찰하고 분석해서 다음 세계를 상상하는 것이었죠. '호기심'과 '관점'을 담아 글을 이어갑니다. 세상

사람들이 궁금해할 소재로 호기심을 자극하고, 저의 관점으로 몰랐던 것을 알게 해주는 글을 썼습니다. 그랬더니 글 쓰는 마케터라는 부캐가 점점 더 자라나기 시작했죠.

저는 누군가에게 발견되기 시작합니다. 한 플랫폼에 글쓰기 연재 요청을 받게 됩니다. 그러한 요청은 점점 많아져서 열 개가 넘는 여러 플랫폼에 글을 연재할 수 있었고, 이렇게 책까지 나오게 되었죠. 그렇게 글 쓰는 부캐가 '팔리기' 시작합니다. 더 나아가 글의 메시지를 오프라인에서 이야기로 꺼내기 시작합니다. 세미나에서, 기업에서, 강의와 특강이라는 이름으로 저의 생각과 노하우를 전해드리고, 때로는 이제 막 시작하는 기업의 브랜딩과 마케팅 커뮤니케이션을 도와드리고 있죠.

부캐의 비밀

(1) 내가 하고 싶은 것 VS 세상이 원하는 것

저는 어떻게 '본캐=회사원'에서 '부캐=글 쓰는 마케터'가 될 수 있었을까요? 그 답은 《그냥 하지 말라》, 《시대예보》의 저자이신 송길영 부사장님이 찾아주셨습니다. 처음에 5년간 사이드 영역을 파고 키우다 보면 그게 나중에 새로운 세계를 만들어줄 것이라는 송길영 부사장님의 말에 용기 내어 부캐와 사이드 프로젝트를 시작하게 되었습니다.

그런데 3년이 지나도록 제대로 하나의 결과물을 만들어내지 못했죠.

3년이 지나서 여쭈었습니다. 새로운 세계를 만들고자 정말 쉼 없이 열심히 했는데 하나도 만들어지지 않았다고, A/S를 부탁드린다고. 저의 도발적인 당당함에 송 부사장님은 선뜻 이런 이야기를 주셨습니다. 지금 하고 있는 게 내가 하고 싶은 건지, 세상이 나에게 원하는 것인지 들여다보라고. 머리가 한순간 하애졌습니다. 지금까지 해온 모든 것은 세상이 원하는 것이 아니라, 제가 원하는 것들이었습니다. 베트남, 재테크, 만화. 마케터라는 본캐의 전문 영역과는 전혀 무관한 것들이었죠. 그래서 본업, '마케팅'과 잘하는 한 가지, '글'을 연결하기로 합니다. 그리고 거기에서 나아갈 길을 찾게 됩니다.

저와 같이 많은 분들이 세상이 진짜로 원하는 것이 아닌, 다른 무언가를 향해 열심히만 하다가 결국 이루지 못하고 좌절하는 경우가 많습니다. 그럴 때는 진실과 마주하는 용기가 필요한 것 같습니다. 진짜 세상이 그걸 원하고, 필요로 하고 있는 건가요? 뼈를 울리는 아픈 팩트라도, 과감하게 하던 것을 접고 하지 않을 용기를 내는 것도 방법입니다. 그렇게 저는 제가 원하는 것이 아닌, 세상이 원하는 것에 집중을 하기로 합니다.

(2) 모든 것들의 정석 VS 나만의 변칙

글쓰기에는 이런 세 가지 원칙이 있습니다.

글은 하나의 주제로 써야 해.

글은 쉽고 간결하게 써야 해.

글은 공감할 수 있게 써야 해.

그런데 저는 기존에 존재했던 성공하는 글 방정식을 모두 파괴하고 글을 쓰기 시작했습니다. 그동안 제가 경험하며 알게 된 일과 커리어의 이야기, 그리고 속해있는 미디어와 캐릭터 업계에 대해 글이라는 나만의 세계에 담기 시작합니다.

글을 여러 가지 주제로 씁니다.

글을 생각하면서 읽을 수 있게 길게 씁니다.

글에 욕망과 불안함을 잔뜩 담아 씁니다.

기존의 성공하는 글 공식에 모두 반하는 형태죠. 세상에 이런 글을 볼 사람이 있을까요? 결과는 어떻게 되었을까요?

저의 스토리와 생각을 여러 가지로, 불편하게, 길게 담았는데 아이러니하게도 세상이 조금씩 반응하기 시작합니다. 다수 대중을 타깃하는 내용이 아니기 때문에, 많은 이들이 열광하기보단 성장과 인사이트에 관심이 있는 분들로부터 조금씩 고정 독자층이 생겨나기 시작합니다. 쉽게 말해 100이라는 시장이 있으면, 90이 아니라 10의 시장을 타깃으로 했던 거죠. 90이라는 더 큰 시장에서는 정석대로 하여 수많은 이들과 경쟁을 펼쳐야 하지만 10이라는 시장에서는 정석을 벗어난 나만의 변칙으로 충분히 경쟁력을 만들어낼 수 있었습니다. 그리고 그 10 안에는 고맙게도 기업의 담당자, 출판사 담당자와 같은 분들이 많았고 그 기회로 강의나 VOD 제작, 책과 같은 영역으로 확장할 수 있었습니다.

그렇게 초인이라는 부캐로 글을 쓰기 시작해 이야기로 커나갔고, 더 나아가 부캐를 꺼내 본캐와 자리를 맞바꾸게 되었습니다. 이제는 '글을 쓰고 이야기하고 다양한 콘텐츠를 만드는 초인'으로 본캐를 만들어가고 있습니다. 이렇게 저의 부캐에서 시작된 브랜드는 조금씩 커나가고 있습니다. 전에 일하면서 맡았던 브랜드의 크기만큼 아직 크지는 않지만 새로 생겨난 그곳은 온전히 나만의 세계이기에 행복하게 매일 키우며 만들어가고 있습니다.

(3) 부캐를 무기로 만드는 비결

그럼 왜 만화나 유튜브 같은 사이드 프로젝트는 잘되지 않고, 글은 잘되었던 걸까요? 바로 본캐의 힘입니다. 마케터라는 본캐가 이미 단단하게 자리 잡고 있었기 때문에, 거기로부터 글로 이야기를 꺼내 올 수 있는 경험치가 충분했던 것이죠. 그리고 그 과정에서 정리한 메시지를 다시 본캐라는 마케터로 반영하여 업무 프로젝트와 현실세계에도 적용할 수 있었습니다. 즉, 본캐와 부캐는 서로 시너지를 만들 때 더 빠르게 커나갈 수 있죠. 지금 가진 본캐와 연계된 어떤 부캐를 만들어보실 수 있을까요? 그 부캐가 나오면 나만이 만들 수 있는 콘텐츠가 있을까요? 그리고 지속할 수 있을까요? 그럼 그 부캐를 시작해 보시기 바랍니다. 본캐에 도움을 주는 부캐로 자라날지도요.

이렇게 세 가지의 부캐의 비밀을 담아봤는데요, 다시 한번 정리해 보겠습니다. 부캐와 사이드 프로젝트 영역을 선정할 때 중요한 것은 그것이 세상이 원하는 것이어야 한다는 겁니다. 즉 충분한 수요와 고객이 존재하고, 그 수요와 고객이 나를 찾아야 하는 이유가 있어야 하는 거죠. 그 이유가 충분하지 않다면 무작정 시작하기보다는 좀 더 고민을 해보는 것도 시행착오를 줄일 수 있는 방법입니다. 그리고 모든 것들을 정석으로만 채우려 하기보다는 나만의 변칙을 담는 것이 차별화를 만들 수 있습니다. 제게는 그것이 긴 글, 불편한 글, 다양한 주제의 글들이었죠. 이렇게 글을 쓰는 사람은 찾아보기 힘드니까요. 그럼에도 불구하고 깊이감 있고 독특한 관점을 가진 글을 찾는 사람은 존재했고, 그 수요와 고객이 만나 '초인'을 만들 수 있었습니다. 마지막으로 사이드 프로젝트는 본캐와 함께 이어질 때 더 큰 시너지를 만들 수 있고, 더 큰 무기가 될 수 있다는 것을 기억해 주시면 좋을 것 같습니다.

어떤가요? 내가 가진 세계를 일 외로 넓힐 수 있고 혹은 일로도 연계할 수 있는 부캐라는 무기. 오직 일에만 나를 넣고 있다가 그 일을 빼앗기게 되면 하루아침에 아이덴티티가 흔들릴 수 있습니다. 그 일을 벗어난 나만의 아이덴티티를 지금부터라도 조금씩 키워보시면 어떨까요?

무기의 비밀

부캐와 사이드 프로젝트를 위한 질문

· 나만의 부캐를 만들고 싶은가요?

· 어떤 부캐가 되어 무슨 콘텐츠를 만들고 싶은가요?

· 그 부캐와 콘텐츠는 본업과 관련이 있나요?

· 그 부캐와 콘텐츠는 충분한 수요와 고객이 있을까요?

· 사람들이 그 부캐와 콘텐츠를 찾아야 하는 이유는 뭘까요?

· 그 부캐와 콘텐츠로부터 이루고자 하는 다음 단계는 뭘까요?

사이드 프로젝트를 키워서
이걸 내 일로도 연결해 볼까?

바쁜데 무슨 또 사이드 프로젝트?
그거 다 의미 없어! 돈도 안 되는데, 뭐.

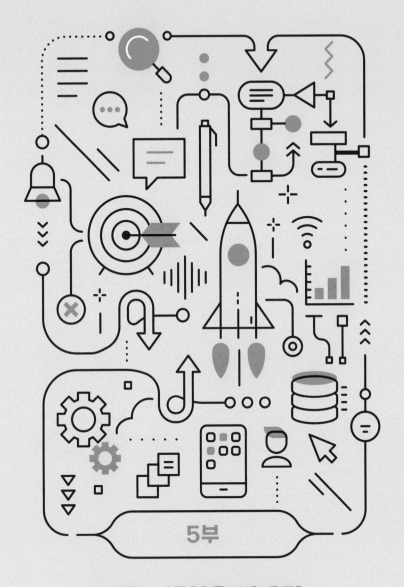

5부

무기는 세상을 바꾼다 :
나의 무기로 무엇을 만들까?

25

마케터의 맛
마케터를 만드는 무기의 키워드

 요즘 마케팅이 중요하다고 하는데 많은 궁금증이 듭니다.

마케팅할 때 뭐가 중요할까요?

마케팅의 일은 뭐가 다를까요?

마케팅을 하는 사람들은 누굴까요?

마케팅을 하고 있는 나는 어떤 사람이 되어야 할까요?

마케팅 DNA에는 뭐가 들어있을까요?

마케터의 맛은 대체 뭘까요?

모두가 마케팅을 외치는 시대입니다. 그런데 '마케팅'에 대해서는 많이 이야기하지만 정작 마케팅을 하는 '마케터'에 대해서는 많이 드러나지 않는 것 같습니다. 영화를 더 깊이 있게 보려면 감독의 의도를 알고, 음악을 더 이해하려면 가수를 알고, 예술작품을 보며 아티스트의 창작 과정을 마주하듯이, 마케팅을 제대로 하려면 마케터가 누구인지,

무엇을 잘해야 하는지 알아야 합니다. 마케터이거나 마케터가 되고 싶은 분, 혹은 마케팅을 잘하고 싶은 분들이라면 알아두시면 좋을 내용을 담아봅니다.

마케터 × 마케터

십수 년 넘게 마케팅 일을 해오면서 마케터와 마케터가 만나게 될 일이 많았습니다. 회사 안에서 다른 마케팅 팀원과 혹은 다른 부서의 마케터와 함께 일을 하기도 하고, 나아가 다른 업종의 마케터들과 협업을 하기도 합니다. 특히나 요즘은 콜라보레이션이나, 캐릭터나 브랜드 IP(지적재산권)를 활용한 다양한 굿즈와 팝업까지 다양해지고 있어 그 케이스와 범위가 점점 더 확장하고 있습니다. 이렇게 마케터는 시간에 걸쳐 여러 산업군의 마케터들을 만나볼 수 있는데요, 제가 그동안 경험하고 봐온 마케터의 공통 DNA를 키워드로 정리해 보았습니다.

(1) 마케터의 민낯 : 모호함

먼저 마케터의 민낯, '쌩얼'을 들여다봅니다. 마케터는 어떤 얼굴을 하고 있을까요?

사실 마케팅이라는 직무는 특유의 모호함을 가지고 있는 것 같습니다. 보통 회사 안에서 재무, 개발, 디자인과 같은 직무는 필요한 전공이나 업무 스킬에 있어 어느 정도 고유성이 존재합니다. 개발자는 프로그램 언어를 알아야 하고, 디자인은 디자인 툴을 다룰 줄 알아야 하고, 재무는 회계와 숫자에 대한 이해도와 배경이 있어야 하죠. 그런데 마케팅은 다릅니다. 필요한 직무 경험이 다른 직무 대비 뚜렷하게 존재하지 않습니다. 또 하나, 산업 분야별로 마케터가 하는 일의 목적과 영역이 많이 다르곤 합니다. 이를테면 미디어 회사에서 드라마를 마케팅하는 사람과 B2B로 교육 프로그램을 마케팅하는 사람은 고객부터 마켓 등 일의 본질이 다르죠. 그래서 각 마케터들이 하는 이야기가 때로는 결이 조금 다르기도 합니다. 여기에 더해 필요한 전공이 있는데요, 많은 마케터 지망생분들로부터 마케터는 뭘 전공해야 하는지에 관한 질문을 받습니다. 이럴 때마다 저는 마케터는 전공과는 무관한 것 같다는 답변을 드리곤 합니다.

모호함을 하나 더 추가해 볼게요. 그럼 어디까지가 마케팅의 영역일까요? 마케터들 사이에선 이런 말이 있어요. 만들고, 디자인하고, 관리하는 것 빼고 전부 마케팅의 영역이라는 이야기를 하죠. 약간의 과장을 보탠 표현이긴 하나, 마케팅의 본질은 브랜드에 기반한 다양한 커뮤니케이션 활동을 하고, 비즈니스를 지원하고 부스팅하는 역할입니다. 커뮤니케이션과 비즈니스를 지원하는 것에는 뚜렷한 업무 경계가 없기 때문에 그만큼 마케터가 하는 영역이 광범위해지기도 합니다. 실제로 일을 하다 보면 '내가 이런 일까지 해야 하나? 이게 마케터의 일인가?' 하는 생각이 들기도 합니다. 이렇게 마케터라는 직무를 들여다볼 때는 현실의 민낯을 마주하는 것이 필요할 것 같습니다. 이것이 제가 생각한 마케터의 모호함입니다.

"마케터는 궁극적으로 브랜드와 비즈니스를 위해 존재한다."

쌩얼에서 다양한 메이크업으로

마케터의 모호함, 쌩얼로 시작을 해봤는데요, 그럼 화장을 한 메이크업은 어떤 모습을 하고 있을까요? 시대에 따라 화장법이 바뀌고 화장품이 바뀌듯, 마케터의 일도 많은 변화를 거칩니다. 지난 십수 년에 걸쳐 TV 광고에서 디지털 매체로, 일방향에서 쌍방향으로, 내부의 이야기를 감추기보다는 드러내는 형태로 진화해 가고 있습니다. 대기업 > 금융회사 > 게임회사 > 스타트업과 같이 공격적으로 마케팅을 펼치는 주력 산업 분야들도 시기적으로 다르죠. 한때는 게임회사 광고가 많이 보였다가, 어느 시기에는 스타트업 광고가 많이 보이는 등의 경험을 해보신 적이 있을 것 같습니다. 그 과정에서 브랜드 마케팅, 퍼포먼스 마케팅, 그로스 마케팅 등 전문화된 영역도 생겨나고 있습니다. 마케터별 직무 소개에 대해서는 부록을 참고해 주시기 바랍니다.

(2) 마케터의 무기 : 차별화

재무팀은 숫자로 싸우고, 인사팀은 인재를 자원으로 일을 하지요. 그럼 마케터는 무얼 가지고 일하고, 무얼 가지고 싸워야 할까요? 딱 정해진 건 없습니다. 그래서 저는 마케터란 자기만의 무기를 찾기 위해 치열하게 스스로를 계발해야 하는 존재라고 생각합니다. 어떻게 커리어를 키워나갈지 끊임없이 고민하는 치열함이 필요한 것 같아요. 이를테면 저는 마케터 커리어를 쌓아오면서 가지게 된 하나의 생각이 있습니다.

저는 '마케터는 철저하게 기획자가 되어야 한다'고 생각합니다. 마케팅이 하나의 일부 영역에 머물지 않고, 비즈니스의 본질을 확장하도록 만들기 위해서는 단편적인 마케팅 활동을 넘어 전체의 그림을 바라볼 줄 알고, 그릴 줄 알아야 한다는 생각이죠. 그래서 저는 하나의 프로젝트를 A부터 Z까지 시작하고 끝맺을 수 있는 프로젝트 매니저(PM)가 되고자 했습니다. 그 과정에서 영상 기획을 하고, 스토리텔링으로 차별화를 만드는 저만의 무기로 활용해서 싸워왔습니다.

"마케터에게는 자기만의 무기가 필요하다."

차별화를 위한 마케터의 무기

그럼 어떤 무기가 가장 좋은 걸까요? 정해진 것은 없습니다. 영화나 만화에서 여러 전투 장면을 보면 제각기 다른 무기를 가지고 싸웁니다. 누군가는 총, 누군가는 칼로 싸우고, 또 누군가는 활로, 누군가는 완력으로 싸우죠. 중요한 것은 자기의 체급과 체형, 타입에 맞는 것을 잘 찾아 쌓아가는 것입니다. 그때그때마다 유행하는 기법들을 찾아서 나의 무기로 바꿔나간다면 시간이 지나 나만의 숙성된 무기로 만드는 데 어려움을 겪을 수 있습니다. 마케터로 차별화를 만들어 강해지기 위해서는 내가 남들보다 더 잘하는 것, 타인보다 더 경쟁력이 있는 것을 발견하고 고도화하는 과정이 필요합니다.

마케터의 무기, 뭐가 있을까?

- 전략을 잘 짜고, 기획안을 잘 만드는 마케터
- 네이밍을 잘하고, 카피를 잘 쓰는 마케터
- 협상을 잘하고, 관계 맺기를 잘하는 마케터
- 디자인 감각이 있고 기획할 줄 아는 마케터
- 기타 나만의 무언가를 잘하는 마케터

여러분이 남들보다 압도적으로 더 잘하는, 마케터의 무기를 찾아가시길 바랍니다.

---

(3) 마케터의 캐릭터 : 이미지

회사에서 일을 하다 보면 영업하시는 분들 중에 "나는 영업이랑 잘 맞지 않는 것 같아."라고 말하는 분들이 있어요. 회계나 재무 관련 일을 하면서도 "나는 숫자랑 별로 안 친한 것 같아."라고 이야기하는 사람들도 종종 보게 되죠. 그런데 마케팅 일을 하면서 "나는 마케팅 일이랑은 잘 안 맞는 것 같아."라고 말하는 마케터는 한 번도 만난 적이 없는 것 같습니다. 앞서 말씀드린 모호함이라는 민낯 속에서 그렇게 생각하는 순간 마케터의 존재는 무너지게 됩니다. 스스로의 경쟁력을 부정하게 되는 것이죠. 마케터는 특히나 뚜렷한 자신만의 주관이 필요합니다. 왜일까요? 마케팅에는 정답이 없기 때문이죠. 그래서 자기만의 특강점을 기반으로 고유의 마케터 '캐릭터'와 이미지를 만들어가는 부분이 중요합니다. 쉽게 말해 마케터로서 자기만의 브랜드가 필요한 거죠.

이를테면 "저 마케터는 크리에이티브가 좋은 거 같아. 누구 마케터는 숫자를 참 잘 본단 말이지. 그 마케터는 사람 만나서 협상이나 딜을 정말 잘해."와 같이요. 마케터를 대상으로 인터뷰를 하거나 대화를 할 때 항상 이걸 묻곤 합니다. 가장 잘하시는 분야, 무기는 어떤 것이 있나요? 그걸 나라는 마케터로 인식시키기 위한 노력을 하고 있나요? 마케터는 자신이 가진 강점을 키워내 자기 고유의 이미지, 브랜드로 만드는 부분이 필요합니다.

"마케터는 자기 자신을 브랜드화해야 한다."

마케터의 캐릭터에 대하여

• 함께 일하는 사람들은 여러분을 어떤 키워드로 기억하고 있나요?
• 함께 일하는 사람들은 여러분을 뭘 가장 잘하는 사람으로 기억하고 있나요?
• 여러분은 가장 잘하는 것을 나의 이미지로 만들기 위해 어떤 노력을 하고 있나요?

(4) 마케터의 한 끗 : 디테일

마케터를 가르는 차이는 어디서 올까요? 제가 생각하는 한 끗은 바로 '디테일'입니다. 디테일은 모든 연차에게 있어 전부 필요합니다. 주니어 마케터나 중간관리, 리더 직급까지 각자의 영역 안에서 디테일을 추구하게 됩니다. 디테일을 만든다는 것은 주어진 기간, 리소스 내에서 주어진 미션을 어떻게 하면 좀 더 나은 결과물을 낼 수 있을지, 작은 것들도 심도 있게 고민하고, 하나씩 개선해 나가고, 리스크를 줄여가는 과정이기도 합니다.

어떤 부분에서 디테일이 더 필요할까요? 먼저 '리소스'의 디테일입니다. 여기서 말하는 리소스란 예산, 인력, 시간, 에너지의 총합을 의미합니다. 1천만 원의 예산을 집행하는 마케팅부터 10억 원의 프로젝트를 리드하는 마케터들은 하나같이 말합니다. 리소스가 부족하다고요. 두 명이 일하는 팀도, 열 명이 일하는 팀도 하나같이 말합니다. 리소스가 부족하다고요. 왜일까요? 예산과 인력의 규모에 따라 목표와 일의 규모 또한 커지기 때문입니다. 주어진 일 안에서 빈틈없이 리소스를 운영하기 위해서는 일정과 예산, 진행되고 있는 일들을 모두 세부적으로 챙겨야 합니다. 놓치는 것들은 고스란히 모두 비용과 리소스의 낭비로 이어지기 때문이죠.

또 하나는 '커뮤니케이션'의 디테일입니다. 커뮤니케이션의 디테일이 뭘까요? 커뮤니케이션의 본질은 '메시지'입니다. 간혹 고객이나 소비자를 대상으로 마케팅 커뮤니케이션을 하는 과정에서 잘못된 표현이나 소재를 사용하여 논란이 일어나는 경우가 있습니다. 예를 들면, 특정 성별을 부정적으로 지칭할 수 있는 언어 표현이나 이미지를 사용한다거나 인권 감수성이 부족한 광고를 만든다거나 하는 경우를 종종 접하게 됩니다. 마케터는 고객과 가장 밀접한 접점에 있기 때문에 디테일한 부분을 세심하게 챙겨야 리스크를 잘 관리할 수 있습니다. 물론 디테일에만 집착한다고 전부 좋은 건 아니지만 마케터 중에서 일을 잘하는 사람치고 디테일이 약한 사람은 본 적이 없는 것 같습니다.

"디테일이 마케터의 다른 결과를 만든다."

(5) 마케터의 고뇌 : 커뮤니케이션

마케터를 지망하시는 분 중에 번뜩이는 아이디어나 창의적인 사고가 마케터의 핵심이라고 생각하시는 분들이 많습니다. 또 이런 질문도 많이 들어본 것 같아요. "마케터는 트렌디해야 하지 않나요?" "저는 유행에 빠른 편이 아닌데 괜찮을까요?" 이런 질문을 받으면 저는 이보다 더 중요한 부분이 있다고 말씀드립니다. 바로 업무 의사소통의 과정, 즉 커뮤니케이션을 키우는 것이 실제 현업의 마케터들에게 가장 고민되는 부분인 것 같아요. '어떻게 하면 더 커뮤니케이션을 잘할까'에 대한 부분을 좀 더 풀어서 담아봅니다.

트렌디함 VS 커뮤니케이션

마케터에게서 둘 중 하나를 고르자면 무엇일까요? 둘 다 각기 중요한 의미를 가지고 있지만 제가 생각하는 더 중요한 개념은 '커뮤니케이선'입니다. 커뮤니케이션에 능숙한 마케터는 더 빠르게 성장할 수 있는 좋은 조건을 갖추고 있습니다. 커뮤니케이션이 뛰어날수록 주니어 레벨에서 더 빨리 업무를 습득하게 되고, 시간이 지날수록 프로젝트를 리드하는 과정에서 복합적인 커뮤니케이션을 하며 성장하게 됩니다. 반면에 트렌드는 계속 변합니다. 오늘의 트렌드가 어제의 트렌드가 되어가는 동안, 오늘 쌓은 커뮤니케이션 역량은 내일이 되어도 남습니다.

특히나 마케팅이라는 업무는 어느 분야에서 뭘 하든 본질적으로 여러 부서, 여러 파트너사와 동시다발적으로 업무를 진행하며 '함께 만드는 일'입니다. 그래서 함께 만드는 일의 성과를 내기 위해서는 이 '커뮤니케이션' 역량이 가장 중요하다고 생각합니다. 직급별로 중요한 커뮤니케이션의 예시와 팁에 대해서는 부록을 참고해 주시기 바랍니다.

"마케터는 커뮤니케이션을 통해 성장한다."

마케터의 완전체

지금까지 말씀드린 내용을 정리해 보면 제가 생각한 마케터의 키워드는 이렇습니다.

모호한 고유성을 바탕으로 마케터의 업무 영역을 구축해 나갑니다.

자신만의 차별점을 찾아 마케터의 무기로 만들고 싸웁니다.

캐릭터를 구축하여 마케터로 브랜드를 만들어 나갑니다.

디테일하게 마케터의 성과를 만들어냅니다.

커뮤니케이션을 통해 협업을 만들고 마케터로 성장합니다.

이것이 제가 생각하는 이상적인 마케터에 가까운 모습입니다. 물론 산업군에 따라 세부적으로는 다를 수 있겠지만 전반적으로 공통된 마케터의 모습에 가까울 것으로 생각합니다.

이렇게 마케터의 키워드를 다섯 가지로 담아봤는데, 이 키워드 다섯 가지를 여러분의 DNA에 새기시고 무기가 있는 마케터로 더 빠르게 성장해 가시기를 바라봅니다.

무기의 비밀

마케터의 겉 무기 VS 마케터의 속 무기

마케터의 겉 무기

· 마케터는 아이디어가 좋아야 하지 않나요?

· 잘 꾸미고 트렌디해야 하지 않나요?

· 인맥이 넓고 사교적이어야 하지 않나요?

마케터의 속 무기

· 나라는 마케터는 어떤 업무 영역을 만들고 있나요?

· 나라는 마케터의 차별점은 뭘까요?

· 나라는 마케터는 어떤 캐릭터일까요?

· 나라는 마케터는 어떤 디테일을 만들고 있나요?

· 나라는 마케터는 어떻게 커뮤니케이션하고 있나요?

마케터는 보이는 겉 이상으로
보이지 않는 속까지 중요해.

아이디어만 몇 개 있으면 되지.

26

콘텐츠
1,300개의 무기로 싸우는 비결

아직 일을 시작하지 않았거나, 일을 막 시작하신 분들은 이런 고민이 많이 드실 것 같습니다. 앞으로 어떻게 커리어를 시작하고 쌓아야 할까? 이번에는 원하는 무언가를 이루기 위한 '반복과 누적의 힘을 만드는 무기'에 관한 이야기입니다.

제 첫 커리어의 시작은 미디어였습니다. 영화 회사로 입사해서, 이어서 방송 분야로 가게 되었죠. 그리고 애니메이션과 영화 속 캐릭터 관련된 일을 하게 되었습니다. 이들의 공통점은 '콘텐츠'를 기반으로 한 산업이라는 것입니다. 그렇게 콘텐츠 산업이 제 커리어의 기반이 되었습니다. 이제는 어딜 가더라도 미디어와 콘텐츠 관련된 인사이트를 가지고 부족함 없이 싸우고 휘두를 수 있게 되었죠. 누구와 콘텐츠 이야기를 하더라도 어느 정도 맞출 수 있고요. 그건 제가 특별해서라기보다 10년이 넘는 업력이 만든 숙성의 힘인 것 같습니다.

그런데 일을 시작할 때 처음부터 지금과 같았을까요? 취업하기 이전을 기억하면 콘텐츠에 대해 깊이감이나 인사이트 하나 없는 레벨 제로의 상태였습니다. 그걸 어떻게 쌓아내고 키울 수 있었을까요? 어떤 과정을 통해 콘텐츠를 업으로 하는 커리어를 시작하게 된 걸까요? 여기서는 그 시작점을 만든 무기 이야기를 전해드리겠습니다.

마케터의 '사골 감성' 프로젝트

영화 〈올드보이〉 속 오대수(최민식 분)는 15년간 군만두만 먹었죠. 저는 15년에 걸쳐 콘텐츠를 먹었습니다. 무려 1,300개가 넘는 콘텐츠를요. 콘텐츠를 먹는다는 게 무슨 말일까요? 여기에는 콘텐츠를 매년 100개씩 먹는 제 개인의 프로젝트가 있었습니다. 왜 이런 개인의 프로젝트를 하게 된 걸까요? 이걸 15년간 지속하는 동안 어떤 일이 일어났을까요? 기록을 쌓는 과정의 의미와 콘텐츠를 무기로 또 다른 무기로 만든 노하우를 담아봅니다.

때는 2009년, 취업 시장에 나서기 1년 전, 저는 군대에 있었습니다. 장교로 군생활을 하고 있었고, 전역을 하면 바로 사회생활을 시작해야 했습니다. 그런데 당시 글로벌 금융위기가 닥치면서 경제와 취업시장이 모두 얼어붙은 분위기였습니다. 제가 가고 싶어 하는 미디어 분야로 가야 하는지, 장교 생활을 우대해 주는 유통사 쪽으로 가야 할지

고민을 하였습니다. 전자는 거의 뽑지 않는 분위기였고 그나마 후자가 기회가 있었습니다. 내적 고민 끝에 내린 결론은 일단 문이 좁더라도 원하는 분야, 미디어 쪽으로 가자는 것이었습니다. 그런데 대학생때부터 군생활을 준비하고, 복무를 하는 동안 세상의 감각, 미디어 트렌드와 많이 멀어져 있다는 생각이 들었습니다. 이대로 서류는 합격할수 있을까? 면접을 보면 제대로 이야기나 할 수 있을까? 아니 그보다는, 내가 콘텐츠에 대해 꺼낼 이야기가 있을까? 캄캄한 어둠에 사로잡혔습니다. 솔직히 자신이 없었습니다. 시골에서 지낸 몇 년의 시간 동안 세상과 생긴 거리감을 좁혀가야 했습니다. 그러다 저는 하나의 결심을 합니다.

'미디어 업계에 가려는 거지? 그럼 콘텐츠에 대해 많이 알고 이야기할 수 있어야겠지? 그런데 지금은 어디 가서 제대로 이야기할 수 있는레벨이 아니야. 레벨업을 하자. 콘텐츠를 계속 쌓자. 남은 1년의 시간동안. 1년에 100개는 되어야겠지?'

그렇게 100개의 콘텐츠를 먹고 '사골'처럼 우려내, 콘텐츠를 축적하고 나만의 '감성'과 '인사이트'를 키워 일의 기회를 만들자는 계획으로개인 프로젝트를 시작했습니다. 줄여서 '사골 감성 100개 먹기 프로젝트'였죠.

매달, 매주 콘텐츠를 먹다

한 우물만 파서는 사골이 깊어질 것 같지 않았습니다. 그래서 예능, 영화, 드라마뿐 아니라 책과 오프라인 콘텐츠까지 1년 100개를 채우기 위해 한 달 평균 8개의 콘텐츠를 먹어야 했습니다. 그리고 그걸 하나하나 기록하기 시작합니다. 초반에는 열정을 다해 목표를 초과해서 월 15개를 채웁니다. 바쁜 시기에는 적게, 여유 있을 때는 더 많이, 그렇게 한 달 한 달을 채워갑니다. 몇 달을 보내고 그동안 쌓인 콘텐츠를 보면서 이번에는 장르를 다양하게 만듭니다. 영화가 많았다면 책을 좀 더 채우고, 자기계발서 비중이 높았다면 의도적으로 소설과 시를 더 찾았죠. 그 과정에서 인상 깊었던 작품은 글로 옮기기도 합니다. 그렇게 1년을 채우고 100개가 넘는 콘텐츠를 먹게 됩니다.

콘텐츠가 몸에 쌓이고, 근육이 되어 조금씩 단단해져 가는 것이 느껴졌습니다. 그리고 마침내 출격을 합니다. 미디어 업계에서 가장 큰 회사에 출사표를 던집니다. 입사지원서에는 이렇게 담았죠. "1년간 100개의 콘텐츠를 먹고 사골로 만든 남자." 벌써 스토리가 느껴지시죠? 그렇게 사골로 만든 스토리를 담아 입사지원서를 채워갑니다. 어떻게 되었을까요? 회사에서 뽑는 단 한 명의 자리에 갈 수 있게 되었습니다. 지나고 나서 들어보니 그 자리에 1,600명이 지원했다고 하더군요. 수차례 진행한 면접의 과정까지 지난 1년간 쌓은 사골 100개는 더없이 강력한 무기가 될 수 있었습니다. 마치 〈올드보이〉의 오대수가 골방을 나와 장도리를 무기로 싸웠던 것처럼요.

목표한 대로 취업에 성공하고 끝난 프로젝트였으면 여기에 담지 못했을 것 같습니다. 콘텐츠 먹는 습관은 어느새 몸에 밴 일상이 되었고, 콘텐츠 기록 쌓기에 재미가 더해져 이후에도 계속됩니다. 그리고 연말을 맞이합니다. 연말이 되니 방송사마다 전부 시상식을 하더군요. 문득 생각했습니다. 나도 나만의 '사골 시상식'을 해보면 어떨까? 그렇게 '올해의 영화', '올해의 인물', '올해의 아트', '올해의 음악' 등 분야를 달리하며 나만의 시상식을 셀프로 합니다.

매년 이어진 사골 시상식까지 계속되다 보니 어느새 15년을 맞이하게 되었습니다. '사골 감성 100개 먹기'라는 프로젝트는 처음 1년보다 다음 5년이, 그리고 10년이 더 깊이감이 깊어지고 있습니다. 어느새 누적된 개수는 500개를 넘어 1,000개가 되었고, 1,300개 남짓 되었습니다. 왜 15년에 1,500개가 아니라 1,300개냐고요? 100개의 목표를 채우지 못한 해들이 있었거든요. 그래도 이걸 하지 않았으면 200개나 채울 수 있었을까 싶습니다. 1,300개의 콘텐츠를 쌓으며 알게 된 것과 노하우를 몇 가지 담아봅니다.

(1) 영감을 채우는 콘텐츠

한 달에 한 번은 미술전이나 사진전 또는 공연을 찾습니다. 영화, 드라마 같은 영상 기반의 콘텐츠와는 다른 형태의 인사이트를 얻게 됩니다. 요즘은 젊은 작가진들도 뜨고 있어 이들의 인스타를 팔로우하고 보는 것도 도움이 됩니다. 예전부터 팔로우하고 보던 G 작가님과는 실제로 디즈니 미키 90주년 콜라보와, 이후에 다운타우너 신규매장 콜라보로 인연이 이어지게 됩니다. 한 번씩 시간을 내어 오프라인으로 콘텐츠를 먹으러 나가보시는 건 어떨까요? 정말 바쁘면 인스타그램으로라도 전시를 즐겨보시길 추천드려요.

(2) 취향을 채우는 콘텐츠

이렇게 보고 즐긴 콘텐츠 중에 책과 영화, 드라마를 왓챠피디아에 담습니다. 평점과 함께 간략히 기록하며 개별 데이터를 쌓고 있습니다. 그 과정을 반복하다 보면 내가 좋아하는 것, 좋아하지 않는 것을 데이터로도 확인해 볼 수 있고, 내가 몰랐던 나의 취향까지도 발견하게 됩니다. 그렇게 쌓이고 분류가 된 나의 기록은 점점 누적되어 나만의 취향이 됩니다. 콘텐츠를 먹고, 기록으로 쌓아보시는 건 어떨까요? 어떤 콘텐츠를 보느냐가 나를 말해주기도 하니까요.

(3) 일의 무기가 되는 콘텐츠

앞서 진행한 사골 감성 프로젝트에서 쌓아온 루틴과 경험들은 마케터로서 소중한 자원, 무기가 되어 업무에도 많이 활용됩니다. 어떻게 활용이 되었을까요?

- 레퍼런스를 찾거나 마케팅 기획을 할 때, 이 사골의 기록이 저의 무기가 됩니다.

예를 들면 새로 진행하는 브랜드 캠페인의 스토리라인을 구성할 때 스토리텔링 책에서 보고 담아둔 나만의 공식을 적용해서 더 체계적으로 구성할 수 있습니다.

- 특정 분야를 맡게 되어 나만의 키워드를 쌓아가야 할 때, 사골 루틴이 도움 됩니다. 디즈니에서 SNS 채널 운영을 맡게 되었을 때 디지털 분야 이해도를 더 쌓기 위해 책을 보고, 포럼을 찾아가고, 강연을 들으며 한 해 동안 디지털 키워드로 집중하여 관련된 역량을 더 키울 수 있었습니다.

- 매번 책을 읽고, 강연을 가고, 콘텐츠를 볼 때마다 장문의 기록을 남겨두는 건 쉽지 않을 수 있습니다. 하지만 하나의 포맷에 계속 키워드와 한 줄만 추가하는 것은 꾸준히 이어가기가 그리 어렵지 않습니다. 이 방법부터 시작해 루틴의 기록을 남겨보시길 추천합니다. 저 역시도 블로그 하나의 포스팅에 계속해서 기록을 쌓아가고 있습니다.

콘텐츠를 쌓는 습관

바야흐로 미디어의 시대입니다. 메시지를 '받는 사람이 고르는' 시대가 되었습니다. 과거에는 TV 말고는 채널과 콘텐츠에 선택지가 없었죠. 이제는 OTT, 뉴미디어 등 넘쳐흐릅니다. 어떤 미디어를 보는지가 내가 누구인지를 말해줍니다. 내가 누구인지를 말하기 위해, 미디어 산업에서 일을 하고 살아남기 위해 저는 10년이 넘게 1,300개의 콘텐츠를 먹으며 저의 아비투스를 채웠죠.

〈올드보이〉 속 오대수는 말합니다. 정말 지겹도록 군만두를 먹었다고. 하지만 저는 정말 맛있게 먹었습니다. 먹으면 먹을수록 깊이감이 깊어지고, 먹는 경험이 쌓일수록 더 잘 먹을 줄 알게 되더라고요. 콘텐츠 먹는 '반복과 누적의 힘'을 오늘부터 만들어보시면 어떨까요? 시간이 지나서 큰 취향의 무기가 되어 있을 겁니다.

무기의 비밀

"반복과 누적의 힘은 가장 강력한 무기를 만든다."

저의 사골 감성 프로젝트로 꺼낸 '1,300개의 콘텐츠를 무기로 싸우는 법', 그 과정은 누구나 만들어갈 수 있는 과정이라고 생각합니다. 콘텐츠를 읽고, 보고, 기록한다고 하루아침에 당장 변화가 생기지 않을 수 있습니다. 하지만 이 습관을 만들고 한 달, 일 년, 수년을 쌓아나간다면 분명히 마케팅력이 강해져 있으리라 생각합니다. 이렇게 콘텐츠를 무기로 무장하여 나만의 무기로 활용해 가시길 바랍니다.

꼭 가고 싶은 회사가 있는데.
거기 가기 위해 이것부터 하나씩
매일 해보는 게 어떨까?

지금부터 하나씩 뭘 해보라고?
어느 세월에. 핵심만 딱 찍어주는
그런 사람 없나?

27

콜라보
브랜드와 세상을 잇는 무기

 지금 우리는 어떤 시대를 살아가고 있을까요?

브랜드의 시대입니다. 비즈니스를 하는 모든 이들이 브랜드의 중요성을 알고 만들어가고 있습니다.

마케팅의 시대입니다. 브랜드를 가진 모든 이들이 마케팅을 필수로 비즈니스를 키워가고 있습니다.

모두가 브랜드를 외치고, 마케팅을 말하는 시대가 되었죠. 그리고 여기에 하나가 더 추가되었습니다. 콜라보, 즉 콜라보레이션을 빼고는 브랜딩과 마케팅 모두 하기 어려운 시대가 되었습니다.

브랜드와 비즈니스를 키우기 위한 가장 강력한 무기, 콜라보

"그런데 콜라보가 뭐지? 어떻게 해야 하나요? 브랜드와 마케팅을 이야기하는 사람은 많은데 왜 콜라보하는 법을 알려주는 사람은 없죠?"

사람들은 콜라보레이션의 현상은 이야기하지만 브랜드와 마케팅의 개념처럼 자세히 다루지는 않고 있습니다. 콜라보를 알고 활용해야 하는 이유는 뭘까요? 콜라보의 본질은 비즈니스와 비즈니스가, 브랜드와 브랜드가, 마케팅과 마케팅이 서로 협력하여 상호 간에 더 큰 결과물을 만들어내는 과정이기 때문에 모두가 필요로 하고, 또 알아야 합니다. 그럼 마케터만, 브랜드 기획자만 콜라보레이션을 알면 될까요? 넓게는 서비스 기획자가 파트너십을 만드는 과정, 에디터가 누군가를 섭외하여 함께 기획하는 과정까지 모든 것이 콜라보레이션의 범주에 들어갑니다. 이제 콜라보는 전 산업군을 아우르는 비즈니스의 방식이 되었습니다.

이렇게 기업에서 일하는 기획자나 마케터, 1인 비즈니스 사업자, 인플루언서까지 모든 이들의 대(大)콜라보 시대가 열렸습니다. 여기서 시작을 어떻게 해야 하는지 알고, 콜라보의 의미를 잘 알고 접근해야 시행착오를 줄이고 성공 사례를 키워갈 수 있습니다. 여기서는 콜라보에서 꼭 알아야 할 의미와 기본 개념을 노하우와 함께 담았습니다. 이 글을 통해 새로운 고객을 확보하고, 브랜드를 더 키우고, 비즈니스를 확장할 수 있는 좋은 기회를 무기로 만들어보시길 바랍니다.

콜라보가 뭘까?

콜라보레이션 : collaboration / 콜라보 : collabo

이 단어를 좀 더 들여다볼까요?

- 복수의 예술가가 동일한 작품을 대등하게 분담 제작하는 것
- 다수의 개인 또는 실무그룹이 하나의 임무나 프로젝트를 수행하기 위해 공동으로 작업하는 것
- 사전적으로 공동작업 · 협력 · 합작이라는 뜻으로 이종 기업 간의 협업을 뜻함
- 각기 다른 분야에서 지명도가 높은 둘 이상의 브랜드가 손잡고 새로운 브랜드나 소비자를 공략하는 기법

이를 요약하면 콜라보레이션을 한국말로는 이렇게 담아볼 수 있겠습니다.

공동작(共同作) ; 협업

20세기 이전에 예술가의 협업으로 많이 쓰였던 프랑스에서는 'collaboration(콜라보라숑)'의 주체를 이렇게 표현합니다.

collaborateur(콜라보라뙤르)

좋은 의미로는 협력자, 날카로운 의미로 전시에 고국의 적에게 협력/정보를 제공한 사람을 말하기도 합니다.

그동안 경험하고 알게 된 콜라보의 진실을 이 시대에 필요로 하는 독자분들을 위해 꺼내고 알리려 합니다. 그럼 제가 콜라보라뙤르가 되어 콜라보의 시대를 담아봅니다.

콜라보 시대에 살아남기

바야흐로 콜라보의 시대입니다. 럭셔리한 제품을 만드는 명품도, 100년 이상 된 브랜드도, 글로벌 탑 혹은 업계 1위 브랜드도, 모두가 열광하는 아티스트도 모두 콜라보를 하고 세상 사람들은 이에 열광하죠. 콜라보가 하나의 쇼, 엔터테인먼트, 행위예술로까지 확산되고 있습니다. 이제 콜라보는 하나의 '장르'가 되었습니다. 왜 이렇게 되었을까요?

콜라보를 하지 않으면 브랜드가 지루해질 수 있습니다.

콜라보를 하지 않으면 고객 집단이 정체될 수 있습니다.

콜라보를 하지 않으면 비즈니스 영역이 제한될 수 있습니다.

콜라보를 하지 않으며 후발주자에게 쫓길 수 있습니다.

이걸 알기에 각 분야의 날고 기는 모든 이들이 콜라보를 탐색하고,

성공적인 케이스를 만들어 관심을 끌면서 세상을 뒤흔들기 위한 많은 노력을 하고 있습니다. 콜라보는 하나의 쇼를 넘어 이제는 생존 전략입니다. 비즈니스를 하고, 브랜드와 서비스를 만들고 담당하는 이들이라면 콜라보 역량, 콜라보력을 키워 무기로 만들 수 있어야 이 시대에 살아남을 수 있습니다. 여기에 필요한 성공하는 콜라보의 비밀에 대해 담아봅니다.

콜라보의 시작 : 브랜드와 상상 매칭

저는 지금까지 CJ ENM에서 tvN, 미키 마우스, 프린세스, 마블, 픽사, 곰돌이 푸, 그리고 노티드에 이르기까지 마케터로 다양한 브랜드를 맡아왔습니다. 브랜드로부터 제안받고 검토한 콜라보만 수백 건, 그리고 실제로 진행했던 크고 작은 건들이 100건을 넘어갑니다. 그런데 잘되는 콜라보레이션은 시작부터 다릅니다. 또 브랜드와 브랜드의 만남이기 때문에, 어떻게 보면 시작점이 가장 중요하기도 합니다. 이 부분을 잘 숙지해서 콜라보레이션을 제안하거나 파트너사와 협의를 할 때 잘 활용해 좋은 성과와 결과로 만들어보시기 바랍니다.

콜라보의 시작은 무엇부터일까요? 먼저 콜라보의 시작은 '상상의 매칭'으로부터 시작됩니다. 일반적으로 누군가가 자신의 브랜드나 서비스, 비즈니스를 키우기 위해 다른 누군가에게 제안하고 협의를 하면서 콜라보가 시작됩니다. 이때 단순히 제안하는 대상의 인지도나 매력도만 보고 접근하면 안 됩니다. 그럼 콜라보 상대를 고를 때 뭘 봐야 할까요? 대상의 범주를 크게 브랜드, 플랫폼, 인플루언서 이렇게 세 가지로 나누어보겠습니다. 먼저 나의 브랜드에 상대방의 [   ]를 더해 매칭하는 과정이 필요합니다.

1. [브랜드] - 두 브랜드의 **타깃** 간 접점이 있는지?

2. [플랫폼] - 그 플랫폼의 **유저**와 브랜드의 타깃이 접점이 있는지?

3. [인플루언서] - 팬층의 **타깃**과 브랜드의 타깃이 접점이 있는지? 그 인플루언서가 브랜드의 이해도가 있는지?

성공하는 콜라보레이션의 비밀

콜라보의 기본 속성은 두 브랜드의 사용자 또는 고객, 팬덤이 뒤섞이는 과정입니다. 서로 이상적인 시너지를 만들어 모두에게 도움이 될 수도 있고, 어느 한쪽이 어느 한쪽에게만 도움을 주게 되는 경우도 많습니다. 비즈니스는 기본적으로 거래를 하는 양쪽 모두에게 이로운 거래가 전제되어야 하는데, 콜라보도 마찬가지입니다.

"콜라보에서 어느 한쪽만 유리한 거래는 없다."

만약 한쪽에만 유리한 결과가 있다면, 이후로 파트너십이 오래 지속되지 않을 가능성이 높습니다. 콜라보는 보통 콜라보를 더 갈망하는 측에서 제안을 하며 시작됩니다. 반대로 말하면 많은 이들이 함께하기를 갈망하는 브랜드는 다양한 곳으로부터 제안을 받게 되죠. 제안하는 누군가는 공격수, 제안받는 누군가는 수비수의 포지션인 것입니다. 던지는 곳과 받는 곳, 그것이 동시다발적으로 일어나면서 콜라보의 시작이 펼쳐집니다. 그럼 공격수의 입장으로 수비수를 뚫고자 한다고 가정해 볼게요.

시작 단계에서 꼭 포함되어야 하는 것은 어떤 것이 있을까요?

어떻게 성공 가능성을 높일 수 있을까요?

이미 슈퍼스타의 반열에 오른 A1과 A2가 있다면 빠르게 콜라보가 진행될 수도 있습니다. 특히나 이종 산업의 경우에는 서로의 마켓이 겹치지 않기 때문에 원활하게 진행되는 경우가 많습니다. 그러나 현실 세계에서 제안을 하는 대부분의 브랜드는 슈퍼스타가 아닐 가능성이 크죠. 그럼 부족한 인지도와 네임밸류를 가진 상황에서 어떻게 접근하고 키워가야 하는지 담아보겠습니다.

(1) 시작부터 성공할 콜라보를 제안하는 법

콜라보를 제안할 때, 다음 기승전결을 포함해서 접근합니다. 다음의 요소들이 채워진 곳과 채워지지 못한 곳은 성공과 실패의 다른 가능성으로 시작하게 됩니다.

제안하는 이는 누굴까?

제안하는 측이 대중적으로 인지도가 높지 않은 브랜드라고 해볼게요. 자신들을 소개할 때 매출 얼마, 업계 1위 이런 지표도 좋지만 어떤 차별화된 브랜드를 만들고 있고, 어떻게 타깃에게 매력적으로 어필되고 있는지를 충분히 담아야 합니다. 많은 콜라보의 주체는 브랜드나 마케팅 담당자이기 때문에 어떤 브랜드인지 잘 알리는 것이 중요합니다.

뭘 하고 싶은 걸까?

제안하는 측에서 메일이나 제안 채널로 소개를 전하고, 회신이 닿으면 일단 한번 만나자고 하는 경우가 상당히 많습니다. 그런데 이 경우에 미팅이 성사되기도 어려울 뿐 아니라, 만나고 나서 무얼 하고 싶다는 명확한 메시지가 없는 경우가 많습니다. 같이 콜라보를 하고 싶다는 것 이상으로 구체화된 것이 없고, 역으로 제안을 받는 주체에게 뭘 할 수 있을지 구성해 달라고 요청하는 경우도 있습니다. 이는 힘들게 얻은 협업의 불씨를 죽이는 일과도 같고 이후에 잘될 가능성은 낮습니다. 제안할 때 먼저 뭘 하고 싶은지가 명확해야 합니다.

뭘 가지고 있을까?

사람들이 열광하는 힙하고 인기 높은 브랜드는 많은 곳들에서 콜라보를 하고 싶어 하죠. 그런데 그런 브랜드의 담당자 역시도 갈망하는 부족한 것이 있습니다. 때론 '공간'일 수도 있고, 때론 특정 '타이밍'일 수도 있습니다. 제안하는 측에서 그 빈 곳을 파악해서 채워주면서 협상을 하는 것이 키 포인트입니다. 기사를 통해, 또는 업계 소식을 통해, 담당자와의 대화를 통해 비어있는 브랜드의 니즈를 잘 파악하고 공략하면 성공적인 콜라보의 가능성을 높일 수 있습니다.

(2) 양쪽 모두 이득인 콜라보 만들기

거래를 100이라고 했을 때, 온전히 50-50은 현실에서 존재하기 어렵습니다. 누군가 더 하고 싶은, 하지 않으면 더 아쉬운 누군가가 존재합니다. 아쉬운 제안자가 B, 제안받는 자가 A라고 해볼까요? B는 A가 함께해야 할 이유를 만들고 A의 빈 부분을 채워주기 위한 노력을 하게 되고, A는 B가 가진 리소스를 최대한 활용하며 진행이 됩니다. B는 A와 함께하며 매력적인 브랜드와 함께하는 이득을 얻고, A는 B의 리소스를 취함으로써 이득을 얻게 되죠. 이렇게 양쪽 모두 이득인 콜라보의 최접점을 찾아가면 성공적인 콜라보를 만들어낼 수 있습니다. 그러려면 무엇이 필요할까요? 이 말을 기억하세요.

"콜라보는 상대의 무기를 찾고, 나의 무기를 내어주는 과정의 반복이다."

나와 상대가 가진 리소스 파악하기

먼저 서로가 가진 무기를 파악하는 것이 중요합니다. 콜라보는 협상의 영역이기도 합니다. 때로는 서로 드러내기도 하고, 협상을 위해 숨겼다가 하나씩 꺼내기도 하죠. 상대방의 리소스와 숨은 니즈를 최대한 빠르고 정확하게 알수록 협상을 유리하게 끌고 갈 수 있습니다. 이를테면 A는 콜라보 캠페인을 위한 넉넉한 예산을 가지고 있는데 노하우가 없고, B는 예산이 부족한 대신 노하우와 네트워킹이 충분히 있다면 서로 이를 파악하고 협의 과정을 통해 좋은 결과를 만들 수 있습니다.

모두에게 이득인 균형점 찾기

모두 다 본인의 입장에 유리하게만 가져가려 하기보다는 양사 모두 이득인 균형점을 찾는 것이 중요합니다. 피자를 둘이 나눠 먹는다고 가정해 볼까요? 먼저 피자의 나누는 영역을 구분하는 역할을 하는 누군가가 있을 텐데 피자의 모든 것을 취하고 남겨진 조그만 조각만 파트너가 취한다면 그것은 이상적인 콜라보가 아닙니다. 파트너사 담당자도 내부적으로 어필할 수 있고 함께하는 일을 성과로 만들 수 있어야 하죠. 그래야 일을 적극적으로 키워내고, 콜라보 이후에도 계속 좋은 관계로 지속해 갈 수 있습니다.

"함께 오래가려면 먹을 것을 합리적으로 나누어야 한다."

(3) 콜라보는 브랜드의 가치에 가치를 더하는 일

콜라보를 할 때에는 먼저 브랜드 전략이 필요합니다. 브랜드 전략을 세우면서 '무엇이 필요하다, 무엇을 채워야 한다'를 정하게 됩니다. 그러면 어느 타이밍에 무엇을 해야 하는지가 나오고, 자연스럽게 콜라보가 필요한 시점이 그려집니다. 그리고 그 전략에 맞는 최적의 파트너를 찾고 제안하게 되는 것이죠. 이렇게만 말씀드리면 어렵게 느껴질 것 같아 제가 진행했던 실제 사례를 담아봅니다. 바로 많은 분께서 아실, 마블이라는 브랜드에 대한 이야기입니다.

마블과 스포츠/집

이전에 디즈니에서 마블 캠페인을 진행하게 되었는데 그 당시 영화 〈어벤져스〉 시리즈가 끝난 시점이었습니다. 주요 인물이 사라지고 이야기가 끝을 맺게 되죠. 더 이상 이후에 찾아오는 콘텐츠의 신작 효과를 기대하기 어려운 시점이었습니다. 그래서 마블이라는 브랜드를 '콘텐츠/영화 속' 브랜드에서 '라이프스타일/일상 속' 브랜드로 확장해야 했습니다. 그때 마블과 어울리는 라이프스타일이 뭘까 고민을 하다가 '스포츠'라는 것을 발견합니다. 그때 마블 캠페인의 슬로건이 'Find Your Power'였는데, 여기서의 '내 안의 파워'를 스포츠라는 카테고리로 만들어보기로 하죠. 그래서 스포츠 카테고리를 탐색하다가 액티비티(프립)와 스포츠 복합공간(스포츠몬스터) 브랜드를 선택해 콜라보를 하게 됩니다. 이 두 곳 모두는 고객에게 새로운 경험을 만들어주고 싶었고, 그러기 위해 매력적인 IP를 가진 브랜드와의 협업을 찾고 있었죠. 마블은 그들이 만드는 스포츠의 영역과 잘 어울리는 브랜드였습니다.

그렇게 협업을 해서 마블은 스포츠라는 새로운 영역으로 넓혀 마블을 일상의 라이프스타일로 확장할 수 있었고, 액티비티와 복합공간 브랜드는 마블의 IP를 활용해 이색적인 고객 경험을 만들며 성공적인 콜라보로 마무리할 수 있었습니다.

다음 해에는 코로나19가 찾아옵니다. 사람들은 밖에 나가지 않고, 불확실한 접촉을 꺼리는 분위기가 되었죠. 마블의 다양한 제품으로 비즈니스를 펼쳐야 하는데 쉽지 않은 상황이었습니다. 비대면의 사회적 분위기 속에서 팝업을 대대적으로 할 수도 없었고, 마블의 많은 제품군은 밖으로 나가야 만날 수 있는 제품이었습니다. 그래서 이번에는 아예 집으로 마블의 라이프스타일을 넓히기로 하죠. 밖에 나가기 어려운 시기였기에 '집 안에서도 마블과 함께하는 즐거운 순간'을 만들기 위해 〈오늘의집〉과 콜라보를 하기로 합니다. 당시 〈오늘의집〉은 유튜브 콘텐츠를 만들며 이색적인 콘텐츠 소재가 필요한 상황이었죠. 그렇게 양사의 니즈가 만납니다. 그래서 〈닥터 스트레인지〉와 〈스파이더맨〉 테마로 고객의 방을 꾸며주는 이벤트를 하고, 실제로 고객의 방을 꾸미는 과정을 콘텐츠로 만듭니다. 그 영상은 다른 영상 대비 2배가 넘는 조회수를 기록하며 뜨거운 반응을 얻을 수 있었고, 마블의 팬덤과 〈오늘의집〉의 팬덤이 잘 결합된 성공적인 콜라보로 마무리할 수 있었습니다.

노티드와 아이돌/게임

이번엔 노티드에서 진행했던 노티드월드 사례로 가볼까요? 노티드월드는 잠실에 선보인 340평짜리 플래그십 스토어입니다. 이곳에는 '스페이스 노티드'라는 공간이 있습니다. 이곳은 처음부터 외부와의 콜라보를 위해 준비한 공간으로, 여러 차례 콜라보를 진행합니다. 각각의 케이스에는 각각의 전략적 이유가 있었는데, 뭐였을까요? 먼저 BTS 10주년, 'BTS FESTA'를 맞아 함께 진행했던 첫 콜라보는 빅브랜드와의 레퍼런스를 구축하고 이후 콜라보를 지속하기 위한 시작의 의미를 만들 수 있었습니다. '노티드가 BTS하고?' 이렇게 인식의 크기를 키우는 역할을 할 수 있었죠.

이어서 〈로스트아크〉 게임과 콜라보를 진행하게 되었는데요, 이종산업 콜라보를 통해 새로운 팬덤을 노티드월드 고객으로 유입하고, 노티드의 신규고객으로 만들기 위한 것이었습니다. 이 게임을 즐기는 고정 유저가 100만이 넘고, 이들 대부분이 매주 게임을 즐기는 팬층이었기 때문에 충분히 노티드에게도 매력적인 팬덤의 브랜드였던 거죠. 그래서 이 게임 브랜드와 콜라보를 하여 노티드월드에 전개하게 됩니다. 그 결과 어떻게 되었을까요? 첫날 아침부터 600명이 넘는 고객분들이 새벽부터 찾아 오픈런을 하고, 9만 명이 넘는 고객이 팝업을 찾게 됩니다. 그렇게 새로운 팬덤이 유입되고, 이후에 노티드월드는 더 많은 분들이 찾게 되었습니다. 콜라보의 배경에는 노티드월드의 전략이 먼저 자리 잡고 있었죠. 이렇게 콜라보를 할 때는 브랜드 전략이 먼저고, 전략에 맞춰 파트너 선정을 한 다음 구체적인 방법을 그려가는 것이 좋습니다.

실제 콜라보 진행 사례 요약

마블이 왜 '스포츠'와 만났을까?

- 브랜드 : 마블 x 프립, 마블 x 스포츠몬스터
- 메시지 : 마블 FIND YOUR POWER 캠페인. 마블의 파워가 나의 이야기가 되다.
- 배경 : '스포츠'는 마블을 영화의 브랜드에서 라이프스타일 브랜드로 확장하기 위한 수단
- 결과 : 마블의 스포츠 의류 카테고리 신규 계약 및 카테고리 매출 상승

마블이 왜 '집'과 만났을까?

- 브랜드 : 오늘의집
- 메시지 : 일상의 라이프스타일로 확장하다. 집에서도 마블을 만날 수 있다는 메시지.
- 배경 : 〈오늘의집〉은 함께 협업 콘텐츠를 만들어 확장하기 좋은 시장 선도 파트너
- 결과 : 마블 피규어와 홈 제품 파트너십 확장 및 신규 판매 채널 확보

노티드월드와 아이돌 브랜드의 콜라보

- 브랜드 연결고리 : 노티드 캐릭터인 슈가베어가 알고 보면 BTS의 숨은 찐팬이었다?
- 콜라보 콘셉트 : 슈가베어가 BTS 10주년을 축하해 주기 위해 FESTA를 함께한다.
- 콜라보 장치 : 팝업, 협업 도넛, 협업 굿즈
- 결과 : 외국인 고객의 신규고객 유입으로 글로벌 브랜드 인지도 확장

노티드월드와 게임 브랜드의 콜라보

- 브랜드 연결고리 : 〈로스트아크〉 게임 속 캐릭터가 노티드월드와 만나면?
- 콜라보 콘셉트 : '노티드 월드에 모험을 떠난 모코코와 친구들'의 장치를 구현
- 콜라보 장치 : 팝업, 협업 도넛, 협업 굿즈 + 온라인 스토어
- 결과 : 게임 팬덤 유입으로 신규고객 확장

콜라보는 1+1이 2 이상이 되는 것

이렇게 '성공하는 콜라보 제안하는 법' 그리고 '양쪽 모두 이득인 콜라보 만들기'와 함께 '브랜드 가치 더하기'에 대해 담아보았는데, 실제로는 어떨까요? 현실세계에서는 잘되는 콜라보 이면에 감춰진 실패하는 콜라보는 물론 협의 단계부터 불이 꺼지는 수많은 콜라보가 있습니다. 많은 협업 제안들이, 그리고 미팅 이후에 일을 키워가는 과정에서 앞서 설명드린 내용들이 잘 갖춰지지 않아서 무산되는 일들이 빈번합니다. 그렇게 되지 않으려면 앞서 담아드린 중요한 것들을 모두 잘 알아야겠죠?

결국 콜라보는 A 브랜드와 B 브랜드가 만나 더 큰 가치를 만들어내는 과정입니다. 매력적인 브랜드로 만들어 더 큰 비즈니스로 키워내기 위함이죠. 그것은 매출일 수도, 구독자일 수도, 고객의 특별한 경험일 수도 있습니다. 1과 1이 만나 2 그 이상을 만드는 것이 콜라보의 본질입니다. 콜라보로 1위 브랜드는 판을 더 키우고 위치를 공고히 하여 지속 가능한 위대한 브랜드로 나아갈 수 있고, 후발주자는 존재감을 만들어내 판을 엎는 기회를 잡을 수도 있습니다. 그리고 스몰 브랜드의 경우에는 더 많이 알려지는 기회, 신규 브랜드는 새로운 타깃으로 확장할 수 있는 기회가 될 수도 있습니다.

콜라보는 브랜드와 브랜드가 만나 새로운 고객 경험과 비즈니스의 확장을 이뤄내는 일입니다. 콜라보는 비즈니스와 브랜드에 있어 새로운 경험, 새로운 이미지, 새로운 세계관을 만들어낼 수 있는 강력한 무기입니다. 성공적인 콜라보를 통해 새로운 고객을 확보하고, 브랜드를 더 키우고, 비즈니스를 확장할 수 있는 좋은 기회를 무기로 만들어가시길 바랍니다.

무기의 비밀

콜라보할 때, 핵심 질문 5가지

(1) 콜라보레이션을 하려는 궁극적인 '이유'가 뭘까?

(2) 브랜드의 '기존의 가치'는 무엇이고, '어떤 가치'를 더할 것인가?

(3) 콜라보로 전달하고자 하는 '핵심 메시지'가 무엇일까?

(4) 위의 가치와 핵심 메시지와 맞는 '콜라보 파트너'는 누굴까?

(5) 그 대상이 자사 브랜드와 함께함으로써 '얻는 건' 뭘까?

"콜라보를 만드는 과정은 비즈니스 협상의 과정이다."
"콜라보는 1과 1이 만나 2 이상을 만드는 무기이다."

콜라보는 시너지를 만드는 무기구나!
내 일과 브랜드는 어떤 것과 잘 어울릴까?
내 거는 어떤 걸 줄 수 있지?

콜라보 그거 다 의미 없어. 끝물이야.
바로 돈 벌 수 있는 것도 아니잖아?

28

캐릭터
커리어를 관통하는 하나의 무기

저의 두 번째 회사는 디즈니였습니다. 이전 tvN에서 방송 마케팅을 하다가 디즈니 채널에서 방송 마케팅을 하게 되었죠. 디즈니에서는 키즈 채널이라는, 애니메이션 중심의 콘텐츠라는 특성이 달랐지만 기본적으로 방송 콘텐츠 마케팅이라는 연결점이 있었습니다. 그러다 커리어의 변화가 운명처럼 다가옵니다. 하루아침에 조직 이동으로 IP 마케터로 가게 된 거죠. 여기서 IP가 뭘까요? 지적재산(intellectual property)의 의미로, 쉽게 말해서 캐릭터와 브랜드와 같은 무형자산을 의미하는 말입니다.

새로 가게 된 곳은 미키부터 마블, 픽사, 프린세스와 같이 다양한 브랜드와 캐릭터를 기반으로 제품화를 하는 소비재사업부였습니다. 같은 마케팅이라고는 해도 방송 콘텐츠와 소비재는 완전 다른 산업군입니다. 여기서 소비재는 쉽게 말하면 패션, 폰케이스, 홈, 가전까지 디즈니 캐릭터로 만들어진 모든 제품을 의미합니다. 미디어에서만 쭉 있었으니 소비재 산업에 대해서는 잘 알지 못했죠. 같은 회사에서도 전혀 다른 산업의 마케터로 그렇게 새로운 시작을 하게 되었습니다.

처음 만나는 IP의 세계, 캐릭터 무기를 꺼내다

하지만 저에게 이전부터 진심인 분야가 하나 있었습니다. 바로 캐릭터였죠. 캐릭터는 어릴 때부터 많이 좋아하던 분야였습니다. 애니메이션과 만화책을 보고 자라며 만화가를 꿈꾸기도 했으니까요. 실제 성인이 되어서도 웹툰 공모전에도 도전하고 떨어지기를 스무 번 넘게 반복하며 알게 되었습니다. 이쪽이 나의 길은 아니구나라는 것을. 만화를 그리진 못하게 되었지만 캐릭터로 만든 제품을 마케팅하게 되었으니 나름의 덕업일치라고 할 수 있었죠.

저는 곰돌이 푸라는 캐릭터를 맡게 되었어요. 기존에는 캐릭터 마케팅을 할 때 대형마트의 완구 섹션을 중심으로 진행했었죠. 그런데 기존처럼 마트를 중심으로 하는 형태로는 큰 변화를 만들어줄 수 없을 것으로 생각했습니다. 그리고 팝업스토어를 시도합니다. 당시가 2019년이었으니, 지금처럼 팝업이 활성화된 시기가 아니었습니다. 게다가 이전까지 디즈니 코리아에서 한 번도 공식적으로 팝업을 해본 적이 없었죠. 그런 환경에서 진행한 골목길 꿀하우스 팝업이 뜨거운 반응을 얻고 4만 명이 넘게 모이며 성공을 거둘 수 있었습니다. 덕분에 글로벌 디즈니 어워드를 수상하며 내부에서도 많은 조명을 받을 수 있었습니다. 그 산업을 잘 몰랐던 '뉴비'가 판을 뒤흔들 수 있었던 것은 캐릭터를 좋아했던 시절이 있었기에, 캐릭터 덕력의 마음을 잘 저격하여 많은 사람을 불러 모은 데 있었습니다. 푸 프로젝트의 성공을 계기로 마블, 픽사, 미키와 친구들, 프린세스까지 다양한 디즈니의 브랜드로 온라인과 오프라인을 아우르며 이들 캐릭터와 세계를 잇는 일을 계속 이어가게 됩니다.

처음 만나는 F&B의 세계, 캐릭터 무기를 연결하다

또다시 새로운 곳으로 가게 되는데, 그곳은 노티드 브랜드를 만드는 GFFG라는 곳이었습니다. 맛있는 도넛을 만드는 디저트 브랜드였죠. 디즈니에서 IP 소비재 산업에 있을 때도 푸드 브랜드와 함께 협업을 하긴 했지만, 완전히 푸드 브랜드를 맡는 건 처음이었습니다. 계속 미디어와 IP 산업에서 일해왔기 때문에 푸드는 잘 몰랐지만, 이전처럼 브랜드의 이색 고객 경험을 만들어 새로운 기회로 확장해 가기로 합니다. 여기에 저의 무기였던 캐릭터를 활용하기로 한 거죠.

노티드에는 '슈가베어'라고 하는 귀여운 캐릭터가 존재합니다. 노티드 매장과 패키지에 등장하는 귀여운 곰 캐릭터죠. 그리고 많이들 보셨을 '노티드 스마일'과 '크림버니' 캐릭터도 있습니다. 기존에 외형만 존재하던 이들 캐릭터에 아이덴티티를 담아 세계관을 만듭니다. 그리고 340평의 초대형 플래그십 스토어 '노티드월드'를 선보입니다. 이곳을 기존의 오프라인 매장이 아닌, 세상에 없던 새로운 공간으로 만들어가게 됩니다. 바로 캐릭터를 활용해서요. 노티드의 캐릭터와 '벨리곰' 같은 다른 캐릭터가 만나서 놀게 하고, 〈로스트아크〉의 게임 속 캐릭터 '모코코'를 노티드월드 속으로 초대하기도 하고, 또 BTS의 10주년 페스타(FESTA)와도 함께합니다. 이 모든 활동들을 캐릭터를 중심으로 노티드월드에서 펼쳐갑니다. '슈가베어가 알고 보면 BTS의 팬이었다?' '노티드와 친구들이 배스킨라빈스에 놀러 간다면?' 이렇게 캐릭터에 상상을 더해서 내부와 외부를 잇는 다양한 마케팅 협업을 만들어갑니다. 그렇게 노티드월드는 캐릭터와 함께하는 특별한 공간으로 자리 잡으며 많은 사람들이 찾는 이색 공간이 될 수 있었습니다.

디즈니에서 노티드로 가고, 새로운 일을 하게 되면서 사용한 저의 무기는 뭐였을까요? 이야기에 담은 것처럼 저의 무기는 '캐릭터'였습니다. 디즈니에서는 IP 업무를 하면서 캐릭터의 매력을 담은 제품을 선보이고, 팝업스토어와 함께 브랜드 캠페인을 선보였습니다. 노티드에서도 캐릭터와 다양한 브랜드 콜라보레이션과 함께 노티드월드를 선보였죠. 누군가 보기에는 미디어에서 푸드 산업으로 일을 옮기는 것이 전혀 낯선 변신처럼 보일 수 있지만, 이렇게 저는 저의 커리어를 관통하는 하나의 키워드 '캐릭터'로 커리어를 연결하며 성과를 만들어갈 수 있었습니다.

나의 시그니처 무기

누구나 자신의 커리어를 만들어가며 일을 바꿀 수도 있고, 부서나 회사를 옮길 수도 있습니다. 전혀 새로운 산업으로 가게 될 수도 있고요. 제가 드리고 싶은 말씀은 여기서 나라는 사람의 커리어를 관통하는 하나의 키워드, 즉 '시그니처' 무기가 있어야 한다는 것입니다. 이 무기가 꼭 특별한 것만은 아니어도 됩니다. 어딜 가서도 외부 협업을 잘한다거나, 누굴 만나서도 세일즈를 하고 네트워킹 구축을 잘한다거나, 기획안 하나만큼은 남들 이상으로 잘한다거나 등. 이렇게 자신만의 시그니처 무기가 있어야 어떤 커리어 변신을 하고 변화하는 환경 속에서도 살아남을 수 있습니다.

여러분이 그동안 쌓아오신, 앞으로 쌓아가실 일의 여정 속에서 무엇이 대표 키워드가 될지 한번 생각해 보시면 좋을 것 같습니다. 그리고 그것을 계속 키워가고 강화해 간다면 대체 불가능한 여러분만의 고유의 무기를 만들 수 있을 것입니다.

나만의 대표 무기 만들기, 어떠신가요?

무기의 비밀

때로는 내가 의도하지 않았던 일이 찾아오기도 합니다. 그리고 과거에 했던 것들로 연결되기도 합니다. 과거에 했었던, 좋아했던 것들이 미래의 일에 있어 잠재적 무기가 될 수 있어요.

다만 필요한 순간에 꺼내서 연결하여 무기로 활용하는 게 중요합니다.

내 일에서 대표적인 키워드는 뭘까? _____
앞으로 만들어가고 싶은 키워드는 뭘까? _____

지금 하는 일도 쳐내기 바쁜데,
질문할 시간이 어디 있어?
그냥 하던 일이나 하자!

29

콘셉트
세계관을 만드는 무기

잠실에 있는 노티드월드에 가보셨나요? 이곳은 노티드의 캐릭터와 세계관이 담긴 특별한 곳입니다. 두 개의 층으로 이루어진 커다란 공간으로, 이곳은 매 시즌마다 테마가 바뀝니다. 전시회도 열리고, 아이돌과 콜라보를 했다가, 게임 캐릭터가 등장하기도 하죠. 여기에는 도넛이 있고 컵케이크가 있고, 또 브랜드와 함께하는 특별한 도넛도 등장합니다. 잠실에 가면 꼭 가야 할, 많은 사람들이 찾는 명소가 되었죠.

이색적인 콜라보와 상상이 가득한 노티드월드의 시작이 한 줄에서 비롯되었다면요? 여기서는 하나의 결과를 만들어내기 위한 콘셉트의 힘을 담아봅니다.

노티드월드의 탄생

GFFG에서 일을 하며 노티드로 큰 프로젝트를 만나게 되었습니다. 잠실에 340평이 넘는 초대형 공간에 새로운 매장을 오픈하게 된 것이죠. 그리고 그 공간에 대한 마케팅을 진행해야 했죠. 그런데 공간이 큰 만큼 많은 고민의 과정이 있었습니다. 이제껏 해본 적 없는 규모의 큰 사이즈와 독특한 내부 구조까지 많은 어려움을 마주하게 되죠. 많은 투자가 들어가기도 하고, 창사 이래 가장 큰 공간을 오픈하는 것이다 보니 회사 차원에서도 가장 중요한 프로젝트였습니다. 보통 새로운 매장을 선보일 때는 이렇게 진행을 합니다. 매장이 어느 정도 윤곽이 잡히면 콘셉트를 정리하고 이어서 마케팅을 하게 되죠. 그래서 준비가 어느 정도 되고 기획이 세워지면 그에 맞춰 마케팅을 기획하려고 기다림의 시간을 보냈습니다.

이 공간은 큰 대형 매장으로 준비가 되고 있었죠. '공간=매장'이라는 기존의 공식처럼요. 그런데 준비 과정에서 이 공간에 대해 비어있는 부분을 발견합니다. 그건 뭐였을까요? 그건 바로 콘셉트였습니다. 콘셉트라 하면 그곳의 정체성으로부터 시작해 스토리와 콘텐츠를 모두 아우르는 하나의 개념과도 같습니다. 왜 콘셉트였을까요? 노티드라는 브랜드의 세계관을 하나로 보여주기 위한 장치가 필요하다고 생각했습니다. 콘셉트 없이 물리적인 요소들로 채우려다 보니 계속 어려움을 겪고 있었죠.

모두 머리를 맞대고 고민의 시간을 가집니다. 마케터는 고객의 입장에서 이렇게 의견을 전달합니다. 이곳은 하나의 매장이 아니라, 하나의 상상의 공간으로 만들어야 한다고. 그래서 기획의 시작을 공간의 기획이 아닌 상상의 기획으로 다시 재설정을 합니다. 어떤 상상으로 시작을 하게 되었을까요? 노티드의 시그니처 메뉴인 우유 생크림 도넛을 드신 분은 아시겠지만, 도넛 안에 맛있는 크림이 가득합니다. 노티드를 상상하고 찾는 분들은 대부분 그 크림을 기억하고 가장 좋아하시죠. 그런데 '그 크림이 넘쳐흘러 세상을 가득 채운다면?'이란 상상을 던집니다. 그 상상으로부터 이렇게 새로운 공간의 콘셉트와 로그라인을 잡습니다.

'크림이 침공한 세상, 잠실에 세상에 없던 노티드월드의 탄생.'

강렬하고 명확한 콘셉트

크림 침공이라는 명확한 개념이 생기고 나서는 공간과 콘텐츠, 콜라보까지 하나씩 나아갈 수 있었습니다. 크림이 침공한 영상 콘텐츠를 만들고, 스토리가 담긴 채널을 오픈합니다. 더 나아가 공간까지 연결이 되며 노티드월드라는 세계가 만들어집니다. 그리고 이곳에 가야 할 이유가 필요했죠. 도넛에 이어 이곳에서만 먹을 수 있는 컵케이크 메뉴를 선보이게 되는데, 컵케이크도 상상을 시작으로 기획을 합니다.

'컵케이크 안에서는 어떤 세상이 펼쳐질까?'

컵케이크 안에 들어가서 놀고 맛있는 컵케이크를 먹는 상상을 합니다. 마치 《이상한 나라의 앨리스》와 같은 모습을 그립니다. 그렇게 초대형 컵케이크 박스와 컵케이크가 가득한 첫 번째 팝업이 탄생합니다. 세상에 없던 노티드월드가 탄생하고, 컵케이크의 세상까지 펼쳐질 수 있었던 것은 '크림 침공'이라는 하나의 강력하고 명확한 콘셉트가 가진 힘으로부터 시작할 수 있었습니다.

그럼 결과는 어떻게 되었을까요? 콘셉트 - 공간 - 메뉴 - 콘텐츠가 하나로 연결된 이곳은 오픈하자마자 1천 명이 넘는 사람이 몰리며 150개가 넘는 매체에 소개되고 가장 높은 트래픽을 일으키며 성공적으로 세상에 선보일 수 있었습니다.

콘셉트는 'How to do'

이 사례를 꺼내 온 것은 캠페인을 기획할 때 콘셉트의 중요성을 강조하기 위해서입니다. 앞서 전략은 'What to do', 방향성에 대한 정의로부터 무엇을 할지의 선택이고, 콘셉트는 'How to do', 전략을 달성하기 위해 어떻게 해야 할지의 요약이라고 말씀을 드렸죠? 모든 마케팅 실행안은 이렇게 전략의 방향성에 맞아야 하고, 콘셉트와 연계가 되어야 합니다. 많은 분들께서 이 고민 없이 아이디어부터 떠올린다거나, 전략과 콘셉트를 명확히 하지 않아 불명확한 메시지가 전달되거나 일이 성과로 모이기가 어려워지곤 합니다.

콘셉트의 기능은 어떤 것들이 있을까요? 먼저 실행안의 기준점이 됩니다. 어떤 아이디어를 실제로 할지 말지가 고민이 된다면 콘셉트에 맞는지 살피면 됩니다. 무언가에 비용을 태울지 말지 고민이라면 그것 역시 콘셉트의 본질에 가까운지 아닌지를 살피면 됩니다. 그리고 콘셉트는 온라인, 오프라인, 인플루언서, 브랜드 콜라보 등 동시다발적으로 진행하는 마케팅 활동들을 하나로 연결해 주는 역할을 합니다. 디즈니는 2023년 100주년을 맞이했습니다. 그래서 1년간 진행되는 모든 브랜드 캠페인, 새로 출시하는 콜라보 제품, 심지어는 100주년을 맞아 탄생한 오리지널 작품까지 모든 것들의 메시지를 '디즈니 100주년' 하나로 연결하여 전달합니다. 이 정도가 되니, 사람들이 인식을 하고 100주년 캠페인 안에 한 번쯤은 참여를 하게 되지요. 이렇게 콘셉트는 하나의 메시지로 모아주는 역할을 하기도 합니다.

마케팅을 하거나 어떤 프로젝트를 할 때 콘셉트가 명확하면 타깃 그룹을 선정하거나, 아이디어를 펼치거나, 예산을 나누어 집행하기 용이합니다. 반대로 콘셉트가 불분명하면 계속 방향성이 흐트러지기도 하고, 사람마다의 취향에 따라서 의견이 갈려 명확한 기준점이 없이 프로젝트가 산으로 가게 될 수도 있습니다. 콘셉트의 존재를 명확히 인지하고 하나의 콘셉트로 시작을 하는 것과 하지 않는 것의 차이는 벌써부터 다릅니다.

일을 하실 때 이렇게 콘셉트라는 무기를 품고 시작점을 만들고, 콘셉트를 중심으로 하나씩 뻗어가서 더 큰 결과물과 성과를 만들어가시기를 응원드립니다.

~~~~~~

무기의 비밀

~~~~~~

전략은 'What to do', 방향성에 대한 정의로부터 무엇을 할지의 선택.
콘셉트는 'How to do', 전략을 달성하기 위해 어떻게 해야 할지의 요약.

전략 VS 콘셉트, 뭐가 다를까? - 노티드월드

프로젝트 : 노티드 플래그십 콘셉트 스토어 오픈

배경 : 라이프스타일 브랜드로 확장하여 비즈니스 다각화

전략 : 브랜드 세계관을 구현하여 연결해서 상상의 공간으로 포지셔닝

콘셉트 : 크림이 침공한 세상, 컵케이크 안으로 들어간다면?

전략 VS 콘셉트, 뭐가 다를까? - 시몬스 침대

배경 : 오프라인 접점을 활용해 새로운 브랜드 경험을 제공하고자 함

전략 : 침대 없는 침대 회사 공간으로 포지셔닝

콘셉트 : 도심 속 그로서리 스토어

하나의 명확한 콘셉트부터 만들고
그거에 맞춰서 이번 프로젝트를 준비해 보자!

콘셉트 같은 거 만들 시간이 어딨어?
일단 해보면서 나중에 시간 남을 때 보자.

30

기획자의 무기들
팔리는 콘텐츠의 비밀

"내 SNS 채널은 왜 이렇게 반응이 없지?"

"이번에 영상 만드는데, 어떻게 만들어야 많이 볼까?"

무언가를 기획하거나 콘텐츠를 만들 때 모두가 드는 고민거리죠. 마케팅을 하면서 알게 된 콘텐츠 만들 때 도움 되는 기획자의 무기를 담아봅니다.

마케터로 브랜드를, 초인이라는 크리에이터로 콘텐츠를 기획하고 만들면서 알게 된 콘텐츠 기획력 높이는 여섯 가지 원칙을 정리해 봤습니다. 무언가를 기획하시거나, 어떤 콘텐츠를 만드시더라도 공통적으로 적용될 수 있는 부분입니다.

먼저 마케팅에 있어 '콘텐츠'라고 하면 다양한 것들이 있을 텐데요, 어디부터 어디까지가 콘텐츠일까요? 영상부터 SNS 포스팅, 포스터 이미지 등 고객이 브랜드를 경험할 수 있는 모든 소재까지 확장하여 콘텐츠가 될 수 있습니다. 고객이 어떤 브랜드나 서비스의 마케팅을 만나게 되는 접점이 바로 이 콘텐츠가 되기 때문에 가장 중요한데요, 기획자에게 무기가 될 수 있는 콘텐츠 기획력 강화하기에 대해 기억해 두셨다가 이후에 활용해 보시기를 추천드립니다.

콘텐츠 기획력 높이는 6가지 원칙

(1) 어떤 가치를 전할까?

 # 핵심가치 | 재밌거나, 유용하거나, 매력 있거나

콘텐츠를 만들 때 가장 먼저 생각해야 할 것이 어떤 가치를 전할까입니다. 사람들이 콘텐츠를 볼 때는 결국 세 가지 요인에서라고 생각합니다. 재밌거나, 유용하거나, 혹은 매력 있거나. 처음 콘텐츠를 기획하고 만들 때 이 세 가지 중에 어느 하나는 반드시 충족이 되어야 합니다. 재미, 유용, 매력. 콘텐츠가 이들 중 하나라도 채워주지 못하면 팔리기 어렵습니다. 시작할 때 어느 가치를 전할지 앞서 잘 정의하고 시작하시면 좋습니다.

여기서 중요한 게 재미와 유용, 매력 모두를 담으려고 하다가 이도 저도 아니게 될 수 있다는 부분이에요. 특히나 콘텐츠를 초기에 시작할 때는 특정 하나를 뾰족하게 가져가면 자리 잡기에 좋습니다. 다른 가치로 확장하고 싶다면, 어느 정도 콘텐츠나 채널이 성장을 한 후에 하면 좋습니다.

"가치 있는 콘텐츠가 팔린다."

(2) 사용하는 유저들은 누굴까?

`# 라이프스타일 | 타깃 성향 꿰뚫기`

콘텐츠로 공략하고자 하는 유저를 아는 것이 중요합니다. 이들의 성향과 패턴을 알고 그 안으로 들어가야 팔리는 콘텐츠를 만들 수 있습니다. 먼저 어떤 특정 플랫폼에서 마케팅을 하기로 정하게 됩니다. 이를테면 인스타그램이나 유튜브, 틱톡 등이 있겠죠? 그럼 그 플랫폼을 활용하는 사람들의 성향, 패턴, 반응을 꿰뚫는 게 중요합니다. 이들은 뭘 좋아하고, 뭘 즐기고, 뭘 기대하고 있을까? 이용하는 사람들의 라이프스타일을 파악하는 단계죠.

예를 들면 인스타를 보면 요즘 다양한 팝업스토어에 가고, 에스프레소를 마셔서 쌓아 올리고, 다양한 디저트를 즐기는 패턴을 발견하게 됩니다. 어디를 가고, 왜 이것에 열광하는지, 어떤 것을 더 선호하는지 세부적으로 알면 이 소재들이나 취향을 활용해 타깃 유저들이 좋아하는 콘텐츠를 만들 수 있는 가능성을 높일 수 있습니다.

"일상과 닿아야 콘텐츠가 팔린다."

(3) 요즘 어필되고 있는 게 뭘까?

 # 트렌드 | 기존의 성공 방정식 활용하기

다음은 어떤 코드와 소재로 만들어야 할까, 입니다. 이를 위해서 요즘 트렌드를 두루두루 알면 도움이 됩니다. 요즘 인기 있는 것이 더 잘 어필될 가능성이 높죠. 여기서 팁은 기존의 성공 방정식을 활용하는 것입니다. 예를 들면 많은 사람들이 캐릭터와 콜라보레이션, 팝업 스토어를 즐겨 찾고 있고, 또 2000년대 문화가 뜨거워지면서 Y2K 패션도 함께 인기를 얻고 있죠. 이런 트렌드와 연계해서 콘텐츠를 풀어가면 좀 더 높은 반응도를 만들어낼 수 있습니다.

세상에 완전히 새로운 건 없습니다. 결국 콘텐츠 기획은 이전에 존재하던 것을 어떻게 더 새로워 보이게 하느냐의 싸움입니다. 한 번도 시도되지 않은 실험보다, 기존에 있던 성공 방정식을 잘 파악해서 이를 활용하여 시작하는 게 콘텐츠의 성공 가능성을 높일 수 있습니다. 시대에 맞는 콘텐츠가 잘 팔린다는 부분을 잘 기억해 주세요.

"시대에 맞는 콘텐츠가 팔린다."

(4) 콘텐츠를 어떻게 표현할까?

 # 카피라이팅 | 마케팅 메시지의 기승전결 / 요즘 언어 사용법

콘텐츠를 기획하는 과정에서 빠지지 않고 꼭 필요한 것이 있는데요, 바로 문구, 즉 카피라이팅입니다. 콘텐츠를 표현하기 위해서는 이미지도 있지만, 어디에든 그걸 표현하는 문구는 빠질 수 없죠. 그럼 마케터의 카피라이팅에서 필요한 건 뭐가 있을까요?

초기에 전달하고자 하는 마케팅 메시지를 기승전결의 흐름으로 정리하고 시작하면 도움이 될 수 있습니다. 이를테면 어떤 마케팅 캠페인을 할 때 기간 전체에 걸쳐 초기 단계에 필요한 문구가 있고, 또 중간 단계, 마지막 단계에 따라 사용하는 문구가 달라지겠죠? 이걸 먼저 정리하고 시작하고, 시기적으로 이를 활용해서 꺼내서 쓰면 좀 더 효과적으로 활용할 수 있습니다.

그리고 궁금해하실 부분이 유행어 어디까지 써야 할까, 입니다. 여기서 유의해야 할 것이 유행어의 남발입니다. 이때 콘텐츠 채널의 정체성을 고려해 유행어가 여기에 맞으면 써도 괜찮지만, 쓸 거면 일관성 있게 계속 써야 하고, 맞지 않는다고 생각하면 계속 쓰지 않는 게 좋습니다. 기품 있는 신사가 될지, 요즘 느낌의 힙스터가 될지에 맞춰 일관성 있게 가는 게 좋습니다.

"글쓰기는 기획의 무기다."

(5) 콘텐츠를 어떻게 보이게 할까?

콘텐츠 디자인 | 마케팅과 디자인을 연결하기

다음은 콘텐츠를 어떻게 보이게 할지 구성하는 단계입니다. 먼저 대부분의 회사에서는 디자이너가 별도로 존재하기 때문에 마케터와 함께 협업을 하게 됩니다. 마케터는 대개 디자인을 직접 진행하진 않지만, 기획을 하고 만들어진 디자인을 실제로 활용하는 건 마케터이기 때문에 함께 잘 만들어가야 합니다. 여기서의 핵심은 마케팅과 디자인을 연결하는 것입니다. 직접 디자인을 할 수는 없어도 충분히 연결시킬 수 있습니다.

먼저 디자이너가 충분히 마케팅 메시지를 이해하고 디자인할 수 있도록 마케팅 단계에서 디자인 커뮤니케이션 가이드를 제공하면 좋습니다. 정해진 포맷은 없는데요, 핵심 중심의 간략한 몇 줄일 수도 있고, PPT 1~2장으로 주요 마케팅 포인트를 정리해서 주는 것만으로도 메시지와 잘 연계된 디자인이 나올 수 있습니다. 마케터는 문구만 쓰고, 디자이너는 디자인만 한다? 그러면 서로 따로 노는 결과물이 나올 수 있습니다.

그렇게 메시지와 디자인을 연결하고 시안이 나오게 되면 검수를 하게 되는데요, 마케팅 메시지가 잘 들어갔는지 확인하는 과정에서 Z자

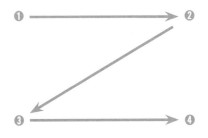

배너나 웹페이지, SNS 포스팅에 걸쳐 대부분의 사람들이 보는 Z자의 시선

기법을 활용하시면 요긴합니다. 보통 사람들은 시선을 그림과 같이 좌에서 우로, 위에서 아래로 보기 때문에 이에 맞는 순서로 로고나 메시지, 콜투액션(call to action: 유저에게 요청하는 행동 반응) 등을 배치하면 좋습니다. 마케팅에서 디자인은 하나의 메시지라는 점을 꼭 기억하시면 좋을 것 같습니다.

"디자인은 메시지다."

(6) 콘텐츠를 어떻게 성장시킬까?

단계별 확장 | 시작하고 확장하고 자리잡기

콘텐츠 기획의 마지막은 콘텐츠를 성장시키기 위한 방법입니다. 대부분의 마케팅은 한 번만 하고 끝나는 것이 아니라 계속 이어나가게 되는 연속성을 가지고 있습니다. 뉴스레터도 그렇고 SNS 채널도 그렇고, 블로그나 웹페이지, 광고 소재 등 모든 것이 그렇죠. 연속성이 있다 보니 구독자나 트래픽, 유저의 참여를 점점 높여나가야 하는데요, 이럴 때 단계별로 확장이 필요합니다.

3단계 접근법으로 확장하는 법을 소개해 드리면, 먼저 '시작'하고 '확장'하고 '자리 잡는' 단계를 미리 구상하는 거예요. 예를 들면 요즘 인스타에서 뜨거운 '최고심'이라는 계정이 있죠. 최고심 같은 경우에는 먼저 (1)대충 그린 그림체 짤로 유명세를 얻으면서 확장을 했어요. (2)그 인기에 힘입어 굿즈로 만들어지게 되었고, 최근에는 (3)GS편의점 등 다양한 브랜드 콜라보를 하면서 마케팅 전반으로 확장하고 있습니다.

계속 이렇게 인기를 얻으며 점점 단계별로 진화를 하게 되는 것처럼, 어떤 콘텐츠나 계정을 기획할 때도 초기 단계에서 어떻게 시작할지, 다음 어떻게 확장해 갈지, 그리고 최종적으로 어떻게 자리 잡을지를 미리 떠올려 보고 단계적으로 키워나가면 이를 성장시키는 데 도움이 될 수 있습니다. 이 과정에서 피벗(pivot, 전략적으로 방향을 바꾸는 비즈니스 의사결정)을 하는 과정이 생길 수도 있는데요. 중요한 것은 단순히 '팔로워 늘리기', '일주일에 포스팅 세 개 만들기'는 하나의 패턴이지 그 자체가 성장 전략이 될 수는 없다는 점입니다.

비즈니스 3단계 기획 사례

콘텐츠는 아니지만 잘된 3단계의 브랜드 성공 사례로 〈리멤버〉를 꼽고 싶습니다. 처음부터 3단계 모델을 그리고 시작했기 때문에 브랜드와 서비스가 잘 진화하여 자리 잡을 수 있었습니다.

(1) 명함 관리 앱으로 아이덴티티 구축 : 명함을 찍으면 데이터화해 주는 편의를 제공한다.
(2) 비즈니스 앱으로 확장 : 비즈니스 커뮤니티로 확장하여 트래픽을 극대화한다.
(3) 잡매칭 앱으로 구축 : 개인화된 데이터를 기반으로 잡매칭 서비스로 매출을 일으킨다.

이렇게 팔리는 콘텐츠를 기획하는 여섯 가지 원칙을 담아봤습니다. 디즈니와 tvN, GFFG까지 다양한 브랜드의 콘텐츠를 기획하는 동안

10년이 넘는 시간이 흘렀지만 이 여섯 가지 원칙은 시간이 지나도 변하지 않는 것 같습니다. 그리고 앞으로 3년, 10년이 지나도 여전히 유효한 방식일 것이라고 생각합니다. 뭔가를 새롭게 기획하거나 성장을 시키거나 일관성 있게 이어나가고 싶을 때 이 여섯 가지 원칙을 계속 꺼내서 보시면 분명히 도움이 될 것이라고 생각합니다.

이렇게 기획자의 무기, 팔리는 콘텐츠를 기획하는 방법까지 담아봤는데요, 비즈니스와 브랜드에 무기가 되는 매력적인 콘텐츠를 잘 만들어가시기를 바랍니다.

무기의 비밀

(1) 어떤 가치를 전할까?

    # 핵심가치 | 재밌거나, 유용하거나, 매력 있거나

(2) 사용하는 유저들은 누굴까?

    # 라이프스타일 | 타깃 성향 꿰뚫기

(3) 요즘 어필되고 있는 게 뭘까?

    # 트렌드 | 기존의 성공 방정식 활용하기

(4) 콘텐츠를 어떻게 표현할까?

    # 카피라이팅 | 마케팅 메시지의 기승전결/요즘 언어 사용법

(5) 콘텐츠를 어떻게 보이게 할까?

    # 콘텐츠 디자인 | 마케팅과 디자인을 연결하기

(6) 콘텐츠를 어떻게 성장시킬까?

    # 단계별 확장 | 시작하고 확장하고 자리잡기

콘텐츠 기획의 원칙을 적용해서
다음 단계와 최종 모델을 이렇게 키워볼까?

딱딱 일 나눠서 하는 게 효율적이지.
글 써주시고요, 디자인 해주시고요,
그럼 저는 최종적으로 정리(취합)만 할게요!

무기의 비밀 사용법

더 성장하고, 더 좋은 기회를 갖고 싶으신가요? 여기에 가장 확실한 딱 하나의 방법이 있습니다. 그건 바로 '무기'입니다. 무기를 가지고 싸우면 더 빠르게 성장하고, 더 많은 기회를 만날 수 있습니다. 그런데 무기에 비밀이 있다면 어떨까요?

제 무기는 '글쓰기'였습니다. 짧은 글로 시작해 무기로 키워내 일에도 적용하고 개인의 브랜드도 만들어 이렇게 책까지 쓸 수 있게 되었죠. 글의 주제의식은 '일의 성장을 위한 무기들'입니다. 브랜드와 마케팅에 대해, 비즈니스의 다양한 소식들을 개인의 경험, 견해와 함께 전하기 시작했더니 세상이 반응하기 시작했습니다.

저는 글 쓰는 마케터로 시작해 다양한 '이야기'를 전하는 마케터로 영역을 확장하고 있습니다. 일의 성장을 위한 무기라는 동일한 주제의식을 가지고 강연으로, 클래스로, 멘토링으로, 커뮤니티로 확장해 나가고 있습니다. 확장의 과정에서 새로운 세계를 만나며 흥미로운 경험을 하고 그로부터 또다시 성장해 가고 있습니다.

그 과정에서 알게 된 무기의 사용법 두 가지를 담아봅니다. 이걸 알면 더 빠르게 무기를 찾아 휘두르고, 보다 더 많은 기회를 만들어가실 수 있을 것입니다.

"일을 열심히 하는 것과 무기를 만드는 것은 다르다"

많은 사람들은 일을 열심히 하죠. 아침부터 밤늦게까지 하며 자는 순간까지 고민하는 분들도 많습니다. 그런데 안타깝게도 일을 열심히만 한다고 무기가 생기는 것은 아닙니다. 그 일의 노하우와 경험치가 축적되는 것이지, 그것이 그대로 무기가 되는 건 아니니까요. 20년간 하나의 일을 쭉 해오면 그 일을 잘 알고 잘하는 사람이 될 수 있지만, 그걸 가지고 회사 바깥으로 나와도 똑같이 경쟁력을 이어갈 수 있을까요? 이 부분은 다른 이슈인 것 같습니다. 실제로 회사에서 쌓은 스킬은 안에서 시스템과 함께 있을 때 쓰일 수 있지, 바깥에서 그 이상의 가치로 쓰이지 못할 가능성이 높습니다.

그럼 대체 어떻게 해야 할까요?

일을 하면서 나만의 무기를 찾는 것입니다. 무기를 만들고 키워두면 그 일을 가지고 나왔을 때 밖에서도 사용할 수 있습니다. 일을 열심히 하는 것 이상으로 중요한 것이, 나만이 가진 무기를 찾고 만들어야 하는 것입니다. 그것이 세상에 살아남는 생존법이고 싸우는 기술이 될 수 있고, 더 나아가 세상에 다양한 기회를 가져다주는 무기가 될 수도 있습니다.

"무기는 성장이고, 생존입니다."

"무기는 진화할수록 강해진다"

'글'은 시공간을 초월하는 힘이 있습니다. 그리고 '글'에서 '말'로 무기를 넓히면서 더 많은 곳에서, 더 깊이 있고 생생한 이야기를 전할 수 있었습니다. '말'은 순간의 힘이 더 강렬한 위력이 있습니다. 그 자리에서 바로 설득되거나 실시간으로 마음에 새길 수 있죠. 같은 메시지라도 '글'과 '말'은 다른 형태로 맛볼 수 있습니다. 이렇게 글과 말은 각각 강점이 다르지만, 두 가지를 모두 활용할 줄 알면 두 개의 무기가 됩니다.

이렇게 '글'이라는 무기에서 '말'의 무기로 넓혔더니, 보다 많은 기회로 확장할 수 있었죠. 이것이 바로 '무기의 진화'입니다. 무기는 하나의 형태에서 다른 형태로 진화하게 되면 더 강력한 힘을 만들어낼 수 있습니다. 마치 초등학생이 대학생이 되고, 포켓몬의 잉어킹이 갸라도스가 되고, 단검이 명검이 되는 과정처럼요. 반대로 이야기하면 대학생이 되기 전에 초등학교를 거쳐야 하고, 갸라도스 이전에 잉어킹의 시간을 겪고, 명검을 휘두르기 전 작은 검부터 휘두를 줄 알아야 합니다. 마찬가지로 무기를 찾고, 휘두르면서 다음의 진화를 상상하고 그려가야 합니다.

"무기의 다음을 미리 그리고 키워가야 한다."

더 많은 분들이 미래를 그리며 자신에게 잘 맞는 무기를 찾아가기를 응원드립니다. 무기를 알아가는 과정, 무기의 진화 과정에서 궁금한 부분은 저의 글, 말과 함께 이야기를 만나시면 도움이 되실 수 있습니다. 보다 더 많은 세상 사람들이 자기만의 무기를 찾아가시기를 바랍니다. 그럼 세상에 더 성장해 더 나은 세상이 되어 있지 않을까 꿈을 꿉니다.

"일 잘하는 무기에 대하여"

일을 잘하고 싶은 것은 모두가 가진 욕망입니다. 그런데 의지와 열정만 가지고는 모든 것을 해결하기 어렵죠. 싸울 때 맨손으로 싸우기보다 망치가, 망치보다는 총이, 총보다는 미사일이 요긴하듯 일을 할 때도 일의 무기가 필요합니다.

일을 잘하기 위한 방법으로 세상을 빛내는 좋은 비즈니스 사례들이 있고, 마음을 따뜻하게 하는 좋은 명언들도 있습니다. 하지만 당장 내 일에 유용하게 쓸 수 있는 일의 무기를 만들고, 일에 적용하고, 이를 키워나간다면 성장의 속도를 빠르게 앞당길 수 있을 것입니다. 제가 그동안 커리어를 쌓으며 알게 된 30개의 무기를 담아보았습니다. 다양한 일의 경험을 통해 보고, 듣고, 느낀 바 알게 된 일의 무기를 여러분의 것으로 만드셔서 일로 싸울 때 도움 되는 강력한 수단이 되기를 바라봅니다.

세상은 압니다. 당신이 완벽하지 않다는 것을요.
세상은 압니다. 당신이 마주하고 외면하는 것들을요.
기존의 습성대로 맨손으로 싸우는 판에서 치열하게 경쟁해 가실 건가요?
아니면 무기를 가지고 판을 바꾸는 경쟁을 해나가실 건가요?
선택의 순간입니다.

무기가 있다면, 맨손을 가지고 싸우는 다른 이들과 싸워 쉽게 이겨나갈 수 있습니다. 그리고 빠르게 '일잘러'가 되어 원하는 성과와 커리어를 만들어갈 수 있습니다. 여기에 담긴 30가지 무기를 내 것으로 만들어 싸워간다면 진정한 '일의 무기'를 만들 수 있을 것입니다.

일의 무기를 위한 이 책은 이 시대를 살아가는 수많은 일을 하는 사람뿐 아니라 십수 년 전의 저를 생각하며 썼습니다. 제가 만약 십수 년 전의 늦깎이 마케터인 저를 만나 단 하나를 건네줄 수 있다면, 바로 이 책을 건네줄 것입니다. 무기를 가지고, 더 큰 세계와 상상을 만들어가며 싸울 수 있도록. 그 책을 건네받는 사람, 무기로 싸우며 나아가는 사람이 바로 당신이길 바랍니다.

저는 바랍니다.
자신만의 무기를 찾아가시길요.
그래서 세상에 하나의 브랜드가 되시기를 바랍니다.

-초인

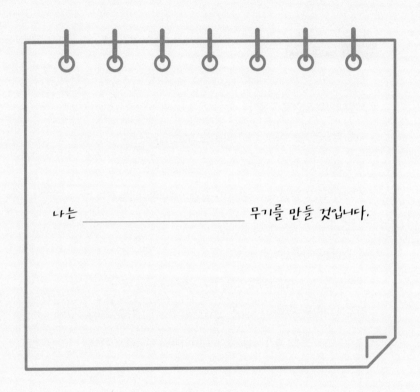

나는 _____ 무기를 만들 것입니다.

무기를 만드는 원칙

무기를 담는 TIP

무기를 나만의 단어로 만들기

- 나를 힘들게 하는 직장 동료와의 경험 > 빌런이라는 무기

- 좋은 분들의 습관을 닮으려는 태도 > 카피캣이라는 무기

- 일의 시작점과 끝을 모두 잘하려는 습관 > 페어링이라는 무기

나의 관점을 무기의 단어로

- 깊은 몰입의 시간에서 배움이 있었다. > 중독을 나의 무기로

- 상사가 어려운 존재에서 빛나는 존재가 되었다. > 상사를 나의 무기로

- 내가 보는 콘텐츠, 내가 사용하는 브랜드가 바로 나였다. > 취향을 나의 무기로

나의 경험을 무기의 단어로

- 뭐 하나 뚜렷함이 없었다. 그런데 균형감이 좋았다. > 밸런스를 무기로

- 철학책 읽는 것을 좋아했다. 니체의 메시지에서 많은 것을 배웠다. > 초인의 무기로

- 계속 새로운 일을 하게 되었다. 나만의 차별화를 만들었다. > 비주류를 무기로

"단어는 존재의 세계다. 단어는 무한대를 담을 수 있는 힘이다."

무기의 기준과 루틴

- 무엇이 무기이고, 무엇이 무기의 전 단계일까?
- 어떻게 일상을 무기 만드는 습관으로 만들 수 있지?

점점 더 날카로워지고 강력해질 수 있는지

- 드라마를 많이 보는 것. 무기다?

  드라마를 보고 나만의 관점으로 기록하는 것. 무기다.

- 연예 기사를 많이 보는 것. 무기다?

  연예 기사에서 하나의 사회적 현상을 찾는 것. 무기다.

내가 하고자 하는 것들과 연관이 있는지

- 매일마다 스포츠를 많이 보는 것. 무기다?

  스포츠를 보고 내 채널의 콘텐츠로 만들어보는 것. 무기다.

나 혹은 내 삶을 더 나아지게 하는지

- 이번 주말에 미드 보면서 밤샜어. 무기다?

  이번 주말에 미드 보면서 나의 퍼스널 브랜딩을 생각해 본 것. 무기다.

본캐와 부캐의 무기 원칙

- 본진은 본질이다. 본캐의 본진 강화!

- 바깥은 신세계다. 부캐의 멀티 강화!

- 본캐와 부캐의 무기가 같으면 더 큰 시너지를 만들 수 있다.

- 본캐와 부캐의 무기가 전혀 다르면 새로운 세계를 만들 수 있다.

세상의 여러 마케터들

마케팅에 대해 가장 많이 궁금해하시는 부분이 이것일 것 같습니다.

"마케팅은 무슨 일을 하나요?"

검색을 하면 브랜드, 세일즈, 콘텐츠, 그로스, CRM, 제휴 마케팅 등 온갖 다양한 일을 하는 마케터의 존재를 확인해 볼 수 있는데요, 왜 이렇게 많을까요? 각 마케터마다 본인이 속한 곳을 중심으로 다양하게 세분화하고 있기 때문입니다. 그만큼 마케터마다 하는 일이 제각각인데 크게 마케터를 네 가지로 나누어 알기 쉽게 설명드리고자 합니다.

브랜드 마케터

먼저 100개의 회사가 있으면 100개의 기업 브랜드가 존재합니다. 여기에 더해 하나의 회사에 다양한 제품과 서비스가 존재할 수도 있으니 200개, 300개가 될 수도 있죠. 이처럼 각 회사에서 브랜드를 담당하는 마케터를 '브랜드 마케터'라고 합니다.

특징 : 브랜드가 왜 존재하는지, 어떤 가치를 가지고 있는지, 어떤 스토리를 가지고 있는지를 정의하고 고객들이 브랜드를 어떻게 알고, 경험하고, 기억하고, 기대하게 되는지 일련의 과정을 만드는 브랜딩을 담당합니다.

강점 : A부터 Z까지 브랜드 전 과정에 걸쳐 업무를 진행하면서 보다 넓은 범위에 걸쳐 마케팅의 시야를 넓힐 수 있습니다.

역량 : 브랜드의 데스크 역할로 소비자에게 노출되는 이미지, 문구 등을 모두 브랜드의 아이덴티티와 연결할 수 있어야 합니다.

키워드 : 브랜드 로고, 브랜드 키 컬러, 슬로건

콘텐츠 마케터

과거에 마케팅은 심플했습니다. TV 광고가 가장 중요했고 그 밖에 잡지나 신문 광고 중심으로 진행을 하면 되었죠. 요즘은 디지털 매체를 중심으로 진행되고 있습니다. 이를 기반으로 콘텐츠를 생산하고 이를 통해 마케팅을 진행하는 이들을 '콘텐츠 마케터'라고 지칭합니다.

특징 : SNS 포스팅부터 영상, 게시글, 이미지 하나하나가 모두 콘텐츠가 될 수 있습니다. 이를 위한 콘텐츠 기획부터 운영, 문구까지 전반에 걸쳐 업무를 진행합니다.

강점 : 고객과 가장 밀접한 접점에 있는 만큼 트렌드나 고객의 니즈를 가장 잘 알

수 있고, 특정 플랫폼의 노하우를 잘 만들어놓으면 이후 확장해 나가기에 용이합니다.

역량 : 점점 영상 콘텐츠의 비중이 높아지고 있어 유튜브나 틱톡과 같이 각각의 플랫폼에 맞는 영상을 제공할 수 있어야 합니다. 그 외에도 인스타그램이나 블로그, 트위터 같은 SNS 채널에 대한 이해도는 필수입니다.

키워드 : 디지털 채널, SNS, 영상

퍼포먼스 마케터

전체 마케팅 예산에서 디지털 채널의 비중이 높아지면서 마케팅 목적에 맞는 디지털 매체를 선정하고 집행 성과를 정확하게 파악하는 것이 점점 더 중요해지고 있습니다. 이 과정에서 모든 것이 데이터로 남기 때문인데요, 그 과정에서 디지털 광고 집행이 전문화되고 있고 이 분야에 특화된 일을 하는 마케터를 '퍼포먼스 마케터'라고 부릅니다.

특징 : 주로 디지털 채널(구글, 인스타그램, 네이버, 카카오 등)에서 광고 상품을 셀렉하고, 광고 소재를 집행하면서 성과를 측정하고 인사이트를 도출하는 일을 합니다.

강점 : 고객 유입을 위해 즉각적인 행동 유발을 해야 하는 만큼, 고객의 패턴을 가장 이해하는 직무이고 숫자로 일을 하는 만큼 성과도 명확하게 측정할 수

있습니다.

역량 : 데이터를 분석하고 최적화 개선을 하는 과정에서 숫자를 볼 수 있어야 하

고, 각종 퍼포먼스 마케팅 용어에 대한 이해도는 필수입니다.

키워드 : 광고매체, 지표분석

그로스 마케터

요즘 많이 보게 되는 광고에서 배민이나 마켓컬리, 당근마켓, 야놀

자 등 많은 스타트업 회사들을 확인해 볼 수 있습니다. 이 회사들에도

다양한 마케터들이 존재할 텐데요. 스타트업의 생존은 빠른 성장에 달

려있습니다. 그래서 필요한 다운로드나 이용자 수, 매출까지 성장을

견인하기 위해 존재하는 것이 바로 '그로스 마케터'입니다.

특징 : 그로스 마케터라는 말이 10년 전에는 거의 사용되지 않았는데요, 요즘 스

타트업이 대세로 자리 잡으며 이 그로스 마케터의 수와 함께 존재감도 점

점 더 커지고 있습니다.

강점 : 비즈니스와 밀접한 관련이 있는 만큼 제품이나 서비스부터 프로세스 전반

에 깊이 관여하여 업무를 진행할 수 있습니다.

역량 : 바로 성장 퍼포먼스를 만들어야 하기 때문에 빠른 실행력이 필수이고 특히

나 비즈니스 부서와 협업해 성과를 만들 수 있어야 합니다.

키워드 : 다운로드, 가입자 수, 매출

이렇게 네 가지 유형으로 마케터를 정리해 보았는데요, 세세하게 나누면 더 많아지기도 하고 현업에서 이들 마케터 영역이 정확히 선을 긋듯이 나누어지지 않는 경우도 있습니다. 업종과 사업 규모에 따라 어느 회사에서는 그로스 마케터가 퍼포먼스 마케터가 되기도 하고, 브랜드 마케터가 콘텐츠까지 담당하는 경우도 있으니 각각의 특성을 확인하시고 실제 일을 하게 될 분야에 맞게 세부적으로 아시면 좋을 것 같습니다.

커뮤니케이션이라는
무기를 키우는 법

일에 필요한 커뮤니케이션 무기

커뮤니케이션이라는 무기가 일에 필요한 상황을 담아봅니다.

이메일

먼저 이메일을 쓸 때죠. 이메일은 비즈니스 커뮤니케이션의 기본입니다. 일을 잘하는 사람치고, 메일 소통이 서툰 사람은 본 적이 없는 것 같습니다. 결국 이메일의 커뮤니케이션은 글로 진행이 되죠. 이때 얼마나 전하고자 하는 내용을 핵심 중심으로 잘 정리하느냐가 관건입니다. 여기서의 팁은 제목과 첫 세 줄입니다. 제목과 세 줄만 보고도 어떤 의도를 가지고 전했고, 뭘 원하는지를 바로 알 수 있게 담아야 합니다. 이메일부터가 바로 커뮤니케이션의 시작입니다.

기획안

다음으로 기획안이 있죠. 기획안 제목부터 전체를 아우르는 핵심이 되어야 하고, 첫 장은 모든 것을 말해주는 중요한 공간입니다. 이곳에 전하고자 하는 핵심을 효과적으로 담아야 합니다. 기획안은 내용을 얼마나 화려하게 미사여구와 멋진 사례들을 넣어 잘 쓰냐가 아니라, 각 역할에 맞는 내용들이 잘 들어가는 것이 중요합니다. 타이틀은 타이틀의 역할을, 첫 장은 첫 장의 역할을, 상세 페이지는 상세 페이지의 역할을 잘해야 좋은 기획안이 나올 수 있습니다.

직급별 커뮤니케이션 무기

다음은 직급별로 필요한 커뮤니케이션 무기가 뭔지 알아볼까요?

주니어 레벨에서

주니어 레벨에서 꼭 알면 좋을 커뮤니케이션 무기를 담아봅니다.

이때는 주로 일을 리드하기보다는 서포트하고 선임과 다른 팀원을 돕는 역할을 하게 되죠. 주로 회의록을 작성하거나 자료 조사를 하는 경우가 많습니다. 회의록을 쓸 때 그냥 들리는 대로 받아 적고 그대로 공유하는 누군가가 있다고 해볼까요? 일 잘하는 주니어는 여기서 한발 더 나아가 핵심 문구에 볼드 표시나 밑줄, 컬러 표시 등으로 포인트를 주고, 중요한 어젠다 혹은 언제까지 꼭 해야 할 필수적인 내용 등은 최상단으로 빼서 별도로 담게 되죠. 그럼 어떻게 될까요? 그렇게 되면 단순히 일을 담는 게 아니라, 일을 줄여주는 것이 됩니다. 그럼 다른 사람의 시간을 줄여주게 되고, 일 잘하는 주니어 사원이 됩니다.

이번엔 자료 조사로 가볼까요? 선임이 어떤 장표의 근거가 되는 데이터를 부탁합니다. 관련된 데이터를 열심히 모아서 많은 양을 잔뜩 준비했다고 해볼까요? 열심히 한 것 같아 보이지만, 여기서 많은 양은 필요하지 않습니다. 그중에서 가장 핵심이 되는 걸 요약해서 그대로 쓸 수 있게 전해드리는 거예요. 혹시 다른 것이 더 필요할 수도 있으니, 추가 자료는 첨부 정도 해두면 되겠죠? 주니어 레벨의 핵심은, 작은 변화를 만들 줄 아는 것에서 다르게 성장하게 된다는 것입니다.

다른 사람이 일하는 시간을 줄여주는 것, 그것이 주니어 레벨의 키 커뮤니케이션 무기입니다.

리더 레벨에서

리더 레벨에서 중요한 커뮤니케이션으로는 채용과 인사평가가 있습니다. 바로 사람과 관련된 일인데요. 채용을 하게 되면 JD라고 부르는 직무소개서를 보통 리더가 쓰게 되는데 가장 훌륭한 인재, 가장 일에 적합한 분을 모시기 위해서는 이 JD부터가 시작입니다. 엉성하게 일과 불일치하게 쓰거나, 필요한 정보가 담기지 못하면 지원하는 사람과 매칭이 잘못 이뤄진다거나 서로가 생각했던 부분에 혼선이 생기게 될 수 있습니다. 좋은 직무소개서부터가 좋은 인재 채용의 시작입니다.

그리고 인사평가. 회사에 다니시는 분들 혹은 경영을 하시는 분들이라면 아시겠지만, 사람의 일을 평가한다는 것은 가장 중요하기도 하고 민감한 부분이기도 합니다. 누군가의 일을 평가할 때면 객관성과 합리성이 충분히 들어갈 수 있게 해야 하고, 반드시 충분한 1 : 1 대면의 시간을 만들어야 합니다. 먼저 충분히 이야기를 듣고 나서, 전하고 싶은 이야기를 전해야 합니다. 감정적으로는 동의를 해주어 싱크를 맞추고, 그다음에 해야 할 말을 간결하게 핵심 중심으로 하는 것이 좋습니다. 대화 간에 불확실하거나 확정할 수 없는 것들은 그 자리보다는 다음으로 넘기는 것이 좋습니다.

일을 시작할 때 정의하고, 사람과 관련된 일에서 충분한 시간을 갖는 것, 그것이 리더 레벨의 키 커뮤니케이션 무기입니다.

레벨별 필요한 커뮤니케이션 예시

주니어 레벨
- 미팅에서 회의록 정리를 깔끔하게 한다.
- 회의 중에 중요한 맥락을 바로바로 이해한다.
- 업무 대화할 때 분위기를 살피고 이에 맞게 대처한다.
- 선임이 원하는 방향성을 빠르게 캐치한다.

시니어(프로젝트 리더) 레벨
- 파트너가 필요한 게 뭔지, 어려운 점이 뭔지를 알아차리고 대응한다.
- 필요한 순간에 협상을 통해 원하는 결과를 얻어낸다.
- 부서장이 원하는 게 뭔지, 함께 일하는 부사수가 처한 문제가 뭔지 캐치한다.

참고 도서

가바사와 시온 지음, 오시연 옮김, 《당신의 뇌는 최적화를 원한다》, 쌤앤파커스, 2018년.

게리 켈러·제이 파파산 지음, 구세희 옮김, 《원씽》, 비즈니스북스, 2013년.

도리스 메르틴 지음, 배명자 옮김, 《아비투스 : 인간의 품격을 결정하는 7가지 자본》, 다산초당, 2023년.

매튜 룬 지음, 박여진 옮김, 《픽사 스토리텔링 : 고객의 마음을 사로잡는 9가지 스토리 법칙》, 현대지성, 2022년.